本书由贵州财经大学学术著作管理中心资助

近代贵州商会研究

A Research on Guizhou Chamber of
Commerce in Modern Times

王建 ○ 著

中国社会科学出版社

图书在版编目（CIP）数据

近代贵州商会研究/王建著.—北京：中国社会科学出版社，2022.6
ISBN 978 - 7 - 5203 - 9542 - 7

Ⅰ.①近⋯　Ⅱ.①王⋯　Ⅲ.①商会—商业史—研究—贵州—近代
Ⅳ.①F729.5

中国版本图书馆 CIP 数据核字（2022）第 012315 号

出 版 人	赵剑英
责任编辑	宋燕鹏
责任校对	赵雪姣
责任印制	李寡寡

出　　版	中国社会科学出版社
社　　址	北京鼓楼西大街甲 158 号
邮　　编	100720
网　　址	http://www.csspw.cn
发 行 部	010 - 84083685
门 市 部	010 - 84029450
经　　销	新华书店及其他书店
印　　刷	北京明恒达印务有限公司
装　　订	廊坊市广阳区广增装订厂
版　　次	2022 年 6 月第 1 版
印　　次	2022 年 6 月第 1 次印刷
开　　本	710×1000　1/16
印　　张	16.5
插　　页	2
字　　数	215 千字
定　　价	98.00 元

凡购买中国社会科学出版社图书，如有质量问题请与本社营销中心联系调换
电话：010 - 84083683
版权所有　侵权必究

目　　录

导　论 ·· (1)
 一　选题缘由及意义 ·· (1)
 二　学术史述评 ··· (3)
 三　研究思路与研究方法 ································· (15)
 四　创新点 ·· (16)

第一章　近代贵州商会缘起 ································ (19)
第一节　西方列强入侵与晚清政府应对 ·············· (19)
 一　西方各国商会及在近代中国的侵略活动 ······ (19)
 二　晚清政府移植西方商会制度 ······················ (29)
 三　地方官商对商会政策的反应 ······················ (33)
第二节　近代贵州商会的兴衰 ···························· (34)
 一　晚清贵州工商业 ······································· (34)
 二　商会的兴起与衰落 ···································· (40)
第三节　近代贵州商会分布与区域经济格局演变 ····· (47)
 一　商会分布的时空特征 ································ (47)
 二　区域经济格局重构 ···································· (53)

第二章　近代贵州商会成员嬗变 ·························· (60)
第一节　商会会员变化 ······································· (60)
 一　团体会员"由旧趋新" ································ (60)

二　个体会员"多层次"性 …………………………………（70）
　第二节　商会领导层人员构成演变 ……………………………（72）
　　一　绅商执掌商会的领导权 ……………………………………（72）
　　二　工商业者执掌商会的领导权 ………………………………（75）
　　三　国民党"党员"执掌商会的领导权 ………………………（79）

第三章　近代贵州商会的运行机制 ……………………………（85）
　第一节　商会的机构组织和职能 ………………………………（85）
　　一　唯一机构：决策机构及职能 ………………………………（85）
　　二　决策机构下商会的运转 ……………………………………（86）
　　三　"三权"机构及职能 ………………………………………（89）
　第二节　近代贵州商会的运行机制 ……………………………（97）
　　一　内部运行机制 ………………………………………………（97）
　　二　外部运行机制 ………………………………………………（119）

第四章　商会与近代贵州经济 …………………………………（126）
　第一节　发展工商业 ……………………………………………（126）
　　一　化解民营企业"融资难题" ………………………………（126）
　　二　创办电厂 ……………………………………………………（131）
　　三　参加博览会以推广贵州工业品 ……………………………（133）
　　四　免费向会员提供商业信息 …………………………………（135）
　　五　为工商业者申请减税 ………………………………………（138）
　第二节　振兴乡村经济 …………………………………………（142）
　　一　采集农村经济信息以辅助政府制定合适的
　　　　农村产业政策 ………………………………………………（142）
　　二　推广良种及经济作物以助推农业结构
　　　　转型升级 ……………………………………………………（144）
　　三　解决农村手工业原材料紧缺困局 …………………………（148）
　　四　建构农村近代商业制度 ……………………………………（150）

目　录

　　第三节　整顿市场秩序 ………………………………（154）
　　　　一　发行"商票"稳定货币市场 ………………（154）
　　　　二　组建保商队保障市场交易正常运行 ………（157）
　　　　三　仲裁商事纠纷 ………………………………（160）

第五章　商会与近代贵州文教事业 ………………………（164）
　　第一节　发展基础教育 ………………………………（164）
　　　　一　政府鼓励社会力量办学 ……………………（164）
　　　　二　商会直接办学与捐资助学 …………………（166）
　　第二节　兴办职业教育 ………………………………（168）
　　　　一　官办职业教育的兴起与不足 ………………（168）
　　　　二　商会创办职业培训学校 ……………………（169）
　　第三节　商会与贵州近代传媒 ………………………（172）
　　　　一　官办报刊兴起 ………………………………（172）
　　　　二　商会创办《商报》 …………………………（173）

第六章　商会与近代贵州公共事业 ………………………（176）
　　第一节　商会与贵州近代水陆交通 …………………（176）
　　　　一　贵州古代交通概况 …………………………（176）
　　　　二　商会建设近代交通 …………………………（179）
　　第二节　商会与贵州近代消防 ………………………（184）
　　　　一　官方消防建设滞后与火灾频发 ……………（184）
　　　　二　商会创办消防队 ……………………………（186）
　　第三节　商会与近代贵州慈善救济 …………………（188）
　　　　一　近代贵州的灾民与难民 ……………………（188）
　　　　二　商会救济灾民与难民的方式 ………………（191）
　　　　三　商会参与救济的作用 ………………………（194）

第七章　近代贵州商会与抗日战争 …………………… （197）
第一节　商会与抵制日货运动 …………………… （197）
　　一　抵制日货 ………………………………… （197）
　　二　提倡国货 ………………………………… （201）
第二节　认购公债与承办杂捐 …………………… （203）
　　一　认购公债 ………………………………… （203）
　　二　承办杂捐 ………………………………… （205）
第三节　贯彻战时经济政策 ……………………… （207）
　　一　贯彻战时税收政策 ……………………… （207）
　　二　协助政府推行物资管制政策 …………… （211）
　　三　辅助政府平抑物价 ……………………… （213）
第四节　开展劳军活动 …………………………… （216）
　　一　募集劳军物资和资金 …………………… （216）
　　二　慰问抗战将士及家属 …………………… （219）
第五节　维护法属越南过境权与抢运滞越物资 …… （221）
　　一　中国在法属越南过境权由来 …………… （221）
　　二　维护中国在法属越南过境权 …………… （223）
　　三　抵制法国政府向中国过境物资征
　　　　收通过税 ………………………………… （228）
　　四　抗击法属越南海关拍卖中国
　　　　滞越过境物资 …………………………… （230）

结　语 ……………………………………………………（237）

参考文献 ………………………………………………… （242）

附　录 ………………………………………………… （255）

后　记 ………………………………………………… （258）

导　　论

一　选题缘由及意义

近代中国商会是晚清政府制度供给的产物，从清末商会诞生到中华人民共和国成立初期取缔商会，存续约半个世纪。自商会产生后，它的活动渗透到政治、经济、文化、社会等领域，成为推动近代中国社会变革的一个重要力量。尽管商会由政府主导建立，但它产生的意义深远。

首先，商人组织建制发生质变。工商业者的群体认同意识决定了商人建立组织的原则。近代中国，工商业者的群体认同标准突破了地缘和业缘的束缚，萌生了以"国民"为原则的群体认同意识。工商业者的群体思想萌芽于明代，发展于清前中期，认同标准是地域或行业。到晚清时期，西方列强以坚船利炮为后盾，挟持晚清政府，勒索各种权利。同时，工业品源源不断输入中国，威胁到所有工商业者的经济利益。工商业者认识到，要加强协作与联合，凝聚在以"国民"为认同标准的组织内，一致对外，才能抵御西方国家的经济侵略。商会建立之前，工商业者已建有行会、会馆等商人组织。行会以从事同一行业为入行准则，从事同一行业的工商业者加入以该行业命名的行会，非同一行业的工商业者被排斥在外。会馆以地域为入馆原则，同一地域的工商业者加入以某地域命名的会馆，把非同一地域的工商业者排斥在外。行业性与地域性的认同标准使得行会与行会之间、会馆与会馆之间互为壁垒，商人组织规模不能扩大，也不能产生规模效应。商会成立后，将原分散在各行会、各会馆中的工商业者凝聚在一个组织内，会员数量比单个行会或会馆大得多，它的组织规模也比行会、会馆大得多。各商会之间还通过纵向、横向联系，商会的规模更具扩展性。商人组织规模发生变化，必然要求组织治理体系发生转变。商会建立初期，会员数量较少，在运行机制上沿用行会的公推制、商议制和经费捐助制。随着会员数量的增加以及工商业者权利意识的觉醒，商会开始建构起选举与任期制度、集体决策制度和会费制度等。

其次，商会推动了近代中国国家治理职能转变。在近代以前，中央政府的权力较强，行会、会馆等传统商人组织，尽管与国家存在互动关系，但主要是听命于国家的管理安排，没有起到推动国家管理职能变革的作用。商会产生之时，中央政府的权力日渐式微，需借助商会来发展工商业以及其他社会事务，被迫放弃对政治、经济、社会等的全面管控，把原属国家行使的部分经济、公共事务、教育等职能让渡给商会，政府管理职能收缩。

最后，商人组织产生规模效应。无论是会馆还是行会，因组织规模较小，对国家、社会所起的作用有限。商会成立以后，商人组织的规模空前扩大，并产生了规模效应，具体表现为：对内，商会向政府提供资金借贷，发展地区工商业，处理商务纠纷，整顿、规范市场秩序，发展基础教育，兴办实业学堂，参与慈善救济，治理戒烟，修建河道码头、铁路、公路，组建消防队，维护社会治安；对外，商会发展国际贸易，保护商权，抗击外敌入侵，捍卫中国国际权利。与行会、会馆相比，自商会产生后，商人组织发挥的作用由行业、地区向国家、国际拓展。

当前，商会、行业协会在工商业发展、慈善救济、乡村振兴以及国际经贸发展中发挥着重大作用。积极引导，规范商会、行业协会的建立与发展，既能发挥它们在国内经济、文化、社会救济、公益事业中的治理作用，也能运用商会、行业协会与"一带一路"沿岸国家发展商务、经济合作，带动中国企业、产品走出去。同时，也可以运用商会捍卫和维护中国的国际权利。因此，加强商会、行业协会的研究，无论在学术上还是在现实上都具有重大意义。

二 学术史述评

自 20 世纪 30 年代日本学者对中国商会进行研究开始，学术界对商会史的研究可谓方兴未艾，至今已取得了丰硕成果。在近一个世纪里，学者们对商会研究的侧重点各有不同，本书将分三个时间段对国内外的研究成果进行述评。

（一） 20 世纪 30 年代至 80 年代

中国商会史的研究发端于国外。20 世纪 30 年代至 70 年代，日本学者开始间断性地对近代中国商会进行研究。其中，根岸佶、曾田三郎和仓桥正直等人间接或直接以商会为研究对象，主要关注近代中国商会产生的原因、性质。在商会产生的原因上，根岸佶认为晚清政府设立商会是团结商人来协力抵御外来侵略[1]，强调政府在商会产生中的主导作用。曾田三郎认为商会是中日甲午战争后洋务派官僚推行"新政"中的一环，也是中国商人发展对外贸易的需要[2]，强调洋务派官僚推动与商人需要是商会产生的原因。在近代中国商会性质诠释上，仓桥正直认为商会是官办组织[3]。日本学者开创了中国商会史的研究，但进

---

[1] ［日］根岸佶：《上海的行会》，转引自徐鼎新《中国商会研究综述》，《历史研究》1986 年第 6 期。
[2] ［日］曾田三郎：《商会的设立》，转引自徐鼎新《中国商会研究综述》1986 年第 6 期。
[3] ［日］仓桥正直：《清末商会和中国资产阶级》，转引自徐鼎新《中国商会研究综述》1986 年第 6 期。

展缓慢、零星。

国内学者对中国商会史的研究起步较晚。1978年，在一次《辛亥革命史》编写组会议上，章开沅先生指出对资产阶级已有的研究多集中于个体，存在资产阶级与辛亥革命脱节倾向，强调对资产阶级进行群体研究，认为商会、会馆、行帮、公所都应列入研究范围①。在章开沅先生的倡导下，国内学者对商会与辛亥革命的关系，商会的性质、作用，商会与行会、会馆的联系与区别，商会领导层人员构成等问题进行了研究。1981年，冯崇德与曾凡桂对辛亥革命中的汉口商会进行了研究，认为汉口商会对武昌起义的胜利做出了重要贡献②。皮明庥对武昌起义中的武汉商会及商团进行了研究，认为商会在武昌起义早期害怕革命，随着革命形式的发展又转而支持革命，到最后又投靠军政府③。1983年，徐鼎新对近代中国商会产生的原因、性质及作用进行了研究，认为商会是一个民间工商团体④。1988年，马敏、朱英对商会与行会的区别与联系进行了研究，认为商会是具有近代民主色彩的资产阶级新式社团，与会馆、公所有密切的联系和相互依赖性⑤。商会领导人员是商会的核心，胡光明对天津商会领导层人员构成进行了研究，认为在天津商会的早期，盐、粮、钱业等行业的商人把持商会的领导权，后来，洋行买办、洋货商人执掌了商会的领导权，到北京政府时期，新式工商业者逐渐把持了商会的领导权⑥，强调近代中国经济转型对商会领导人员构成的影响。

国内学者对商会史的研究，无疑推动了商会史研究的进程，

---

① 章开沅：《辛亥革命前后史事论丛》，华中师范大学出版社1990年版，第33页。
② 湖北省历史学会编：《辛亥革命论文集》，湖北人民出版社1981年版，第60—70页。
③ 皮明庥：《武昌首义中的武汉商会和商团》，《历史研究》1982年第1期。
④ 徐鼎新：《旧中国商会溯源》，《中国社会经济史研究》1983年第1期。
⑤ 马敏、朱英：《浅谈晚清苏州商会与行会的区别与联系》，《中国经济史研究》1988年第3期。
⑥ 胡光明：《论北洋时期天津商会的发展与演变》，《近代史研究》1989年第5期。

但这些研究成果从属于资产阶级研究范畴,并以商会对辛亥革命的态度、作用成果作为判断资产阶级是否进步的标准。20世纪30年代至80年代是商会史研究的初期阶段,国内外学者主要对商会产生的原因、性质、商会对辛亥革命的作用及态度、商会与行会、会馆的关系、商会领导层人员构成等问题进行了探究。在商会研究的理论运用上,主要采用政治学理论范式。

(二)20世纪90年代

20世纪90年代是中国史商会研究蓬勃发展时期。学界在对已有研究主题继续探究的基础上,在研究内容、理论探索、史料整理等方面取得重大进展。

学界继续对商会产生的原因、性质、商会与辛亥革命、商会与行会之间的关系、商会领导层人员构成等问题进行深入探索,新认识、新结论不断涌现。

在商会产生的原因上,欧美学者加入了探讨,日本、中国学者继续深究。法国学者白吉尔认为近代中国商会是晚清政府联合进步的资产阶级推行现代化政策的结果①。美国学者陈锦江认为清政府设立商会的原因本是为了强化中央政府的权力,但实际上商会产生后加速了清政府灭亡②。

对商会性质的研究方面,日本学者与国内学者的认识存在分歧。日本学者仓桥正直认为商会是"官办机构"。国内学者邱捷认为商会是"半官方机构"。徐鼎新认为商会是"民间商人社团"。朱英认为商会是"官督商办社团"。1990年,虞和平从法学视角出发,对商会设立程序、会员、经费、组织机构、章程和职能等进行探讨,认为商会基本上是一种商办法人社团③。

---

① [法]白吉尔:《中国资产阶级的黄金时代》,张富强等译,上海人民出版社1994年版。
② [美]陈锦江:《清末现代企业与官商关系》,王笛等译,中国社会科学出版社1997年版。
③ 虞和平:《近代商会的法人社团性质》,《历史研究》1990年第5期。

※ 近代贵州商会研究

在商会对辛亥革命的作用及态度方面，朱英对苏州商会调和党争进行了研究，认为苏州商会在辛亥革命中发挥了积极作用，但到二次革命时，商会则反对革命①。

商会与行会、会馆之间的关系方面，在商会史研究早期，大多数研究者认为它们是两种对立的组织，在商会产生后，行会、会馆退出了历史舞台，这种看法割离了行会、会馆与商会之间的历史渊源，也不符合历史事实。随着研究深入推进，学者们开始客观、辩证地看待商会与行会、会馆的区别与联系。虞和平指出公所、行会等组织具有与商会相类似的协调、管理社会事务、商事仲裁等功能，它们之间有着被包含与包含、互相依赖的关系②。

在商会领导层成员构成的研究上，屠雪华从个案研究出发，对苏州商会领导所从事的行业进行了梳理，发现苏州商会的领导权基本上由典业、钱业、纱缎业、绸缎业四个行业的人员把持③。

商会史研究内容方面，学界关注商会与国民党政权的关系、商会与国家的关系、商会与政治的关系、商会组织系统、商会与属地社会经济间的关系等问题的研究。商会与国民党政权关系方面，美国学者约瑟夫·弗史官斯对1927年以前的上海商会进行了研究，认为国民党政权失败的原因是取缔了商民协会，失去了中小商人的支持④。商会与国家的关系方面，日本学者小浜正子对上海商会与国家之间的关系进行探讨，认为商会与国家的关系是协调关系，而非对抗关系⑤。国内学者朱英也对商会与国家之间的关系进行了探讨，认为商会与中国近代政权之间

---

① 朱英：《论民初商会调和党争》，《江汉论坛》1998年第6期。
② 虞和平：《商会与中国早期现代化》，上海人民出版社1993年版，第160—162页。
③ 屠雪华：《略论清末的苏州商务总会》，《近代史研究》1992年第4期。
④ 中国社会科学院近代史研究所《国外中国近代史研究》编辑部编：《国外中国近代史研究》第20辑，中国社会科学出版社1992年版，第153—181页。
⑤ ［日］小浜正子：《近代上海公共性和国家》，葛涛译，上海古籍出版社2003年版。

导 论

是一种依赖关系，并非对抗关系①。在商会与政治的关系方面，我国台湾学者李达嘉认为，近代中国商人的政治意识逐渐兴起，但是面对政治强权，最终只有无奈地被压制②。商会组织系统方面，马敏、朱英以个案形式，对晚清苏州商会的组织结构进行了研究，认为苏州商会的组织系统包括总会、分会、分所构成的本体系统和苏州体育社、市民公社构成的从属系统。总会、分会、分所属于双向信息流柔性控制系统，在商会与其他新式商人社团的关系上，形成以苏州商务总会为核心，与其他新式社团协同联动③。虞和平对全国商会联合会与省商会之间的关系进行了研究，认为在中华全国商会联合会成立后，商联会总部、商联会各省事务所、各省各级商会之间形成三个层级，且各层级间是逐级隶属关系④。商会与社会经济的关系方面，法国学者白吉尔认为商会产生以后，资产阶级组成了一个强有力的团体，在推动中国工商业发展，政治、社会转型中发挥了较大作用⑤。

商会史研究的理论运用上，学者们开始用其他学科理论来阐释商会。虞和平运用近代化理论来探讨商会与中国近代化之间的关系，认为商会是中国近代化的承担者，在一定程度上促进了中国经济近代化。近代化理论运用于中国商会史研究，给商会史研究带来新的视野、新的思路，并得出新的结论。但该学者认为商会只实现了中国经济近代化，没有实现中华民族独立与民主政治。从实现民主政治的视角上看，认为商会是中国早期现代化一个失败的承担者⑥。近代化开始于西方，西方国家

---

① 朱英：《转型时期的社会与国家——以近代商会为主体的历史透视》，华中师范大学出版社1997年版。
② 李达嘉：《商人与政治：以上海为中心的探讨，1895—1914》，博士学位论文，台湾大学，1995年。
③ 马敏、朱英：《传统与现代的二重变奏——晚清苏州商会个案研究》，巴蜀书社1993年版。
④ 虞和平：《商会与中国早期现代化》。
⑤ ［法］白吉尔：《中国资产阶级的黄金时代》。
⑥ 虞和平：《商会与中国早期现代化》，第366页。

※ 近代贵州商会研究

近代化的核心是经济工业化和政治民主化。近代中国处于数个强国联合殖民之下，面对如此强大的压迫力量，要同时实现经济工业化，获得民族独立，建立民主政治，让初生的商会来担负起完成中国近代化重任，显得不切实际。从理论运用上看，用西方近代化具有的硬性指标来分析中国的近代化，没有揭示中国近代化的特征和规律。

商会档案是研究商会的原始史料，整理商会档案就变得关键。在广大学者及档案馆工作人员的努力下，苏州商会档案、天津商会档案、上海总商会档案等相继得到整理出版。其中，《天津商会档案汇编（1903—1950）》最为显著，全书有5辑10卷，共计1000余万字。天津商会档案记录了商会的产生、发展、政治、经济活动，与其他地区商会的互动等。档案内容丰富，史料保存较为完整，是研究天津商会的重要史料。

商会档案的整理出版，为商会史研究奠定了坚实的史料基础，吸引了众多学者研究商会，促进了21世纪商会史研究的繁荣，特别是上海、天津、苏州等地商会史的专题研究成果丰硕。徐鼎新、钱小明对国民党统治之前的上海总商会进行了研究，探讨了上海总商会成立的背景、性质，商会领导权的变动、商会进行的政治、经济活动等，认为在国民党统治之前，上海商会对近代中国政治、经济的发展产生了较大作用，但在国民党执政以后，最终走向听命于南京国民政府，丧失了独立性[①]。

20世纪90年代是中国商会史研究蓬勃发展时期，在商会史研究内容上，学界对商会的性质、商会与行会、会馆关系等"老问题"继续深入探究，并得出新的认识。同时，学界开始探讨商会与国家的关系、商会与国民党之间的关系、商会与中国近代化的关系等新内容。阐释商会的理论上，近代化理论被运

---

① 徐鼎新、钱小明：《上海总商会史（1902—1929）》，上海社会科学出版社1991年版。

用于商会史研究。在商会史研究地域上，学界对上海、天津、苏州等地商会关注较多，对其他地区的商会关注较少，这是20世纪90年代商会史研究的一个缺憾。

（三）21世纪初至今

21世纪初至今，学界对商会研究的视角和思路不断创新，研究内容越来越丰富，研究的时段、区域等日益理性化、全面化、深入化。

在商会史研究内容上，学界关注焦点从商会性质、商会与国家的关系、商会组织系统、商会与行会、会馆的关系上转向商会与中国近代法制、商会与税收、商会与乡村社会经济、商会与抗日战争等。

商会与中国近代法制方面，学界对商会与中国司法近代化的关系、商会与中国法制近代化的关系、商会与法律贯彻执行之间的关系、商会与近代中国法律建设与完善之间的关系、商会参与法制活动的原因等进行了考察。虞和平对商会与中国司法近代化之间的关系进行了研究，认为商事公断处和商事仲裁制度的确立和完善是司法制度近代化的一个重要表现[①]。王红梅对商会与新法律的贯彻执行之间的关系进行了研究，认为商会在协助国家贯彻、执行法律方面发挥了重要作用，成为推动中国法制近代化的民间力量[②]。郑成林、李卫东对商会与近代中国商法建设之间的关系进行了探讨，认为商会在近代中国商业法制建设方面具有重要地位和作用[③]。张学军、孙炳芳以个案形式，对直隶商会的法制活动进行了研究，认为直隶商会通过参与立法、仲裁商事纠纷、培育工商业者的法律意识、引导工商业者用法律来维权等，促进了近代中国商事法律制度的建设与

---

① 虞和平：《清末民初商会的商事仲裁制度建设》，《学术月刊》2004年第4期。
② 王红梅：《近代商会法律制度与中国法制近代化》，《社会科学辑刊》2007年第1期。
③ 郑成林、李卫东：《清末民初商会与商业法制建设——以〈破产律〉和〈商标法〉为中心的分析》，载章开沅、严昌洪主编《近代史学刊》第4辑，2007年。

完善①。朱英对商会与1929年《商会法》之间的关系进行了研究，认为商会主动参与《商会法》的修订及自身依法改组，是争取合法存在的表现②。

商会与税收是21世纪商会史研究的重要内容之一，学界对商会与南京国民政府建立现代税制的关系、商会与日伪政权征税的关系、商会对北京政府税收的作用、商会对南京国民政府税收的作用等问题进行了考察。魏文享对商会与南京国民政府税制建设之间的关系进行了研究，认为商会与地方政府联合抵制营业税的征收，导致南京国民政府的税制现代化建设遭到挫败③。魏文享对天津商会与日伪政府征税之关系进行了研究，认为天津沦陷后，商会在辅助日伪政府征税方面发挥了重要作用，但出于保护商人利益以及受会员之民意驱动，商会又积极向日伪政府申请减税④。柯伟明对商会与南京政府税收政策的贯彻、执行之间的关系进行了研究，认为在《特种营业税》的贯彻、执行过程中，地方政府与商会的互动使得中央政府难以建立科学规范的营业税制，也使南京中央政府难以建立现代集权税收体制⑤。

商会与区域经济社会方面，学界对商会与乡村经济社会、商会与工业化、商会活动的空间范围等方面进行了考察。近代商会自产生后，在振兴乡村方面发挥了重要作用，因此，商会与乡村社会的关系被学者关注。张学军、孙炳芳对直隶商会与直隶乡村经济、社会转型之间的关系进行了研究，认为商会在

---

① 张学军、孙炳芳：《直隶商会的法制活动述略》，《河北师范大学学报》（哲学社会科学版）2007年第2期。
② 朱英：《20世纪20年代商会法的修订及影响》，《历史研究》2014年第2期。
③ 魏文享：《工商团体与南京国民政府时期的包征制》，《近代史研究》2007年第6期。
④ 魏文享：《沦陷时期的天津商会与税收征稽——以所得税、营业税为例》，《安徽史学》2016年第4期。
⑤ 柯伟明：《民国时期特种营业税的征收及影响》，《中山大学学报》（社会科学版）2017年第3期。

导　论

乡村手工业兴起、商业繁荣、农业市场化、市镇勃兴、新兴精英阶层崛起、城乡互动等方面发挥了独特的作用，成为20世纪前半叶直隶乡村社会转型的助推器①。陈征平对商会与云南工业化之间的关系进行了探讨，认为商会是云南工业近代化的推动者和承担者②。郑成林对抗战胜利后商会的活动空间进行了研究，认为抗战胜利后商会的政治、经济活动空间范围缩小③。

商会与政治之间的关系方面，学界关注商会参与政治的原因和目的、商会与抗日战争、商会与国共两党的关系等。在商会参与政治的原因上，冯筱才以浙江商人的政治参与作为考察对象，对商会与政治的关系进行动态考察，认为只有政治活动危及工商业者的财产、经营安全时，商会才会参与政治活动，参与政治的目的是维护产权④。日本侵略中国，导致了严重的民族危机。学界对商会是否参加抗战、以何种方式参与抗战等进行了考察。宋美云考察了沦陷期的天津商会，认为日本在控制、整顿天津商会后，它的组织和行为发生嬗变，成为日本调控华北市场的工具⑤。魏文享对商会与国民政府经济统制政策之间的关系进行了研究，认为商会、同业公会等商人团体在经济统制政策的贯彻、执行中发挥了重要作用，支持了抗战⑥。

理论探索是促进商会史研究的关键因素之一。进入21世纪后，学者们把交易成本理论、制度理论运用于商会史研究。宋美云、应莉雅都用交易成本理论对近代天津商会的产生进行了研究。张东刚运用制度学理论来探讨近代中国商会产生的原因，

---

① 张学军、孙炳芳：《直隶商会与乡村社会经济1903—1937》，人民出版社2010年版。
② 陈征平：《云南早期工业化进程研究（1840—1949）》，民族出版社2002年版。
③ 郑成林：《抗战后中华民国商会联合会简论》，《华中师范大学学报》2006年第5期。
④ 冯筱才：《在商言商：政治变局中的江浙商人》，上海社会科学出版社2004年版。
⑤ 宋美云：《沦陷时期的天津商会》，《历史档案》2001年第3期。
⑥ 魏文享：《商人团体与抗战时期国统区的经济统制》，《中国经济史研究》2006年第1期。

※ 近代贵州商会研究

认为商会是国家进行强制性制度变迁的结果①。彭南生运用制度理论对行会转变成同业公会的历程及方式进行了研究，认为行会转变成同业公会是南京国民政府强制性制度安排的结果②。邱澎生运用制度理论考察商人组织从会馆、公所转变到商会的历程，认为政府用法律制度推动了商人组织的转变③。张东刚、彭南生、邱澎生等学者仅从制度供给的视角来分析商人组织的产生或商人组织的变迁。张芳霖则从制度供给与需求的视角对近代南昌商会的产生进行探讨，认为清末民初南昌商会既是应特定市场环境需要而产生，也是制度安排的产物④。

在21世纪初，中国商会史不仅在研究内容、理论等方面取得重大突破，还在研究地域和时段上取得重大进展。在商会史研究地域上，学界对天津、上海、苏州等地商会的研究继续推进，出现了多部专著和多篇论文。《近代天津商会》《天津商会组织网络研究（1903—1928）》《直隶商会与直隶社会变迁1903—1928》等专著和《保定商会研究（1907—1945）》《南京国民政府后期上海市商会研究（1945—1949）》等论文。同时，学界开始关注内地及海外华商会，研究成果不断涌现。在西南地区商会的研究上，陈征平对云南商会进行了研究，认为商会推动了云南工业化的进程⑤。李柏槐对民国时期成都同业公会进行了研究，认为同业公会、商会实际上是一种披着现代制度外衣的传统组织⑥。在华南地区商会的研究上，朱英、夏巨富对20世纪30年代广州市

---

① 张东刚：《商会与近代中国的制度安排与变迁》，《南开经济研究》2000年第1期。
② 彭南生：《近代中国行会同业公会的制度变迁历程及方式》，《华中师范大学学报》（人文社会科学版）2004年第3期。
③ 邱澎生：《公产与法人：综论会馆、公所与商会的制度变迁》，载朱英主编《商会与近代中国》，华中师范大学出版社2005年版，第54页。
④ 张芳霖：《市场环境与制度变迁：以清末至民国南昌商人与商会组织为视角》，人民出版社2013年版。
⑤ 陈征平：《云南早期工业化进程研究（1840—1949）》，第307页。
⑥ 李柏槐：《现代性制度外衣下的传统组织——民国时期成都工商业同业公会研究》，四川大学出版社2006年版。

导　论

商会与营业税之间的关系进行了研究，认为商会对政府强制推行损害商人利益不合理的税收进行了抵制①。在东北地区商会的研究上，佟银霞对商会与城市近代化之间的关系进行了研究，认为商会是城市近代化的推动者与承担者②。

21世纪以来，商会史研究在地域方面的另一个显著特征是学界关注海外华商会，并取得了相当多的成果。其中，有多篇论文对南洋商会进行了专门研究。王日根探讨了菲律宾华商联总会在谋求华人自我发展、融入主流社会及向外拓展方面的作为③。石沧金考察了马来西亚华人社团发展状况④。杨宏云研究了印度尼西亚棉兰的华人社团⑤。

商会史研究时段上，学界开始关注商会在抗战期间和抗战胜利后的活动。21世纪前的商会史研究，在时段上主要集中在抗战开始之前，主要原因是大多数商会研究者认为，抗战开始后，南京国民政府强化政治统治，对商会等人民团体的控制增强，商会逐渐演变成南京国民政府的统治工具，丧失了独立性。这种经验论性认识导致学界认为对抗战开始后的商会研究没有价值。因此，以往的商会史研究成果在时段上主要集中在清末至抗战前。进入21世纪后，一些学者开始对抗战期间及抗战胜利后的商会，甚至当代商会都进行了研究。宋美云对沦陷时期的天津商会进行了研究⑥。任云兰对抗战胜利后的天津商会进行了研究⑦。郑成林对抗战胜利后的中华民国商会联合会进行了研

---

① 朱英、夏巨富：《广州市商会与1937年营业税风潮》，《河北学刊》2015年第6期。
② 佟银霞：《商会与清末民初奉天省城市化进程》，《中国近代史》2015年第3期。
③ 王日根：《菲华商联总会的发展轨迹探析》，《世界经济与政治论坛》2000年第5期。
④ 石沧金：《马来西亚华人社团史研究》，博士学位论文，厦门大学，2003年。
⑤ 杨宏云：《20世纪80年代以来印度尼西亚棉兰的华人社团与社团领袖》，博士学位论文，厦门大学，2009年。
⑥ 宋美云：《沦陷时期的天津商会》。
⑦ 任云兰：《新旧交替时期（1945—1949年）的天津工商界述论》，《历史档案》2004年第3期。

究①。魏文享对抗战期间国统区的商会进行了探讨②。

21世纪商会史研究在时段上取得最为重要的成果是对近代商会的产生、发展、演变、消亡作系统考察。2015年6月，马敏主编的《中国近代商会通史》由社会科学文献出版社出版。该书以商会与近代中国社会变迁中的重大问题为主线，综合运用政治学、社会学等学科的理论与方法，对商会制度演进、商会的组织与运作原则、商会与政府关系、商会的政治参与、商会与市场经济体制的建立、商会与国家间的复杂关系等种种问题进行深入研究③，突破了商会史研究长期以来以某一时段进行研究的缺陷。

21世纪至今，在商会史研究关注的内容上，学界在继续深入推进对商会与国家之间的关系的同时，开拓了商会与立法、商会与乡村经济发展、商会与抗争战争、商会与税收等新的研究主题。在理论运用上，学者们将交易成本理论、制度理论等运用于商会史研究。商会史研究在地域和时段上也得到全面重视。

（四）贵州商会研究概况

通过对商会史研究动态的梳理发现，尽管学界对近代中国商会进行了约一个世纪的研究，但有关贵州商会的研究成果较为稀少。到目前为止，仅有几篇论文及一部专著涉及贵州商会。1986年，王羊勺对贵阳商会的产生及名称演变进行了研究④。1987年，张子正对遵义商会的产生、领导层人员构成变动以及商会政治、经济活动进行了梳理⑤。1998年，王羊勺对贵阳市商

---

① 郑成林：《抗战后中华民国商会联合会简论》，《华中师范大学学报》2006年第5期。
② 魏文享：《商人团体与抗战时期国统区的经济统制》，《中国经济史研究》2006年第1期。
③ 马敏主编：《中国近代商会通史》，社会科学文献出版社2015年版。
④ 王羊勺：《贵阳商会沿革概述》，《贵阳志资料研究》1986年第9期。
⑤ 张子正：《遵义商会述略》，《贵州文史丛刊》1987年第2期。

会的沿革及贵阳地区的同业公会的产生与发展进行了研究①。2009年，蒋婵对抗战期间及战后的贵阳商会的政治、经济、社会活动进行了研究②。2015年，马敏等人编著《中国近代商会通史》第三卷中③，简要介绍了1927年后的贵阳商会。

已有的研究为本课题的研究奠定了坚实的基础，然而，商会史还有许多问题尚需学界深入探讨：一方面，学界对大后方商会与中国抗日战争及世界反法西斯战争之间的关系，商会对西南地区经济的发展作用、影响，商会与近代中法之间的过境纠纷解决等问题鲜有涉及。另一方面，学界对贵州商会的关注度不够。在研究时段上，学界主要关注国民党执政之后的贵州商会，对清末民初的贵州商会没有涉及。在研究区域上，学界主要关注贵阳商会，没有对贵州商会进行系统、整体研究。

三　研究思路与研究方法

在研究思路上：本书立足于全球化视角，首先，探讨贵州商会产生的缘由。商会在近代欧洲及中国各地的发展是经济全球化的产物。近代，以英法为首的西方资本主义国家为给本国工业品寻求市场，以武力侵略中国，战败后的清政府试图求强，移植西方的商会制度，并推行于全国。于是，贵州商会在地方政府主导下产生。其次，对贵州商会进行的经济、政治、慈善救济、教育等活动进行梳理，分析商会对近代贵州经济社会转型及融入全球化的作用。最后，梳理贵州商会参与抗击日本侵略的方式及内容，分析近代贵州商会对中国抗日战争、世界反法西斯战争取得胜利的贡献。

本课题的研究方法主要是以历史学为主，并借鉴经济学、

---

① 王芊勺：《民国贵阳商会沿革与同业公会之组织》，《贵州文史丛刊》1998年第1期。
② 蒋婵：《义利纠葛——贵阳商会研究（1937—1949）》，硕士学位论文，贵州师范大学，2009年。
③ 马敏主编：《中国近代商会通史》，第1134页。

社会学和管理学方法。中国商会史研究持续了近一个世纪，成果丰硕，特别是对上海、天津、苏州等地商会的研究成果颇多。商会作为特定历史条件下形成的工商业者的组织，它承载的历史内涵十分丰富，因而吸引了历史学、经济学、社会学等学科的学者们运用各学科理论和方法研究商会史。例如，近代化理论、网络化理论、制度经济学理论、国家与社会互动理论、交易成本理论等。然而，商会史和经济史归根结底属于历史学范畴，故本书仍然采用以历史学为主的研究方法。首先，注重史料的收集、运用，尤其是对商会档案、政府文件、报刊以及其他文献资料，以期待能够准确厘清本书所要研究的问题。其次，坚持论从史出的研究方法，根据收集到的史料对商会问题进行分析，史论结合，力求做到有理有据。最后，还借鉴其他学科的研究方法。本书在分析商会过程中，借鉴经济学、社会学理论来分析本书研究的问题，力求清晰地说明商会及其与近代贵州经济社会发展之间、与世界反法西斯战争取得胜利之间的内在联系。

四　创新点

本书对近代贵州商会的会员、组织结构、运行机制、商会参与政治、经济、文化、社会活动等进行系统梳理，深入考察近代贵州商会对近代贵州经济社会变革的作用，力图在以下几个方面取得创新：

（一）本书把贵州商会放在全球化视角背景下来考察

近代贵州商会的产生是工业化在全球扩张的产物。自贵州商会产生以后，无论是推动地区经济发展、教育近代化和交通建设，还是参与抗击日本的侵略活动和处理第二次世界大战前期中法之间的法属越南过境纠纷，都是贵州商会融入全球化进程中的具体体现。首先，近代化是历史主流，世界各国主动或被动进行近代化。近代化是政治、经济、文化、交通等的全面发展。贵州商会自产生后,力图推动贵州经济、教育和交通的近代化,是贵州近代化的推动者和承担者。其次,中国的抗日战争是世界反法西斯战争的重要组成部分。自日本侵略中国以来,近代贵州商会积极参与抗日战争,成为世界反法西斯战争的重要力量之一。最后,在第二次世界大战前期,中法之间爆发法属越南过境纠纷时,贵州商会独自或联合国内商会函电国民政府,督促国民政府与法国进行严正交涉。同时,贵州商会与法属越南的华人商会互动,函请越南华商会向法属越南总督施压。在来自国民政府的外交压力和来自法属越南的内部压力下,法国政府承担起给予中国从法属越南过境的义务,这是贵州商会争取、维护中国国际权利取得胜利的表现,也是近代贵州商会参与国际事务的具体体现。

（二）把商会领导群体的人员构成与商会的职能联系起来考察

近代贵州领导群体的人员构成历经了绅商、工商业者、国民党党员的变化。商会领导人左右着商会的职能、活动内容。社会身份不同的人员把持商会领导权使得商会的职能不同,活动内容也不同。在商会建立初期,绅商执掌贵州商会领导权,商会的主要职能是为当地政府筹款,职能单一。北京政府时期和国民党执政早期,工商业者执掌商会领导权,商会在为政府筹款的同时,采取措施发展地区经济,参与地区慈善救济,参与交通、教育建设。商会职能由为政府筹款扩展到经济、社会、文化等方面,但重在发挥经济职能。在抗战末期及抗战胜利后,国民党党员执掌商会领导权,商会继续发挥经济、文化、社会等职能,也积极在商会内部发展党员、贯彻国民党政府的政治意图和负责组织各种培训。总体来看,商会为政治服务的职能强于经济职能。

（三）运用规模组织理论来分析商会的作用

根据规模经济理论,组织的管理成本与组织规模大小呈反比。当组织规模扩大时,管理及运行成本降低,组织的经济效率和收益提高,产生"规模效应"。在商会产生以前,贵州已有行会和会馆等商人组织,这些传统的商人组织尽管都推动了贵州社会经济的发展,但其作用远不及商会。究其原因,行会或会馆把工商业者分散在数个不同的组织内,一个城市或市镇常常有数个行会或会馆。行会或会馆相互之间各有势力范围,界限分明。然而,每个行会或会馆,都会产生运行成本。因会员数量较少,行会或会馆的组织规模也较小,分摊到的成本较高,导致传统商人组织的收益较小。商会则是跨行业和籍贯的联合组织,从横向上把属地各个行业的工商业者联络和凝集在一个组织内,会员人数众多,组织规模空前扩大,运行成本必然下降,而且可以运用商会网络来进一步降低收集信息,化解经济纠纷,督促政府执行有利于工商业者的经济政策等产生的成本。商会运行成本降低,带来的收益却是增长的,从而产生了"组织规模效应",这也是近代商会对政治、经济和社会的影响及作用远比行会、会馆大得多的原因。

第一章　近代贵州商会缘起

近代商会随着资本主义的产生、发展而兴起，最早产生于欧洲诸国。鸦片战争后，在华洋商企业增加，为便于各洋商之间加强联系，以及与中国工商业者、中国各级政府打交道，各洋商在中国组建商会。各洋商会建立后，在中国进行经济、政治侵略活动，引致晚清政府制定并在全国推行商会政策，贵州商会产生。

第一节　西方列强入侵与晚清政府应对

近代西方国家在完成工业革命后，工业品的生产由自产自销的手工作坊制向以全球市场为导向的机械化工厂制转变，各国工业品的产量持续增长、扩大。本国无力消费掉产品，纷纷向外输出，以维持企业的再生产和扩大再生产。已完成工业化的国家的工商业者认为，世界上人口最多的中国存在着潜在的、巨大的消费市场。于是，作为西方国家工商业者组织的商会，积极协助本国政府侵略中国。

一　西方各国商会及在近代中国的侵略活动

（一）西方各国经济变革与商人组织重构

18世纪中叶后，西方各国开始了工业革命。此后，西方各国的经济形式发生了一系列变化：

首先，西方各国逐步建立起工厂制生产模式。该工业生产模式最先由英国开始，然后在法、德、美、俄、日等国家推广。在工业化以前，作坊制、家庭制生产模式，投入的机器设备有限，雇用工人较少或无雇用工人，企业规模较小，产品数量不多，主要满足于国内消费需求。工业革命后，工厂制生产模式需购买建厂土地、机器设备、动力设备、大规模采购原料和雇用相当数量的工人等，企业投入资本较大。例如，1784 年，奥德诺在安德顿一个工厂的总资产竟高达 2636 英镑①。1786 年，大卫·戴尔位于新拉纳克的工厂投保资产为 4800 英镑；1788 年，卡特赖特位于瑞特福德的"革命工厂"的投保资产为 13000 英镑。工厂的建立需要大规模投入资本，因金融机构数量较少及金融信贷方式落后，企业融资受限，企业的数量不多。例如，在 18 世纪 80 年代到 19 世纪中叶，是英国棉纺织业发展高潮期，仅产生了 934 家棉纺织厂②，且有些工厂还是由同一个企业家投资创办。例如，英国棉纺织业企业家阿克莱特，一生创办了诺丁汉工厂（1769 年）、克莱姆福德上工厂（1771 年）、克莱姆福德下工厂（1777 年）、克利斯布鲁克工厂（1779 年）、贝克威尔工厂（1782 年）、沃克斯沃斯工厂（1783 年）、麦森工厂（1784 年）、麦特劳克（1784 年）、罗彻斯特的杜韦河工厂（1782 年）、埃斯波恩工厂（1781 年）、伍斯特郡工厂（1783 年）等③。尽管工厂的总体数量不多，因运用机器设备进行生产，产品数量庞大，除供给本国消费外，还有大量产品输入国际市场。以英国棉纺织品的产量为例，1730 年，英国棉纺

---

① George Unwin, "The Traidon to the Factory System", *The English Historical , Review*, Vol, 37, No. 146, April 1922, pp. 206 – 218.

② Edward Baines, *History of the Cotton Mamfacture in Great Britain*, London: H. Fisher, R. Fisher & PJackson, 1835, p. 388.

③ R. S. Fitton, *The Arkwrights: Spinners of Foutune*, Manchester: Manchester University Press, 1989, pp. 106 – 107.

第一章　近代贵州商会缘起

织品的出口额为1.3524万英镑,到1797年为258.568万英镑①。在约70年的时间里,英国棉纺织品出口额增加近190倍,这期间正是英国棉纺织业工厂制建立时期,说明近代工厂制生产模式提高了棉纺织品的生产效率,产品数量大增,必须开拓更广阔的市场来保障企业连续生产或扩大再生产。

其次,产品面向国内外大众。在作坊制、家庭制生产时代,由于是手工生产或半机械化生产,生产效率不高,产品数量有限,消费这些商品的群体主要是富有经济实力的国王、教士、贵族、商人、银行家等。工业化以后,产品结构转向社会大众,产品价格相对较低,使消费者的数量扩大,特别是机制棉纺织品。以英国棉纱、棉布的出口为例,19世纪初期,英国向亚洲的中国和印度出口大量的棉纱、棉布。其中,英国输入中国的棉纺织品数量急剧增长,1825—1826年,英国输华棉纺织品价值1895两,1831—1832年增至36.0521万两,1833—1834年达45.1565万两②。输入印度的棉纱、棉布的总价值在1860年仅为1169.8928万英镑,1870年上升到1627.1216万英镑,1880年约合2049.8707万英镑,1890年约合3165.2042万英镑,1900年约合3058.1955万英镑③。机制棉纺织品价格低,又舒适保暖,深受世界各国普通民众喜爱,这为工业品输入全球市场奠定了消费者基础。

最后,生产与销售分离。在作坊制、家庭制生产时代,企业主是生产者,也是销售者,生产与销售融为一体。在工业革命后,工厂制企业生产的产品数量较为庞大,生产者再也不能自产自销,必须把产品的流通分割给商人来完成。1788年9月24日到圣诞节,奥德诺工厂共卖出了400英镑的货物,一半的

---

① Edward Baines, *History of the Cotton Manufacture in Great Britain*, p. 359.
② 严中平等编:《中国近代经济史统计资料选辑》,科学出版社1955年版,第13页。
③ Dutt, Romesh Chunder, *The Economic History of India in the Victorian Age*, The Classics. us, 2013, p. 530.

货物销往诺丁汉的商店和曼斯菲尔德的麻布商号，1/4 出售给了国王街一个丝织品和棉麻织物织造商①，这表明工厂只负责生产，产品的流通、销售由商人完成。因企业主、商人处于同一利益链条上，他们开始结盟，组建新的组织——商会。在工业化以前，西方国家的商人组织是行会。行会也称"基尔特"，它是欧洲中世纪城市手工业者上层和商人为垄断经营，在联合、联盟的基础上，通过制定并遵守所订行规为条件而建立的商人组织，可分为手工业行会和商人行会。手工业行会是指从事同一种手工业的行东（师傅）组建的组织。从掌握技术水平的视角看，行会的会员大都是本行业中拥有较好技术的工匠或匠师。从生产组织的视角看，行东（师傅）实际上是从事某一产品生产的作坊主或雇主，管理着帮工和学徒，具有师傅和雇主的双重角色。尽管在生产活动中，行东也参加劳动，但行东与帮工、学徒之间实际上存在雇佣关系和经济利益冲突。行会的行规规定：学徒必须跟着师傅学习 2—3 年②，通过同行行东的技术考核，成绩合格者，可升为帮工。在学徒期，学徒们的劳动是无偿的。为能长时间占有学徒的劳动收益，行东把学徒的年限延长至 4—7 年③。学徒在取得帮工资格后，再经过 3 年的无偿工作④，制造出同行行东公认的"杰作"，才能获得师傅的资格。在技术、品行、道德考核合格，交纳入行费，花钱招待同行并经领导机构批准后，帮工便可上升为匠师，独立开业，成为行东。无论是学徒还是帮工，与师傅之间表面上是师徒关系，但实际上存在着雇佣关系和经济关系，师傅以传授技术作为支付

---

① George Unwin, *Samuel Know and Arkwright*, Manchester: Manchester University Press, 1924, pp. 30 – 41.
② ［美］詹姆斯·W. 汤普逊：《中世纪晚期欧洲经济社会史》，徐家玲译，商务印书馆 2009 年版，第 564 页。
③ ［美］詹姆斯·W. 汤普逊：《中世纪晚期欧洲经济社会史》，第 564 页。
④ 北京师范大学历史系编：《世界古代及中古史资料选辑》，北京师范大学出版社 1991 年版，第 447 页。

第一章 近代贵州商会缘起 ✳

学徒、帮工的劳动工资，师傅则无偿占有学徒或帮工的部分或全部劳动产品的报酬。因此，手工业行会是技术工人阶层中的上层人士的团体组织，体现工人阶级上层对下层的雇用与剥削关系。依据生产或经营产品的不同，行会的名称不同。在佛罗伦萨有公证人、银行家和钱兑商、呢绒布商、医生和药剂师、屠夫、鞋匠、铁工、皮革工人、石匠、葡萄酒商、烘面包工人、油脂商、猪肉屠夫（与一般屠宰分开的专业）、锁匠、武器匠、马具匠、马鞍匠、木匠等行会①。

商业行会是商人的团体组织，历经了发展壮大的过程。在商业行会成立初期，商人行会仅是同一城市的商人为垄断该城市的商业经营权与贸易权而组建的组织。到中世纪早期，不同城市之间、不同地区之间的贸易以及国际贸易的发展，从事跨境买卖成为较为赚钱的事业。然而，欧洲封建割据造成关卡林立，税目繁多，加上盗贼横行，商人为了交易和买卖安全，自发组织起来结队而行，进行武装护送②，商人行会产生。到11世纪，不同城市的大商人在结伴而行的基础上，开始组建商人公会。加入公会的商人可以获得公会的保护和贸易垄断权。例如，汉莎同盟是由弗兰德南部城市的商人组建，到14世纪，成为一个涉及欧洲80个城市的商人公会组织③。从商人行会的发展来看，商人加入行会主要是获得某地的商业经营权、贸易垄断权以及获得行会的保护。因此，商业行会的宗旨并不是致力于本地区工商业的发展壮大。

工业革命以后，工业化国家的工商业发生了根本变化，需要新的商人组织与之匹配，从而使得西方各国工商业者的组织发生质变，其表征有两个方面：一方面，商人行会和手工行会

---

① ［美］汤普逊：《中世纪经济社会史》下，狄淡如译，商务印书馆2011年版，第520页。
② ［美］汤普逊：《中世纪经济社会史》下，第183—184页。
③ ［美］詹姆斯·W. 汤普逊：《中世纪晚期欧洲经济社会史》，第223页。

开始融合为一体。在工业革命以前，商人和手工业者被分割在两个不同的组织内，作为生产者的行东被限制在手工业行会内，从事经营、贸易的商人凝聚在商人行会内。究其原因，工业化以前，商业建立在农业和农村手工业的基础上，与城市手工业间缺乏联系或联系不够紧密。因此，手工业者与商人可以组建不同的行会组织。工业革命后，制造业成为商业是否繁荣的基础，为商业、贸易生产出物美价廉的多样性商品。商人想要获得经营贸易品，必须与企业家联合，形成相互依赖又相互独立的关系。另一方面，商人组织的职能重构，由过去的限制竞争、垄断区域市场、欧洲市场转向协助本国政府、工商业者向全球进行经济扩张，追逐世界市场。工厂制生产模式依赖世界市场，而商人可以利用商业网络把分散于世界各地的原材料购运给生产商，也能把工业品运销到世界各地，这种工、商业之间的依存关系使得企业家、商人联合，组建包含工业制造者、建筑者、商人的组织——商会。

商会起源于法国。1599年，法国马赛市众商人公举同业者4人为委员，自发组成了世界上第一个商会，以后法国各地区商人竞相效仿马赛商人之制，组建商会。继法国之后，欧洲、美洲、亚洲等国家的工商业者纷纷组建商会，商会开始在全球推广。德国于1665年设立了第一个商会即汉堡商会。1768年，英国第一个商会在泽西岛成立。1876年，美国纽约商会成立。1878年，日本商会在东京、大阪、神户三地成立，初称"商工会议所"，后相继改称"商业会议所""商工会议所"。各国商会建立后，对内发展地区经济，维护工商业者的利益；对外发展贸易，协调本国工商业者与贸易国家或政府之间的关系。

（二）西方各国商会对中国的侵略活动

为获得在中国进行自由贸易的权利，西方国家的商会积极游说本国政府向中国开战。西方各国完成工业革命以后，产品数倍增长，远远超出了本国市场需求，为维持企业的生产或扩

第一章　近代贵州商会缘起

大再生产，就需把产品推向全球市场。其中，人口众多的中国被认为具有巨大的市场。例如，英国商人们认为中国为英国制造业提供了一个销量庞大而又迅速扩张的市场，同时又为印度的出产提供销路，众信其数达三百万镑①。但是，晚清政府推行广州"一口通商"制度，抑制了西方各国工业品的大规模输入。为打开中国市场，西方各国的商会积极游说本国政府与晚清政府进行谈判，取消公行制度，实行自由贸易制度。在取消公行制度的诉求遭到晚清政府拒绝后，西方各国商会又积极游说本国政府向中国开战，并策划战争方案。例如，1839年，英国伦敦印度中国协会（商会）向英国外交大臣巴麦尊提出处理中国问题的方案："迫使满清政府屈服的武装力量可以包括一艘主力舰、两艘大型巡洋舰、六艘三等军舰、三四艘武装轮船，船舰载运陆上部队约六百人，以炮兵队为主，以便进行必要的陆上协作，这就够了。"② 这成为英国发动第一次鸦片战争的作战方案。

在利用坚船利炮打败晚清政府后，为扩大在华经济权利，西方各国商会积极策划谈判内容与方案。以英法为首的西方国家常采用发动战争打败晚清政府，然后再与其谈判的方式来获取政治经济权利。因扩大在华经济权利与西方各国工商业者的经济利益息息相关，因此，在谈判前，西方各国商会积极收集国内工商业者与在华工商业者企图在中国获得的政治经济权利，并及时呈报给本国谈判代表，由本国谈判代表与晚清政府交涉。例如，1902年，中英之间进行修订"商约"谈判，英国谈判代表詹姆·马凯在赴华之前，便详细听取了英国各商会的意见。又如，在中英修订"商约"谈判之前，"和明商会"的成员朝

---

① 严中平：《英国资产阶级纺织利益集团与两次鸦片战争的史料》上，《经济研究》1955年第1期。
② 严中平：《英国资产阶级纺织利益集团与两次鸦片战争的史料》下，《经济研究》1955年第2期。

夕聚会集议，"凡商税行船诸事……平日既考求明白，临时又咨访精洋"①，在达成共识后，积极向詹姆·马凯提出，在华的西方各国工商业者希望在中国获得的各项经济权利。因英国各商会与"和明商会"在谈判之前策划好了谈判内容，中英"商约"谈判一开始，英国谈判代表詹姆·马凯便提出五项具体议约诉求：（一）在沪英商纱厂凡用华棉准免厘金、落地等税，凡用进口棉花仅纳内地运送半税。（二）新议税则如确定从价值百抽十，应包括销货税及内地运送半税在内，不得比此更重。（三）所有已纳进口关税的英国货物，不论运至中国何处，应免各项税捐。（四）进口棉花应免纳税。（五）华商纱厂所享利益不得优于外商纱厂。②

西方各国商会还对中国各地的交通、物产种类与产量、矿产分布与储量等进行详细考察，以充分掌握中国的经济信息和资源分布概况，并根据各自国家的利益需求，在中国建立殖民据点、势力范围。例如，1895年，法国里昂商会联合巴黎、鲁昂、埃彼纳勒、兰斯、圣埃蒂安、勒阿弗尔、马赛、波尔多、里尔、鲁贝、罗阿等12个重要城市的商会组成商务考察团，沿红河河谷而上，经越南老街进入中国西南，对滇、黔、川、广西四省进行全面考察③。经过长达三年的考察，法国掌握了我国四川、云南等省的养蚕、缫丝、茶叶等的生产状况，云南锡、铜矿藏分布与开采情况；掌握了西南各省与香港、上海两大商贸中心之间的物流运输状况；川、滇、黔、广西等地交通运输、商道、风土民情、城镇集市数量及分布、外贸等信息。法国商会通过对西南地区及广西的考察，收集了大量的经济、交通情

---

① 参见徐鼎新《1902年在上海举行的中英商约谈判》，《社会科学杂志》1983年第11期。

② 《论制造货税》，载麦华编《皇朝经世文新篇》卷10下，上海日新社1901年版，第1—2页。

③ 耿昇：《法国里昂商会中国考察团对四川和贵州养蚕业与丝绸业的考察（1895—1897年）》，《北方民族大学学报》（哲学社会科学版）2012年第3期。

报,为法国在云南地区开采矿产、设立商行以及修建滇越铁路提供了详尽的信息。

西方各国商会还制定行规以此打压中国各行业的崛起、发展。在华的西方各国商会制定所谓的"行业标准"来掌控中西贸易中的交易规则、交易品等级、质量标准等的话语权,遏制中国各行业的发展。国际行规是国际同行业者制定的行业规范和约束同行业的规章或制度。在国际市场上,谁掌握行规的制定权,谁就在行业的国际发展中拥有话语权。因此,各国的工商业者都力图率先制定有利于本国行业发展的交易规则、工艺流程、技术条件的行规。随着近代中国被迫对外开放,通商口岸兴起了大量的洋行、洋企。为了在与中国工商业者的竞争中取胜,洋行、洋企联合组建在华洋商会,并制定各行业规则,以掌控中西贸易主导权,打压中国各行各业。据学者吴义雄研究,广州的洋商会仅在1837—1838年制定的商业规则就达18个[1]。在这之前,中国与西方各国的贸易中,行规主要由中国的行会制定,中国工商业者在中西贸易中处于有利地位。然而,随着在华洋商会制定、掌控各业行规,中国工商业者在中西贸易中处于被控制、被遏制地位。比如,中西茶叶贸易中以次充好问题的处理,中商制定的规则是损一赔二,如一箱劣质茶却支付了优质茶的价格,中国商人须赔两箱优质茶叶。广州洋商会制定的《关于茶叶贸易中因以次充好的欺诈行为造成的损失向中国行商索赔方法的规定》,改为由中国商人按实际损失赔偿,并按照优质茶叶的市场售价,按每月1%的利率支付利息,直至事情解决之时;或是由中国商人按照票据交易的实时汇率支付赔偿金,而不支付利息[2]。可见,洋商会制定的"茶叶赔偿原则",惩罚性较强,且赔偿额带有无限性。

---

[1] 吴义雄:《广州外侨总商会与鸦片战争前夕的中英关系》,《近代史研究》2004年第2期。

[2] 吴义雄:《广州外侨总商会与鸦片战争前夕的中英关系》。

※ 近代贵州商会研究

西方各国的商会协助洋行掌控中西贸易议价主导权。在鸦片战争后，为便于在中国销售工业品和收集原料，西方各国工商业者开始在各通商口岸设立洋行，洋行数量激增。在第二次鸦片战争以前，在中国设立的洋行仅40家左右①。随着通商口岸开设增加，洋行数量急剧增长，到1872年达到343家，到1892年达到579家②。其中，在交通发达的上海，更是洋行林立。1844年，上海仅有洋行11家，到1847年达到24家，1876年为160家，1884年为245家③。在开设洋行的同时，一些外国商人开始在中国通商口岸兴建进出口商品加工厂、船舶维修厂，开设银行。1845年，英国商人在广州设立柯拜船坞④，开启了外国人在中国直接创办企业的先例。此后，外资企业的数量快速增长，到1894年，外国人兴办的企业达到159家⑤，分布于上海、广州、汉口、天津等地。在洋行、洋企兴起的同时，为上述企业提供金融服务的银行业开始出现在各通商口岸。1845年，英国丽如银行在广州和香港设立分行⑥。此后，德意志、东方会理、德丰、大东惠通、中华汇理、利华银行、花旗银行等外资银行在中国开设分行⑦。

西方各国商会为洋行、洋企以及本国工商业者提供商品的国际市场价格、需求等信息。西方各国工商业者即使在本国、在华，也可以通过商会网络获取各种商品的国际市场价格、销售行情等市场信息。洋行凭借工业品物美价廉的优势、银行提供的强大资本、先进的通信工具等，垄断了中国的进出口贸易。

---

① ［美］马士：《中华帝国对外关系史》卷1，张汇文等译，生活·读书·新知三联书店1957年版，第346页。
② 姚贤镐：《中国近代对外贸易史资料》第2册，中华书局1962年版，第1000页。
③ ［美］马士：《中华帝国对外关系史》第1卷，第399页。
④ 孙毓堂编：《中国近代工业史资料》第1辑，科学出版社1957年版，第1页。
⑤ 孙毓堂编：《中国近代工业史资料》第1辑，第234—241页。
⑥ 姚贤镐：《中国近代对外贸易史资料》第2册，第957页。
⑦ 姚贤镐：《中国近代对外贸易史资料》第2册，第957—958页。

第一章　近代贵州商会缘起

在中国，凡涉及商务事端，都以西商为主，而华商听其调度，凡市面行情，银价一概操纵于西人，①这说明西方工商业者掌控着中西贸易的主导权。

二　晚清政府移植西方商会制度

（一）晚清政府制定商会政策

在历经西方各国的数次侵略后，晚清政府丧失了一系列政治、经济权利。一部分具有政治先见的政府官员进行了反思，提出改革的主张，掀起了近代中国改革的浪潮。以奕䜣、李鸿章、张之洞等为首的洋务派官僚进行"图强求富"的自强运动，兴建了一大批军事、民营企业。由于国营的军用、民用企业的弊病丛生，一些政府官员主张转由民间办厂。胡燏棻在奏折中说："窃谓中国欲籍官厂制器，虽百年亦终无起色，必须准各省广开民厂，令民间自为讲求。"② 中日甲午战争，晚清政府再次以挨打失败收场，于是开始了第二次改革，允许民间工商业者开设工厂。1897 年，晚清中央政府令各省集股设厂，官助商本，公举殷实商人分任设厂，由地方官"认真督查，并准官绅量力附股"③。准许工商业者设厂，从法律角度保证了民间私人资本投资近代工厂的合法性，中国近代工业开始由官办转向商办，打破了洋务运动时期国家垄断近代工业的经济格局。1900 年，西方八国联军入侵中国，失败后的晚清政府开始了第三次改革，实行全面"新政"。在经济方面设立管理工商业的专门机构，奖励兴办实业的工商业者。1903 年 9 月，晚清中央政府设置商部，下设 4 司 2 馆 2 局所，即保惠司、平均司、通艺司、会计司、律学馆、商报馆④。为激

---

① （清）汪康年：《汪康年文集》上，浙江古籍出版社 2011 年编校本，第 41 页。
② 沈桐生编：《光绪政要》，文海出版社 1985 年版，第 18 页。
③ 《奏覆洋商改造土货应筹抵制折》，载杨家骆编《戊戌变法文献彙编》第 2 册，鼎文书局 1973 年版，第 402—404 页。
④ 沈云龙主编：《近代中国史料丛刊》第 6 辑，台湾：台湾文海出版社 1973 年版，第 145—146 页。

励工商业者兴办实业,1903年,商部制定《奖励华商公司章程》①,规定奖励之大小按集股多寡而定。如集股五千万元以上者,拟准作为商部头等顾问官,加头品顶戴,并请饬宝星式样,特赐双龙金牌,准其子孙世袭商部四等顾问官至三代为止;集股二千万元以上者,拟准作为商部头等顾问官,加头品顶戴;集股五百万元以上者,奖予臣部四等顾问官,加四品顶戴;集股五十万以上者,准其臣部议员,加七品顶戴。

晚清政府奖励工商的政策,激起了工商业者投资热潮,民营工商企业大量涌现。但华商各自为政,在与洋商的竞争中处于不利地位。"计近数十年间,开辟商埠至三十余处,各国群趋争利,而华商势涣力微,相形见绌,坐使利权旁落,成绝大漏卮。"② 面对经济权利外溢,晚清政府有识官员认为华商分散,不能以群体力量与洋商进行搏击,要求仿照洋商会组建华商群体组织。1903年,晚清政府商部决定效仿西方国家的商会模式,倡导华商设立商务总会和分会,于同年元月上奏"劝办商会酌拟简明章程折"。该奏折称:放眼整个东西方各个国家,交流沟通贸易,没有不是采用商战而取胜的,直到富强起来。而其中的原因,实际上是得力于商会。商会是指用来互通商情,维护商人利益,互相联络而没有相互倾轧,相互讲信义而没有互相欺诈,各国都不断追求的组织,商务的兴废就操纵在商会手里。在追溯了国外商会的情势之后,该奏折又对国内商情不通、商务不振的情况进行了分析,指出设立商会的重要性:在近十年间,大概开辟商埠三十余处,每个国家都群起而争夺利益,但是华商的势力很涣散,相形见绌,只能坐等利益落于其他国家,已经成为很大的漏洞。如今体察情形,力图消除隔阂,必须先使各商有整齐统一的规则,而后商部尽力保护。所以当

---

① 汪敬虞编:《中国近代工业史资料》第2辑,科学出版社1957年版,第640—641页。
② 东方杂志社编:《商部奏劝办商会酌拟简明章程折》,《东方杂志》1904年第1期。

第一章　近代贵州商会缘起

务之急是设立商会。① 奏折上奏后，晚清中央政府准其所奏，批准了商部拟订的《商会简明章程》。1904年，晚清政府颁布《奏定商会简明章程二十六条》，第三款规定："凡属商务繁富之区，不论系会桓、系城埠，宜设立商务总会，而于商务稍次之地，设立分会。如直隶之天津、山东之烟台、江苏之上海、湖北之汉口、四川之重庆、广东之广州、福建之厦门，均作为应设总会之处。其他各省由此类推。"② 可见，商会建设作为一项政策推向全国各地。随着工商业发达的上海、天津、苏州等地工商业者纷纷组建商会，商会逐渐由沿海城市向内陆城市推进，形成全国建设商会的浪潮。

在商会建立之前，工商业者已组建了行会、会馆。行会、会馆的存在阻碍了工商业者建立商会的进程。因此，晚清政府在劝导工商业者组建商会之时，开始整顿、改革行会、会馆等原有的商人组织。《奏定商会简明章程二十六条》规定："凡各省各埠如前经各行众商立有商业公所及商务公所等名目者，应即遵照现定部章一律改为商会，以归划一。其未立公所之处，亦即体察商务繁简酌筹举办。至于官立之保商各局，应各由督抚酌量留撤。"③ 晚清政府试图以国家力量禁止行会、会馆分割工商业者，把工商业者凝集在一个组织内。政府通过与商会的互动，达到改善长期的官商隔阂关系，实现"上下一心，官商一气，实力整顿，广辟利源"④的目的。

（二）近代中国商会雏形——上海商业会议公所

1902年，清政府委派商务大臣吕海寰和盛宣怀在上海与英国、美国、日本、葡萄牙等国代表进行修订商约谈判。为了扩大在华政治、经济权利，上海各洋商会"日夕聚议，讨论研求，

---

① 东方杂志社编：《商部奏劝办商会酌拟简明章程折》，《东方杂志》1904年第1期。
② 彭泽益主编：《中国工商行会史料集》下册，中华书局1995年版，第972页。
③ 彭泽益主编：《中国工商行会史料集》下册，第972页。
④ 东方杂志社编：《商部劝办商会谕贴》，《东方杂志》1904年第2期。

不遗余力"①，商议需要在中国获取的具体的政治、经济利益诉求，并转呈给各国谈判代表，作为各国与清政府修订商约谈判的重要内容。西方各国商会还积极向政府推荐商人担任谈判代表，以便在谈判中表达和实现工商业者的经济利益诉求。例如，英国议约谈判代表德贞是英国在华老公茂洋行董事，也是在华英商组建的中国协会上海分会的主要负责人。他能担任修约代表，是中国协会争取的结果②。中国协会的总部设在伦敦，在香港、上海设立分会，成员都是对华贸易的英商。在修约过程中，各国政府比较重视商会提出的经济利益诉求。比如，英国本土商会和香港英商商会在积极收集英国工商业者所需在华实现的各种经济利益诉求后，汇呈给英国议约代表团，得到英国议约代表的采纳，作为英国议约的主要内容。在谈判正式开始时，英国谈判代表马凯就向中方代表提出了"24条一揽子方案"，先发制人，给中方谈判代表一个下马威，在谈判中处于事事占先的优势地位。中方谈判代表则因无商会汇集工商业者的经济利益诉求，也无处咨询，处于毫无准备状态，在谈判中陷于被动。面对此情况，盛宣怀立马意识到成立商会，汇集工商业者的利益诉求，以提供谈判内容。因此，他立即上奏朝廷，提出要以创设商会为要端。在获得朝廷批准之后，他命令上海江海关道袁树勋会同绅商领袖严信厚，立即召集各大商帮董事设立总（商）会，并对有关谈判事项详加讨论，提出方案，以备采用。

上海开辟较早，洋商会较多，且工商业者因深受上海的洋商会压迫，正希望联合各业商人来抗衡、抵制洋商会，争取贸易上的主导权和各项经济权利，向政府表达各项诉求。当盛宣

---

① 复旦大学历史系编：《上海总商会组织史资料汇编》上，上海古籍出版社2004年版，第47页。
② ［英］伯尔考维茨：《中国通与英国外交部》，陈衍、江载华译，商务印书馆1959年版，第337页。

第一章　近代贵州商会缘起

怀号召建立商会时，上海各业商帮董事及工商业者对此完全赞同，积极拥护。负责筹办商业会议公所的严信厚则称极愿效力，并自垫经费租赁房屋，购置办公物品，设立会所，其他工商业者也纷纷表示为此事出力责无旁贷。经过筹备，上海商业会议公所于1902年2月22日正式成立①。上海商业会议公所的产生在近代商会史上具有重要意义，标志着近代中国商会开始萌芽。

三　地方官商对商会政策的反应

上海商业会议公所成立后，晚清政府开始着手在全国推行商会。1904年，晚清政府颁行《奏定简明章程二十六条》，劝告各省商务繁盛之区的工商业者组建商会。但因各地区工商业者受西方商人、商会的压迫程度不同，受西方商会思想的启蒙、影响不同，中国各地工商业者对组建商会的认识和行动不一。在开埠较早的上海、苏州、广州、天津等通商口岸地区，洋商会建立较早，分布较多。据初步统计，到1904年中国的商会产生之前，外商已在广州、上海、香港、天津等地设立了6个商会；到1923年时，在中国各通商口岸设立的洋商会约计61个②。在通商口岸，一些有识之士还积极介绍西方各国商会的作用。例如，1896年，有识之士汪康年在上海《时务报》上连续刊文，指出西方资本主义各国均非常重视商利、商权，有关本国商务概由商会主持办理，凡官设商律，定税则，皆必与商会相商，故商会之权最大。认为通商巨埠由于有外商商会而无华商商会，所以必须迅即成立本国商会，"以集商议，以重商权"，并通过商会"专考求商务盈亏之故，而筹更变之策"③。因开埠较早通商口岸的工商业者与洋商会有直接的业务交往，受洋商会压迫较深，且受到建立商会启蒙思想的影响，对建立商会的

---

① 复旦大学历史系：《上海总商会组织史资料汇编》上，第48页。
② 虞和平：《商会与中国早期现代化》，第62页。
③ （清）汪康年：《汪康年文集》上，第41—42页。

重要性有较深刻的认识,特别是上海工商界人士在与上海的各外商商会、"和明商会"进行业务交往中,逐渐认识到打破行业、地域的限制,会聚各业力量组织商会的重要性。当晚清政府颁行商会政策时,上海地区的工商业者最先做出反应,1904年,上海工商业者把商业会议公所正式改为上海商务总会[①]。随后,开放口岸天津、苏州、广州等地工商业者纷纷成立了商会。

一项政策是否得到贯彻以及贯彻效果是否良好,取决于政策推行者和政策受益者以及两者之间的互动与协作。在未开埠通商的内陆、边缘、边疆地区,该地的工商业者与外国工商业者没有直接业务往来,也缺乏被洋商会压迫的直接感知和商会思想的启蒙,对晚清商会政策的反应约显"迟钝",工商业者主观上没有建立商会的意愿,在筹组商会上不积极。因此,在未开埠通商的内陆、边缘、边疆地区,地方政府官员是晚清商会政策的执行者、贯彻者,他们对待商会政策的态度、积极度对当地商会建设具有决定性的影响。一些具有开明思想的地方政府官员积极主导建立商会,当地商会建立较早,较多。但地方政府官员中有一部分人员懒政,消极执行商会政策,该地商会建立较晚,甚至到民国中期也没有建立商会。

第二节 近代贵州商会的兴衰

一 晚清贵州工商业

(一)晚清贵州工商业发展新态势

贵州省位于我国西南部,东邻湖南,南接广西,西毗云南,北抵四川,地处西南交通枢纽,战略地位非常重要。但在明朝以前,贵州一直处于中央王朝统治的边缘地带,中央政府对贵

---

① 复旦大学历史系编:《上海总商会组织史资料汇编》上,第51页。

第一章　近代贵州商会缘起　✱

州开发较晚,财政投入较少,使得贵州经济大大落后于中原、沿海地区。在鸦片战争后,随着贵州周边的重庆、蒙自、龙州等成为通商口岸,工商业发展呈现新的态势,具体体现在以下几个方面:

洋纱、洋布输入贵州,并形成区域性市场。鸦片战争后,洋纱开始由两广、两湖、四川、云南等进入贵州各地市场。广东商行从香港购买洋纱后,经北海南宁转运至西江的百色厅,再改驮运入兴义销售,收购成品布运入广西、云南以及贵州普安农村一带销售①。洋纱粗细均匀,不易断,深受手工业织布者喜爱,贵州各地市场上流通的洋纱数量逐渐增多。据记载,1896—1897年,每年在兴义黄草坝销售的外国棉纱达1000包,重量为40万磅②。紧邻兴义的新城(今兴仁)市场上流通的纺织原料由棉花转为印度纱。史载,兴仁过去是从汉口和广西输入大量棉花,而现在唯一的原料就是印度纱,不论经线或纬线,输入量为一二千包③。光绪年间,每年在安顺出售的孟买纱和日本纱达3000—4000包,而且求大于供④,成为安顺纺织业的主要原料。随着棉纱消费增加,棉纱输入量急剧增长。据统计,1872—1892年,贵州全省洋纱输入量增加了25倍以上⑤。

机纺纱、机织布的市场前景较好,在贵阳、遵义、安顺等地出现了专门经营洋纱、洋布的商号。仅在贵阳市城区就有同

---

① Bourne, Frederick Samuel Augustus, *Report of the mission to China of the Blackburn Chamber of Commerce 1896—1897*, Blackburn: The North - East Lancashire Press, 1898, pp. 55 - 56.

② Bourne, Frederick Samuel Augustus, *Report of the mission to China of the Blackburn Chamber of Commerce 1896—1897*, pp. 55 - 56.

③ Bourne, Frederick Samuel Augustus, *Report of the mission to China of the Blackburn Chamber of Commerce 1896—1897*, pp. 270 - 271.

④ Bourne, Frederick Samuel Augustus, *Report of the mission to China of the Blackburn Chamber of Commerce 1896—1897*, p. 270.

⑤ 彭泽益编:《中国近代手工业史资料1840—1949》第2卷,中华书局1957年版,第210页。

济堂、柴鸿川、实践社、群明社、永昌号、永兴号、许怡来、赖兴隆、怡园字号、协济药、夏德隆、全永泰百货店、兴裕典、豫贞乾等经营洋纱、洋布的商号①。与传统纱、布商号不同，新兴商号已成为工业化产业链条上的销售商，是工厂制企业和消费者之间联系的纽带，也是贵州融入国际市场的推动者与承担者。随着经营洋纱、洋布的商号与日俱增，洋纱、洋布市场形成。道光年间，安顺城内有5个市场，就有3个为棉花市场②。光绪年间，贵阳、安顺、遵义和兴义已成为区域性的洋纱、洋布市场。

农产品市场国际化是贵州工商业发展新态势的另一个表现。伴随着洋纱、洋布进入贵州，黔省的农产品、土特产品以出口方式输入国际市场。其中，桐油和猪鬃是贵州输入国际市场的大宗产品。咸同以后，桐油成为西方工业化国家的重要战略物资。1875年，中国桐油开始输入欧洲市场，到1900年，乃运往美国。"自是以后，桐油始见大闻，销路亦广，产额渐增。"③贵州独特的气候很适合桐油生长，一旦有市场需求，桐油种植的潜能就能得到充分发挥。在湖南、四川、云南、广西等邻省开埠通商后，贵州所产桐油开始由邻省的通商口岸输出，进入汉口、广州、上海等地集散。桐油出口推动了贵州桐油种植面积扩大，桐油产量快速增长，到1911年，贵州桐油产量占全国第一位④。猪鬃是贵州输入国际市场的另一大宗农产品。光绪初年，安顺府所产猪鬃销售给在上海、汉口等地的外国商人⑤，由外国商人再把猪鬃运销到世界各地。

---

① 程鹏飞：《十九世纪末二十世纪初贵州商人阶层的崛起》，《贵州文史丛刊》2007年第3期。
② 杜文铎：《黔南识略·黔南职方纪略》，贵州人民出版社1992年点校本，第290页。
③ 章有义：《中国近代农业史资料（1912—1927）》第2辑，生活·读书·新知三联书店1957年版，135页。
④ 贵州省人民政府财政经济委员会：《贵州财经资料汇编》，1950年，第346页。
⑤ 民国《续修安顺府志》卷十《商业志》，国民三十年（1941）稿本。

第一章　近代贵州商会缘起

近代工业兴起是贵州工商业发展新态势的又一个表现。光绪十二年（1886），贵州巡抚潘蔚为开辟财源，创办青溪铁厂①。该厂在办厂模式、资金筹集、管理模式、产量规模等方面都体现了近代工厂制企业的特征。在办厂初期，采用募股方式筹集资金，该厂"原始股为3000股，每股100两银子，总计资本30万两。"②在经营管理上，官方负责"督销、弹压、稽查、代筹出路"之责，商人负责生产。尽管该厂管理不善、技术人员缺乏、资金不足、原料缺乏等原因，于1893年停产，但它开启了贵州近代工业化的序幕。1905年，遵义知府袁玉锡在湘山寺南面白云洞左边，傍湘江岸修建了遵义第一个现代企业——"百艺工厂"③，刘伯庄任厂长，该厂主要生产日用百货及陶瓷等。工人以招徕流民、收容孤儿为主，也有部分雇工，多时达两百余人。技师从上海、成都等地招聘。1913年，该厂改由刘伯庄独资经营，生产油单、府绸等丝织品，产品销往周边县市及四川、重庆等地。

在官办企业的刺激下，贵州民营工业兴起。因创办织布厂所需资金相对较少，又有潜在的消费市场，成本回收也较快，成为贵州工商业者创办企业的首选。1912年，贵阳兴业织布厂诞生，资本额为5400元，织机40台，工程师2人，工人95人，年织布15吨，价值3.15万元④。众所周知，贵州不产棉。因此，与其他地区棉织业发展不同，贵州主要以织布业为主，纺纱企业鲜见。织布厂所需原料主要依靠外来洋纱和上海、天津等地国产机纱。兴仁地区的织布厂主要采用印度纱为原料⑤，安

---

① 汪敬虞编：《中国近代手工业史料》第1辑，中华书局1957年版，第759页。
② 汪敬虞编：《中国近代手工业史料》第1辑，第759页。
③ 程鹏飞：《十九世纪末二十世纪初贵州商人阶层的崛起》，《贵州文史丛刊》2007年第3期。
④ 林兴黔：《贵州工业发展史略》，四川省社会科学院出版社1988年版，第20页。
⑤ Bourne, Frederick Samuel Augustus, *Report of the Mission to China of the Blackburn Chamber of Commerce 1896—1897*, pp. 270 – 271.

✱ 近代贵州商会研究

顺地区的织布厂则以印度纱和日本纱为原料①。机制印刷业是近代贵州民营工业兴起的另一行业。宣统元年（1909），华之鸿创办贵阳文通书局。该书局的工厂制特征明显：首先，该书局的机器设备主要从日本购买，生产技师从日本聘请。其次，生产颇具规模。生产部门分为工务、事务两大部，各部设教习1人，负责教导技术。工务部下设铅印、铸字、检排、装订、影印及金属制版等科室；事务部下设绘画、制版、石印机器等科室。事务部还兼管银钱出入和门市营业等。最后，产品种类繁多。印制的产品有五彩博物图、地图、古今书籍、学堂凭照、银票、钱票、商标、广告等。这些都表明它是一个近代企业，代表着新兴的、民营近代工业在贵州诞生。

外资涉足矿业是贵州工商业新态势的又一表征。贵州矿产资源丰富。其中，水银开采的历史较早，到19世纪晚期，西方各国商人开始在贵州开矿，机械化采矿业，开始起步。光绪二十四年（1898），英法商人在铜仁万山成立"英法水银公司"②，开启了外国商人在贵州经营矿产的先例。该公司采用机器开采、加工水银，是贵州矿业近代化的标志。

在工业化浪潮的推动下，贵州工业有了一定的发展。据民国元年农商部统计，贵州有工厂120家③，包括织造工厂49家（制线业、织物业、成衣）；化学工厂43家（瓷窑、造纸、化妆品、制油及蜡、制漆、火药火材、染料颜料、制药、洋胰洋蜡、杂业、香烛）；饮食业22家；机械器具4家，杂工厂2家。农商部对贵州工厂的统计数量不够准确，一些工业类别没有被统计入内。比如，在清末就颇具规模的酿酒业没有被统计入内。

---

① Bourne, Frederick Samuel Augustus, *Report of the Mission to China of the Blackburn Chamber of Commerce* 1896—1897, p. 270.
② 汪敬虞编：《中国近代工业史资料》第2辑，第112页。
③ 农商部总务厅统计科：《中华民国元年第一次农商部统计表》，中华书局1914年版，第1页。

第一章　近代贵州商会缘起

因此，贵州工厂的实际数量应超过120家。

从宏观上看，19世纪末20世纪，尽管贵州工商业发展出现了新的态势：商业方面，贵州逐渐成为工业品销售市场和原料产地；工业方面，形成了官办、民营、外资工业并存的格局。但从工业结构上看，以轻工业为主，重工业发展缓慢且单一，工业结构严重失衡。

（二）工商业者阶层崛起

近代以前，贵州工商业经济落后，工商业者人数较少，主要分布在全省工商业发达之地，他们按照籍贯或行业，建立起地域性组织会馆或同业性组织行会。作为全省工商业最为发达的省会贵阳，聚集了来自全国各地的工商业者，分别组建了湖南、江西、四川、云南、福建、山陕、浙江、北五省（冀、鲁、豫、秦、晋）、两广、湖北等会馆。在工商业欠发达的县镇，会馆分布较少。正安州有禹王宫、万寿宫、万天宫等会馆[①]，会馆是按照地域原则组建的商人组织，它的数量及规模能折射出工商业者力量的强弱。19世纪末20世纪初，在晚清政府允许民间设厂，奖励工商的背景下，学徒、士绅、官员和文人等纷纷加入经营工商企业的行列。刘源春原本是一家锡器店的工匠，因看到贵阳市场上对各种工业品的需求旺盛，独自设立商号，经营发电机、汽车、单车、黄包车零配件及小五金等[②]。光绪十一年（1885），冯介臣进入贵阳柴鸿川丝线铺当洗丝学徒，三年学徒期满后，独自开设"永兴布号"。万静波，光绪六年（1880）生于贵阳，光绪二十二年（1896）进入"豫贞乾"商号当学徒，因业务能力较强，后升任先生、管事，1912年独立开设"德日新"绸布店。张荣熙，生于光绪二十五年（1899），1915年进入贵阳刘成任绸布店当学徒，1922年出任翠一昌绸布店的掌柜

---

① 光绪《续修正安州志》卷2《坛庙》，光绪三年（1877）刊本。
② 程鹏飞：《十九世纪末二十世纪初贵州商人阶层的崛起》，《贵州文史丛刊》2007年第3期。

先生，后来独立开设绸缎号。

随着文人转从工商业，帮工、学徒走向独立经营，贵州工商业者的队伍日渐扩大。在光绪二十五年（1899）之后，贵州涌现出第一批近代商人，代表性人物有蔡岳、赖宗贵、柴鸿川、熊静安、冯介臣、许子咸、文式如、杨金山、谢介蕃、张畏三等。甲午战后，贵州工商业发展加快，在民国初年产生了第二批近代商人。其中，代表性的商人有万静波、贺星五、胡际仙、姜少卿、徐亮、王叔波、冯程南、王促光、蔡森久、张荣熙、吴禹丞、刘熙忆、伍效高、张慕良、曾竹溪、吴鲁钦、夏少锡、文范久、赖永初、张笑尘、刘辅臣、刘绍先、刘逸明等。

尽管缺乏贵州全省工商业者的具体数量，但是，根据1912年遵义、安顺、赤水、黄平、镇远五个商会共有会员1897人①，可推测贵州工商业者的数量应有相当的规模，工商业者阶层已崛起。

二 商会的兴起与衰落

（一）晚清民初：商会的兴起与发展

光绪三十年（1904），晚清政府要求在商务繁富之区，不论系会垣、系城埠，宜设立商务总会；而于商务较次之地，设立分会，仍旧省分隶属于商务总会②，表明商务总会应建立在全省工商业最发达之地。从当时贵州工商业发展水平来看，贵阳、安顺、遵义等地工商业都较为发达。然而，贵阳地处全省政治、经济、文化、交通中心，与安顺、遵义相比，贵阳是建立商务总会最为理想之地。光绪三十三年（1907），贵阳的士绅、工商业者积极行动起来，召开商会成立大会，制定《商会章程二十条》，选举李忠鉴为总理，马汝骏为协理，何雄辉为会董③，贵

---

① 农商部总务厅统计科：《中华民国元年第一次农商部统计表》，第196页。
② 彭泽益主编：《中国工商行会史料集》，第971页。
③ 《农工商部奏贵州设立商务总会请给关防折》，《政治官报》1909年第726期。

第一章 近代贵州商会缘起

州商务总会成立。贵州商务总会成立之初处于试运行阶段，没有在商部备案。经过两年的试运行，宣统元年（1909），会董何雄辉向商部奏请备案，后经商部转奏宣统皇帝，经宣统皇帝批准，发给关防为据①，贵州商务总会正式成立。

在商务总会建立的示范作用下，遵义、安顺、赤水、黄平、镇远等工商业欠发达之地的工商业者开始组建商务分会。光绪三十一年（1905），遵义城盐业、布匹和杂货等行业的工商业者在晚清举人黎虚甫的指导下，组建了遵义商务分会②。宣统元年（1909），安顺城的工商业者创办了安顺商务分会，地址在仁寿宫（四川会馆），总理为傅仁山③。宣统二年（1910），赤水城的工商业者创办赤水商务分会，首任会长为赵桢，会员主要是商号，共192家④。同年，镇远的工商业者创办了镇远商务分会，会员主要是商号，共200家，首任会长为冯振麟⑤。宣统三年（1911），黄平州（今黄平县）的工商业者创办了黄平洲商务分会，会员主要是商号，共92家，首任会长为杨口钦⑥。到宣统三年（1911）为止，贵州已建立5个商务分会。这些商会是在农商部备案的，由于交通、统计遗漏等原因，一些市县建立了商务分会，但没有被农商部统计在案。进入民国后，随着工商业发展加速，商务分会逐渐在全省建立起来。

从贵州商会的建立来看，士绅是商会建立的发起者和领导者，执掌商会领导权的总理、协理、会董都曾经担任地方要职。贵州商务总会的首任总理——李忠鉴，曾任四川补用知府，成都水利局同知。商务总会的协理——马汝骏，曾为试用知州。商务总会的会董——何雄辉，曾任云南昭通镇总兵。商务总会

---

① 《农工商部奏贵州设立商务总会请给关防折》，《政治官报》1909年第726期。
② 张子正：《遵义商会述略》，《贵州文史丛刊》1987年第2期。
③ 安顺市档案馆等编：《民国安顺县商会档案史料汇编》，民族出版社2011年版，第1页。
④ 农商部总务厅统计科：《中华民国元年第一次农商部统计表》，第196页。
⑤ 农商部总务厅统计科：《中华民国元年第一次农商部统计表》，第196页。
⑥ 农商部总务厅统计科：《中华民国元年第一次农商部统计表》，第196页。

的领导层都是晚清遗老，没有从商经历，担任商会领导时也没有经营工商企业，这表明在工商业发展比较落后的地区，士绅在商会建立过程中起主导作用，商会的产生主要是地方政府执行晚清商会政策的结果。而工商业者加入商会主要是响应政府的号召，而不是商人主观意愿的体现。

辛亥革命推翻清王朝的统治不久，袁世凯建立了北京政府，继续推进商会建设，颁布了中国近代史上第一部完整意义的《商会法》[①]。第三条规定：各地方最高行政长官所在地及工商业总汇之各大商埠，得设立总商会；第四条规定，各地方行政长官所在地或所属地工商业繁盛者，得设立商会。除在商务繁盛之地建立总商会外，还要求在各地方最高行政长官所在地建立商会。北京政府的商会政策实际上要求把总商会建立在省城，省级以下行政区建立总商会的分会。

从贵州来看，贵阳作为当时贵州省最高行政长官办公所在地，总商会应设立在贵阳，分会则建立在市、县、镇等地。依据北京政府的商会建制，贵州商务总会依法筹备改组，因时逢护国战争爆发，改组被延迟。1916年，贵州政局恢复稳定，贵州商务总会于同年6月召开各帮代表大会，修改了商会章程，确定商会的宗旨是"维护工商业者的正当利益，推动工商业发展，组织生活用品供应，举办各种福利事业，参加社会公益活动及合理摊派各种捐税等"[②]。与会各帮代表一致同意把贵州商务总会更名为贵州总商会，以投票方式，选举钱登熙为贵州总商会会长，冯介丞为副会长，熊静安为特别会董，喻致祥等38人为会董[③]。总商会章程及领导层人员报经贵州省长公署批准立案外，又转呈农商部备案，贵州商务总会转变成贵州总商会。

[①] 彭泽益主编：《中国工商行会史料集》，第977页。
[②] 冯程南：《解放前的贵阳商会》，载《贵州文史资料选辑》第6辑，贵州人民出版社1980年版，第58页。
[③] 王羊勺：《民国贵阳商会沿革与同业公会之组织》，《贵州文史丛刊》1998年第1期。

第一章　近代贵州商会缘起

（二）民国中期：商会由盛转衰

民国时期，贵州商会由盛转衰，具体体现在以下几个方面：

1. 贵州总商会转变成地区商会

近代贵州总商会名称历经了贵州商务总会、贵州总商会、贵阳县商会和贵阳市商会四个阶段。总商会名称的改变与近代中国历届政府的商会建制有关，反映了政府对商会从扶植到控制、削弱的过程。晚清政府时期，贵州商务总会是各商务分会的上级组织。北京政府时期，贵州商务总会改为贵州总商会，仍旧是全省商务分会、商务分所的上级组织，是全省商会的中枢，对分会、分所有统领权。

国民党执政后，出于政治、经济需要，开始整顿总商会，主要措施是制定、颁行商会法和同业公会法，整顿的目的是弱化、肢解商会网络，削弱商会的作用和影响力。在商务总会（总商会）—商务分会（商会）—商务分所构成的商会网络层级结构中，商务总会（总商会）是全省商会网络的中枢，是各商务分会、分所紧密联系的聚合器。当遇到"重大政治经济问题"需要解决时，商务总会（总商会）发挥其在商会网络中的支点作用，就能把各商务分会联动起来，汇集成强大的商会力量，对国家、地区的政治、经济走向产生强大的影响力，特别是在国民党进行北伐战争时期，各地商会出钱出物，甚至出动商人武装支持北洋军阀，给国民革命运动造成较大阻力。鉴于历史教训，国民党在执政后，把总商会转变成地区商会，试图使总商会丧失对各市、县、镇商会的统领功能，造成各商会之间互不相属，从而削弱商会的力量和影响力。1929 年，南京国民政府颁布《商会法》，规定"各特别市、各县及各市均得设立商会，即以该市县之区域为其活动区域。但繁盛之区镇亦得单独或联合设立商会"①。按照南京国民政府的商会建制，原有

---

① 王均安：《商会法、工商同业公会法释义》，世界书局 1929 年版，第 10 页。

的总商会根据所在地的行政区级别转为县、市商会，活动空间被限制在属地行政区域内，对其他商务分会（商会）、分所不再有统领权。

随着国民党统治触角伸入贵州，贵州总商会按照"属地原则"改组为贵阳商会。依据贵阳行政区的级别及变化，可分为贵阳县商会时期和贵阳市商会时期。贵阳县商会时期（1930—1942年）。滇军唐继尧占领贵阳后，改革贵州行政区建制，取缔了清政府设置的府州县制，设立三道观察使。根据新的行政区建制，贵阳属于黔中道的一个县，原设立在贵阳的贵州总商会转变成贵阳县商会。1930年，贵阳县地方政府要求贵州总商会按照南京国民政府颁布的《商会法》进行改组，10月8日，贵阳县商会筹备处成立，负责筹办商会改组事宜，到1931年1月15日，贵阳县商会召开第一次会员代表大会，选举文仿溪为商会主席①。此后，贵州总商会不复存在。贵阳县商会活动的范围仅限于贵阳县域内，转变成县级商会。抗日战争期间，贵阳工商业发展加快，人口激增，达到国民政府规定的设市标准，凡人口在百万以上者，或二十万至三十万以上者设市，或在政治经济上有特殊情形者，亦得设市。1941年7月1日，贵阳市政府正式成立。贵阳县升级为贵阳市后，各行政机构及有关人民团体都得按照新的行政级别改名。国民党贵阳县党部改为贵阳市党部，市党部随后发出训令，要求各社会团体变更名称。按照贵阳市政府规定，贵阳县商会要改名为贵阳市商会。1942年3月25日，原贵阳县商会召开改组大会，一致决定改贵阳县商会为贵阳市商会②。这次改组不仅改变了商会名称，还对商会的组织机构及运行机制进行了调整。市商会存在期间共进行了两次改选，在第一次改选中，陈职民当选为理事长，张荣熙、

---

① 王羊勺：《民国贵阳商会沿革与同业公会之组织》，《贵州文史丛刊》1998年第1期。
② 《贵阳市商会改组第一届执行委员》，1942年，贵阳市档案馆藏，资料号：M430100033/7。

第一章　近代贵州商会缘起

蔡森久、赖永初、冯程南等人当选为常务理事，吴禹承当选为常务监事；在第二次改选中，张荣熙当选为理事长，赖永初、冯程南等人当选为常务理事，蔡森久当选为常务监事①。县商会改名为市商会，它的活动范围空间扩大到贵阳市全境。

随着南京国民政府、对总商会的改组，贵州总商会逐渐转变成贵阳县商会、贵阳市商会。这种转变使得原建立在贵阳的总商会失去了对全省市、县、镇商会的统领权，也标志着贵州总商会、商会、商务分所之间的逐级隶属关系解体，商会网络层级结构解体。

2. 总商会职能及缩小

总商会存在期间，它的职能主要有以下几个方面：

首先，成立保商队负责全省商品的武装护送。晚清民初，贵州经济仍较为落后，物资匮乏，民众、手工业者、工业生产者等所需的食盐、棉纱、棉花、绸缎、百货、海味等需要从外省进口。同时，贵州的土特产也需要运往周边省份外销。然而，军阀混战导致地区政治秩序混乱，土匪势力乘机在交通运输线上抢劫商人及物品，阻碍贵州进出口物资的运输，工商业者损失惨重，也严重影响了普通民众的生产、生活。总商会成立了保商营，为全省商人运输商品提供武装护送。其次，负责全省商业信息的汇总与分传。总商会也是全省商业信息的汇集与传播中心，向各市县镇商会、商人提供信息服务。尽管有的市县商会在省内外设有分会或办事处，负责收集各地市场信息和商业信息，但大多数的市县镇商会则没有财力、人力在省内外建立分会或办事处来收集市场信息和产品信息。总商会通过省际商会网络和省内商会网络把省内外商业信息汇集，然后凭借在贵州商会网络中的中枢地位，把收集的商业信息通过图册、电话、电报等方式传给各个分会，从而为全省工商业者提供市场信息服务。最后，指导市县镇

---

① 《贵州社会组织概览1911—1949》，贵州人民出版社1996年版，第58页。

的工商业者建立商会。贵州总商会建立后，积极推动各市县镇建立商会。总商会在推动各地区商会兴起的作用上，主要表现在两个方面：一方面，总商会为地区商会的兴起提供示范作用。在晚清时期，贵州总商会建立后，在经济较为发达的安顺、遵义等地，工商业者积极模仿总商会建立商务分会。另一方面，总商会积极引导、协助各市县镇的工商业者建立分会。工商业发达，工商业者达到一定数量是建立商会的基础。如工商业者没有建立商会的主观意愿，商务分会、分所也建立不起来，这就需要外在力量推动工商业者建立商会。作为贵州全省商会中枢的总商会基于对地区商会的统领权，成为积极推动各市县镇工商业者建立商会的引导者、指导者。

随着总商会转变成贵阳商会，它的活动空间范围仅限于贵阳县、贵阳市辖区内。职能由服务全省工商业者转变成推动贵阳地区的经济、教育、交通的发展。

3. 总商会与分会之间的关系由事实上的领导与被领导转化为平行关系

总商会是一个省或者地区的商会总部，它的"下级"机构晚清时期称为商务分会，北京政府时期称为商会分会。贵州总商会建立在黔省省府所在地贵阳，商务分会则广泛分布于全省各府州县镇行政区之中，这种分布格局使得贵州总商会与商务分会之间形成事实上的"上下"级关系，也是商会法明确规定的。晚清政府规定"在商务较次之地，设立分会，仍旧省分隶属于商务总会"①，这是晚清中央政府赋予商务总会对商务分会的统辖权利。晚清政府建立商会的目的是把各地区工商业者网罗于商会内，为国家经济建设服务。如何才能把不同行政区的工商业者统一在一张网内？首先，要在省府所在地建立商务总会，然后在府、州、县建立商务分会，最后在镇级行政区建立

---

① 彭泽益主编：《中国工商行会史料集》，第971页。

商务分所，并把商务总会、分会、分所之间的关系规定为隶属关系，即商务分所隶属于商务分会，商务分会隶属于商务总会，这样就把全省工商业者凝集在以商务总会为中心的商会网络内。因商务总会对于省域内的所有商务分会、商务分所有统领权，商务总会实际上处于商会网络的中枢地位。政府只要掌控商务总会，就能管控全省工商业者，降低了管理成本。因此，晚清政府把商会层级结构设置为商务总会—商务分会—商务分所。这种商会网络结构建制把商务总会、商务分会、商务分所纵向联系起来，形成内在的紧密联系的有机整体。尽管商会分布于大商埠、中小城市，甚至县、镇、集市等十分广阔的区域，只要商务总会振臂一呼，整个商会网络就有效运转起来。

贵州商务总会对商务分会的统领关系还表现在分会立会呈文的呈转、批复均由贵州商务总会审核并呈转，商务总会派员对分会的成立进行指导，分会兴革各事均报总会备案。南京国民政府时期，取缔了总商会，贵州总商会转变为地区商会，与其他商会分会之间形成平行关系，活动区域仅在贵阳县范围内，对其他商会不再有统领权。例如，遵义县商会发函给贵阳县商会，告知统一桐油度量衡器标准[①]。函是一种平行文，遵义县商会与贵阳县商会之间的这种行文表明两者之间是一种平行关系。各商会之间的平行关系使得商会之间因缺乏"领导人"而处于松散的网络状态。此后，商会的力量及影响力被大大削弱。

第三节　近代贵州商会分布与区域经济格局演变

一　商会分布的时空特征

从近代贵州商会的时空分布上看，存在着以下特征：时段

---

① 《油业公会监制划一　油秤并将新有老秤一律废止由》，1947年，贵阳市档案馆藏，资料号：M430100168/26。

上，晚清时期，商会建立最少。北京政府期间，商会建立最多。南京国民政府时期，商会建立较多。空间分布上，黔北地区的商会最多，黔东南地区的商会最少。商会分布折射了地区工商业发展水平。商会产生后，加剧了地区经济发展不平衡，商会分布较多的地区，经济发展加快，商会分布较少的地区，经济发展较慢，从而导致贵州经济区域格局重构。

（一）商会的分布呈现阶段性特征

从商会建立时间与数量之间的关系来看，晚清时期，贵州仅建立10个商会，北京政府时期建立24个商会，国民政府时期建立18个商会。由此可知，晚清政府和南京国民政府时期，商会建立的数量较少，北京政府时期是商会建立的高峰期，数量较多。

商会的时段分布特征与贵州各地工商业发展水平有关，也与近代中国各届政府的商会政策有关。在晚清时期，尽管清政府敦促在全省建立商会，但贵州府、州、县、镇的工商业发展较为落后，工商业者数量较少，缺乏会员基础，没有建立商会，商会的数量总体较少。北京政府时期，国家重视工商业发展，直接聘请工商业者担任农工商部官员，制定出更加契合于工商业发展的政策、措施。1913—1915年，张謇担任农商总长，颁布《工商保息法》《农林工商官制矿法公司条例》《商人通例施行细则》《公司条例施行细则》《商业注册公司注册规则》等来保护和促进工商业发展。同时，辛亥革命后，在实业救国的呼声中，国人发展工商业的热情高涨，工商业者队伍壮大，为商会的成立奠定了充实的会员基础。因此，北京政府时期，出现了建立商会的高潮。

政府的商会政策也是影响商会数量增长的重要因素之一。晚清政府和北京政府都积极鼓励工商业者建立商会，商会建立的门槛较低，只要工商业者愿意，就可以发起、建立商会。国民党执政后，一方面要运用商会来发展工商业和管理工商业者，

第一章 近代贵州商会缘起

另一方面对商会的建立与发展加强了控制，提高了商会建立的门槛，从而把一些工商业发展水平较低、工商业者数量较少的地区排除在外。1929年《商会法》规定：商会的设立须由该区域内五个以上之工商同业公会发起之；无工商同业公会者须由商业的法人或商店五十家以上发起之①。建立商会的门槛提高，阻碍了工商业不发达地区的工商业者建立商会。尽管南京国民政府时期贵州工商业发展加快，但工商业基础薄弱，发展缓慢的县、镇，同业公会或商户的数量没有达到国民政府规定的"设会"标准，不能建立商会。因此，南京国民政府时期，贵州商会建立的数量相对较少。

（二）商会空间分布特征

近代贵州商会的空间分布呈现多样化特征。以黔北地区为中心是贵州商会空间分布的特征之一。黔北地区是商会分布最多的地区。根据笔者统计，9个县级商会，18个镇级商会。其中，仁怀县就有复兴场、窑坝场、大坝场、三合土、桑木场、茅台场、鲁班场、长岗山、冠英场等镇建有商会②。在商会建立时段上，4个县级商会在宣统年间建立，4个县级商会在北京政府初期建立，1个县级商会在20世纪20年代中期建立。在经济发达地区，商会的分布通常是以省会为中心，由近及远呈规律性分布，但贵州的商会分布并不是以省会为中心，而是以黔北地区为中心。黔北地区与四川、重庆接壤，区域内地势平坦，河流众多，农业发达，水陆交通线遍布全境，丰富的物产和发达的手工业，逐渐发展成为贵州三大经济中心之一，这为商会的普遍建立奠定了经济基础和会员基础。以贵阳为中心的黔中地区，尽管处于黔省的政治、文化中心，但黔中地区只有陆路交通，水路交通不发达，受交通条件制约，黔中地区除贵阳、

---

① 王均安：《商会法、工商同业公会法释义》，第10页。
② 李治安：《仁怀县民国时期商会组织》，载《仁怀县文史资料》第7辑，1990年版，第70—71页。

安顺外，其他县、镇的工商业发展较慢，使得该地区商会普遍建立较晚，大多在抗战期间建立，仅有开州商会建立于1914年①，甚至部分县到中华人民共和国成立前都没有建立商会。

以交通孔道为主是贵州商会分布的第二特征。交通孔道既是社会生产发展的必要条件，也是沟通和加强各地经济联系的桥梁和纽带，更是农产品、手工业品以及矿产品得以转运到各地市场的前提条件。从交通视角上看，贵州商会主要分布在陆路和水路交通沿线地区。陆路交通是贵州交通线的核心，经过历代政权的交通建设，到抗战之前，贵州陆路交通由传统驿道向近代公路、铁路转变。驿道是近代以前贵州主要的陆路交通线，分为省际驿道和省内驿道。省际驿道主要有四条：黔川、黔桂、黔湘、黔滇等，都以贵阳为交会点。黔川驿道以贵阳为起点，经修文、息烽、遵义、桐梓，北入四川，是川黔商品互流的主要通道。黔桂驿道以贵阳为起点，经龙里、平越、独山、荔波入广西庆远府，是两广商品进入贵州的主要通道。黔湘驿道以贵阳为起点，经龙里、新添（贵定）、独山、重安江、黄平、施秉、镇远、清溪、玉屏进入湖南，是长江中下游地区和黔省间产品互流的主要通道。黔滇驿道以贵阳为起点，经清镇、平坝、安顺、镇宁、晴隆、普安、盘县入滇，是滇黔产品互流的主要通道。四条省际驿道把周边省份连接起来，也把处于驿道上的府州县连接起来，形成驿道交通网络。近代以前，驿道是商品运输的主要交通线，但道路狭窄，不利于大规模地运输商品。近代陆路交通主要是公路和铁路。贵州公路建设始于20世纪20年代，到抗战前，贵州境内有黔川公路、黔桂公路、黔湘公路、滇黔公路，但只修了部分路段，省际公路并没有联通。铁路建设始于抗战时期，主要有黔桂铁路。黔桂铁路起于广西柳州，经广远、金城江、南丹进入贵州，又经独山、都匀、麻

---

① 民国《开阳县志稿》第9章《社会》，民国二十九年（1940）铅印本。

第一章 近代贵州商会缘起 ✽

江、平越、贵定、龙里、贵筑至贵阳。公路、铁路的开通，为规模化运输商品提供了条件，是民国中后期贵州主要的商品运输线。贵州水上交通线主要有连接川黔的赤水河，连接湘黔的清水江，连接黔桂的都柳江，连接黔滇的南盘江。尽管这些水路之间彼此不相交汇，但水道交通有利于大规模地运输商品，节省运输时间和运输成本，是贵州重要的进出口贸易交通线。处于交通干线上的府州县镇，工商业发达，转运贸易兴盛，大量商人和商品在此聚集。比如，处于黔川交通要道上的新场（今金沙），是川盐、川土布、川糖、川烟、川酒、成都丝绸、杂货入黔的集散点，也是黔省的生漆、猪鬃、牛皮、杜仲、桐油、毛皮、药材以及其他山货入川的集散点。交通干线及沿线工商业发达，使得地处黔滇交通线上的普安、毕节，地处湘黔交通线上的镇远、黎平，地处川黔交通线仁怀、铜仁、新场等地都分布着商会。

以地方主导产业为据点是贵州商会分布的第三特征。由于各地区资源禀赋不同，地区经济发展中的比较优势产业不同，一些地区常常是手工业较为发达，一些地区是矿产经济发达，一些地区农业发达。手工业、矿业、农业的发达都会推动地区商业贸易的兴盛，成为商会分布重点区域。分布在手工业发到地的商会主要有绥阳、桐梓、大方。绥阳是近代贵州的棉纺织中心之一，郑场镇及附近的妇女，十之八九会纺纱，约五分之一的家庭会织布，全县共有织布户约一百三十户，仅郑场镇就有八十多户，县城及附近有二十多户①。发达的棉纺织业带动了相关产业及商业发展。例如，绥阳棉纺织业的发展带动了该地棉花贸易的兴盛。贵州不产棉，绥阳棉纺织业所需的棉花来自江西，到光绪初年，仅县城就有经营棉花的商号曾纪盛、王恒

---

① 王裔彬：《近百年绥阳几项工商业剖析》，载《绥阳县文史资料选辑》第4辑，1984年版，第43页。

高、母廷珍三家①。棉纺织业发展还带动了染布业的发展，仅郑场镇就有5家染坊②。桐梓是丝织业中心，生产的水丝、双丝③，远销四川、重庆以及遵义等地。大方是漆器中心，漆器在明洪武年间开始出现，到清道光年间，漆作坊遍布全城大街小巷，可见漆器业已产业化。

分布在矿业经济发达之地的商会主要是务川、开州（今开阳）。贵州矿产资源丰富，自明代开始，矿产经济兴起，很多人以此为营生。据《贵州图经新志》载："务川县境有板场、木悠、岩前等坑产朱砂，土人倚为生计，岁额水银百六十斤贡。而民间贸易用之为钱钞焉。"④ 明代以后，各地商人，不断涌来务川，古道上来往汞商，人挑马驮，络绎不绝，偏僻蛮夷之地，竟成"商贾辐辏，人多殷富"的繁华之邦。开州（今开阳）是贵州另一个朱砂产地，明清时期就有异地商人在此开采贡矿，土著居民参与采矿的人较多。其中，马蹄至用沙坝之洋水、热水，土著居民则皆依砂厂为资生⑤。因矿业较为发达，务川、开州在清初成为有名的商业城镇。因此，开阳、务川都建立了商会。

分布在农业经济发达之地的商会主要有遵义、湄潭、思南。发达的农业为轻工业提供原料，为商业提供交易品。发达的农业为商业繁盛奠定基础，也促进农民收入增加，农民购买力较强，反过来又促进商业发展。因此，农业发达地区，商业和市场较为发达。光绪《湄潭县志》记载："永兴场，万商辐辏，百货云集，黔省一大集市也。"⑥ 思南府境内农业发达，在道光

---

① 王裔彬：《近百年绥阳几项工商业剖析》，第43页。
② 王裔彬：《近百年绥阳几项工商业剖析》，第45页。
③ 《黔南识略》卷31《桐梓县》，台湾：成文出版社1968年版，第217页。
④ 《贵州图经新志》卷5《思南府》，弘治刻本。
⑤ 《黔南识略》卷3《龙里县》，第30页。
⑥ 光绪《湄潭县志》卷2《场市》，光绪二十五年（1899）刻本。

第一章 近代贵州商会缘起

年间,境内"桐油、柏油、山漆,皆由各商收购以去"①。农业发达之地,商会分布较多,不仅县城建有商会,县域内的镇也建有商会。

二 区域经济格局重构

(一) 晚清时期贵州经济发展格局

基于地形地貌、气候、交通、区位、历史等原因,贵州可以划分为六大经济区。晚清时期,贵州六大经济区间的经济发展水平格局为:黔中、黔北、黔东北等地区,经济较为发达;黔南、黔西南、黔西北等地,经济发展水平相对较低。

黔中经济区由贵阳府和安顺府组成,行政区域范围相当于今天的贵阳市和安顺地区,地处黔省腹地。该经济区的一些府州县位于省际、省内交通干线上,交通经济发达。交通经济以交通干线为发展轴线,以交通干线沿线的经济中心为依托,以农业、手工业、矿业形成了沿交通干线分布的带状经济产业区域。地处交通干线上的府、州县工商业也较为发达。例如,扼滇黔交通孔道的安顺,人口稠密,商业繁盛,成为黔省西路农副产品集散地。安顺的手工业也很发达,门类众多,有纺织、丝织、印染、五金农具、制革、制鞋、食品、木器等。其中,织布业的规模较大,专职织布的达3200户,以纺织为职业的人有3.3482万人。手工业发达使得产品种类繁多,土布、丝绸、丝线、剪刀、菜刀、皮鞋、帽子、白酒、糖食蜜饯、铁制小农具等在贵州及全国市场上都有名。又如,普定是连接黔、滇、楚、蜀的交通要道,"黔、滇、楚、蜀之货日接于道,故商贾多聚焉"②。扼川黔要道的开州,境内皆有大道通行,境内的蚕茧、朱砂等为出口大宗③。黔中地区矿产资源丰富,在清代中期以

---

① 道光《思南府续志》卷3《物产》,贵州图书馆1966年影印本,第122页。
② 《黔南识略》卷5《普定县》,第321页。
③ 民国《开阳县志稿》第九章《社会》。

后，黔中地区矿业资源得到开发，矿业开采、矿业运输等使得该地区矿业经济发达。尽管黔中地区是黔省腹地，但罗斛厅（今罗甸县）、长寨县（今长顺县）、广顺县、永宁（今关岭县）、归化（今紫云县）等厅县既没有处于交通干线上，也没有发达的手工业、农业和丰富的矿产资源，加上境内主要是少数民族，工商业发展较为落后。

黔北经济区的农业、手工业及市场发达。黔北地区地势平坦，赤水河、乌江、香江等流经全境，灌溉条件较好，农业发达，经济作物较多。《黔南识略》记载：本处产米颇饶，食用之余尚多盖藏；树多枫香、青桐、白杨等树，物产生漆、桐油、蓝靛、五倍、芋麻、茶、蜡属[①]。黔北地区是黔省纺织中心之一，从事纺织的人较多，纺织品质量较好，产品远销黔省其他地区或周边省份。例如，正安州生产的家丝，质精色美，商通各省，贩运甚多[②]。桐梓盛产水丝、双丝。丰富的农产品、纺织品流向市场，促进了黔北地区各级市场的兴盛。其中，镇级市场形成较早，且分布密集。明朝时期，仁怀就有尧坝场、安隆场等镇级市场。晚清时期，仁怀县是川盐入黔的四大盐岸之一，茅台是水陆中专站，工商业发达。黔北地区便利的交通，发达的市场、丰富的物产，使得本地区工商业较为发达，区域内县与县之间经济发展水平差距也较小。

黔东北经济区地处于黔省东北边缘斜坡地带，区域内峰峦叠嶂，河谷幽深，但气温较高，雨量充沛，适合经济作物生长，该地区茶叶、桐油、蜡树较多。《黔南识略》记载：思南府安化县，"山头地角遍栽桐、椿、杉、冬青等树。桐椿摘子取油，冬青放虫取蜡，民稍蜡利，漆数倍于他产，夏秋之间，商家辐辏。"[③] 铜仁府"来自江右抱布贸丝游历苗寨，始则贷其赢余而

---

① 《黔南识略》卷30《遵义县》，第214页。
② 《黔南识略》卷32《正安州》，第224页。
③ 《黔南识略》卷16《思南府》，第113页。

第一章 近代贵州商会缘起

厚取其息。"[①] 清代铜仁万山盛产朱砂[②]。松桃厅"树有杉、松、桑"[③]。黔东北各府都地处交通干线上。思南府地处黔湘两省交界，上接乌江，下通楚蜀，是"商贾贸易之咽喉"要道。石阡府"南通巴蜀，北接荆楚江南"，堪称全国商业要道。铜仁府地处黔省东北端，北与松桃厅相连，东临湖南、西与思南府接壤。松桃直隶厅东、北面与湖南接壤，西与四川接壤，是黔、川、湖南的交界地。发达的交通，丰富的物产为该地区工商经济发展创造了条件。《严老太带恩免江市扮春爱碑记》记载了顺治年间江口商人的汇集情况，"商贾云集，两年间不下五六百计，须称小盛"，其中，就有江西商人来此经商，随着工商业发展，逐渐形成了双江镇、闵家场、怒溪场等商品集散地。在鸦片战争后，湖广、江西等地商人在松桃设立商号，销售棉花和收购桐油。

黔东南经济区地处云贵高原向湘桂丘陵盆地过渡地带，境内以苗族、侗族为主，区域内经济发展极不平衡，与湘、桂邻近的镇远府、黎平府和思州府，工商业较为发达。镇远府地处湘黔滇驿道东端，舞阳河从西向东流经全境，发达的水陆交通使得镇远"舟车辐辏""货物聚集"，滇、黔所产的铜、锡、铅及贵阳以西的诸多货物大都在此转运出境，溯湖南沅江而上的货物，如食盐等也多由此入境集散。因此，外地客商大多在此驻足，府城有"辰州市""南京市""江西市""抚州市"等名称，"居民皆江楚流寓""湖南客半之，江右客所在皆是"[④]。黎平地处都柳江上游，与湘、桂接壤，地理位置优越，有水路运输的便利条件，在清咸丰、同治年间，湖南、江西、浙江、福建、四川等地商人来此经商。在明清时期，玉屏县本地商人和

---

① 《黔南识略》卷19《铜仁府》，第132页。
② 《黔南识略》卷19《铜仁府》，第133页。
③ 《黔南识略》卷20《松桃厅》，第138页。
④ 万历《贵州通志》卷15《镇远府》，书目文献出版社1990年版，第329页。

湖南、湖北和江西等地商人利用水上交通舞阳河和陆路输入外省花纱布、百货、食盐，也把玉屏所产桐油、茶油、山货、杂粮等运销到其他地区。与湘桂交界地区，工商业发展较好，商会建立的数量较多，仅有台拱（今台江）、清江（今剑河县）没有建立商会。都匀府远离省际交界区，也远离黔中经济区，尽管境内清水江穿流而过，农业较为发达。例如，独山州"树多桐茶枫梓杉柏，兼产棉花花上布"①。但都匀府缺乏与发达地区的经贸互动，又因该府以布依族、苗族、水族和瑶族等少数民族为主，落后文化观念嵌入地区经济，使得都匀府辖区的工商经济发展水平较低，到民国初年，都匀县城的手工业者和商人共计三十多户，从事零星的土布、杂货、油盐、日用百货的交易。

黔西南经济区境内土多田少，坡耕地多，是黔省最热之地。居住在此的布依族和苗族，依据该地区特殊自然条件种植棉花、桑树、染料、甘蔗等经济作物。兴义府"地产通草、棉花、蓝靛、甘蔗等"②。经济作物为本地区纺织业和制糖业的发展提供了丰富原料。因此，本地区手工纺织业、糖业较为发达。黔西南地区与滇、桂省比邻，是黔省入滇、入桂的交通通道之一，交通经济发达。兴义府地居"滇省冲途，右扼水西，左联粤壤，四通八达"，清代就有大量的两广商人、云南商人在此经营工商业。普安直隶厅（今盘县）是云南入黔第一站。《黔南识略》对其所处地理位置描述为"扼滇黔之要害，达川广之声援，据险立城，足资控制"③。因处于滇黔交通要冲，商业较为发达，到19世纪70年代，普安直隶厅市场上已经出现鸦片、洋纱、洋布、染料、洋灯、洋油、洋钉等商品。本地所产山货、药材、生漆、土布、生丝、农产及矿产等通过交通要道输入国内、国

---

① 《黔南识略》卷20《黎平府》，第80页。
② 《黔南识略》卷27《兴义府》，第190页。
③ 《黔南识略》卷29《普安直隶厅》，第201页。

第一章 近代贵州商会缘起

际市场。

黔西北经济区地处云贵高原向黔中山原过渡的斜坡地带，海拔为全省最高，河流切割侵蚀严重，地表破碎崎岖，山高坡陡，土层薄，坡耕地为主，水土流失严重，农业相当不发达，但该地区地处川黔、滇黔交通要道中端，境内银、铜、铅、铁等矿资源丰富。因此，黔西北地区以矿业、手工业以及交通运输经济为主。大定府银、铜、铅、铁等矿产较多，开采也较早。雍正年间，政府放松了对商民采矿的限制，矿场增多，从事矿产开采人员较多，仅在雍正元年（1723）五月，贵州大定镇总兵丁士杰对大定府所辖矿厂进行调查统计：马鬃岭、播木雄、发嘎、八甲山、江西沟、大兴厂、麻园沟、铜厂坡、洛龙山九处均已开矿采炼，厂民八千余人，炉房三千八百余间，硐口四十余处[①]。伴随着银、铜、铅、铁等开采与运输，带动了大量异地商人和本地居民从事矿业产运及为矿业开采服务的其他产业的发展。晚清时期，在川盐入黔的带动下，一些处于川盐入黔交通线上的县镇，工商业发展起来。金沙工商业的发展就是因川盐入黔而兴起。金沙原名打鼓新场。光绪年间，新场是川盐"仁岸"入黔的转销大站。在川盐入黔的带动下，川糖、川烟、川酒、成都丝绸、杂货和黔省所产的生漆、猪鬃、牛皮、杜仲、桐油、毛皮、药材等在此交汇，金沙逐渐成为川黔间重要的区域贸易市场。

由于交通、工商业、农业发展程度不同，贵州六大经济区之间经济发展水平差异较大，且区域内部发展水平差异也较明显。

（二）新经济格局形成

贵州六大经济区之间商会分布稀疏不同，导致区域经济格

---

① 《为行查大定汛属矿厂事》，载国立故宫博物院故宫文献编辑委员会编《宫中档雍正朝奏折》第4辑，1978年版，第316—317页。

局出现分化与重组。商会建立后,纷纷采取措施助推当地经济发展。例如,遵义商会建立后,通过解决企业融资难、保障市场交易秩序、调解商事纠纷、为工商业者申请减税、创办电力工业、统一度量衡器、化解农村手工业原料危机、推动农产品上行等经济举措,推动了遵义地区经济的发展。又如,印江商会通过在各地设立商会办事处来收集市场信息,并把收集到的信息在印江商会网络内共享,从而减少了会员搜索信息的成本,促进了印江地区经济的发展。因经济区及区域内有的县镇建立了商会,有的县镇没有建立商会。同时,各商会所采取的发展经济的举措不一,推动地区经济发展的效率不同,使得有的地区经济发展加快,有的地区经济发展相对较慢,贵州原有的经济区格局被打破。直到民国中晚期,晚清时期形成的以黔中、黔北、黔东北为中心的经济格局转变成黔中和黔北经济区为中心,即由晚清时期的三大发展中心与三大欠发展中心转变成黔中、黔北两大发展中心与黔东北、黔东南、黔西南和黔西北四大欠发达地区并存的经济格局。而且,各经济区内部发展不平衡加剧。在商会分布多且均衡的经济区,商会之间积极联动,区域内部经济发展较为均衡,黔北地区就是典型。黔北经济区内的各商会通过联动打击假冒伪劣,保护、树立农产品和工业品的信誉,促进地区农产品、工业品品牌建立与维护;通过商会网络来实现经济信息共享,商会网络对经济发展的作用增强。在商会及商会网络的作用下,黔北地区经济发展进程加快,各县之间经济发展也较为均衡,成为近代贵州以及当今贵州经济中心之一,也为当今黔北地区经济发展奠定了坚实的历史基础。

在商会分布不均衡的经济区,区域内经济发展不平衡加剧。黔中的开州(今开阳县)、定番州(今惠水县)、贵筑(今并入贵阳市)、龙里、贵定、修文、安顺、镇宁州、普定、清镇、郎岱同知(今六枝特区)、安平(今平坝县)等县的商会采取抵制军阀勒索,保护工商业者的经营,调解会员经济纠纷,发展

第一章 近代贵州商会缘起 ✽

电力以解决工商业生产、经营的动力等措施助推当地经济发展。然而,黔中地区的罗斛厅(今罗甸县)、长寨县(今长顺县)、广顺县,安顺府辖区的永宁(今关岭县),归化(今紫云县)等县都没有建立商会,经济发展一直较为缓慢,直到解放前夕,工商业仍旧落后。例如,罗斛厅(今罗甸县)人口集中的城关和边阳镇共有20多户座商,其余多系肩挑小贩①。黔西北经济区,原来的经济中心大定县被金沙、织金取代,区域内经济中心重构,形成新的经济中心。民国期间,织金工商业者从广州、上海、杭州、湖南、广西、湖北、四川、安顺、贵阳、毕节等地采购织金当地人民所需的各种商品,同时把织金所产的党参、桔梗、天麻、杜仲、龙胆草、桐油、漆蜡、生漆、猪毛、肥猪,兽皮、砂锅、石砚、豆腐等运往前述各省市场②,就得益于织金商会免费为当地工商业者提供市场信息。金沙经济的崛起就得益于商会建立保商队来负责进出口商品的运输及整顿市场交易秩序,金沙成为黔西北经济区的又一经济中心。

---

① 《罗甸概况》,载《罗甸文史资料》第1辑,1988年版,第3页。
② 陈家禾:《解放前织金县城商业概况》,载《织金文史资料》第3辑,1992年版,第197页。

第二章 近代贵州商会成员嬗变

第一节 商会会员变化

会员是商会的基本元素，近代贵州商会的会员大体经历了行会、商号到同业公会、企业、商店的转变。

一 团体会员"由旧趋新"

（一）行会会员

近代中国工商业发展处于转型时期，原有行业继续发展与新兴行业兴起的经济结构使得已创立的行会与新建行会并存。行会出现于隋唐，兴于宋代，到明清时期继续发展。随着行会发展，组织日趋严密，日渐封闭。贵州的商业和手工业长期落后于经济发达地区，行会组织直到明清时期才逐渐形成，到北京政府时期，行会趋于鼎盛。在贵州有关文献记载中，行会组织通常称为帮。例如，绸缎帮、华洋杂货（后称百货）帮、丝线帮、钱帮、烟帮（又称特货帮，即贩卖烟毒的行业）、药材帮（后称国药业）、京果帮（后称糖食糕点业）、笔墨帮（专营毛笔烟墨的行业）、颜料帮、瓷器帮（后称陶瓷业）、帽帮（专营瓜皮帽的行业）、纱布帮等。行会是从事同一行业的工商业者的团体组织，因行业不同，形成名称各异的行会。

行会是商会联结广大会员的中间环节，有了这个中间环节，

第二章 近代贵州商会成员嬗变

商会才能把早已归入各行的广大会员联结起来，形成较大规模的团体，从事较大规模的活动，没有这个中间环节，商会就会成为无源之水，无本之木①。因此，在商会成立初期，行会以团体会员的形式加入商会，成为行帮会员，这表明行会与商会之间存在密切联系。1907年，贵州商务总会成立时，会员有汇号、当商、盐店、花纱布、烟帮、绸缎业、通草等帮。遵义商会成立之初，会员有盐帮、纱帮、匹头帮等。习水商会成立之初，会员有布帮、山货帮、粮油烟酒帮、锅铁帮、饮食旅栈帮、盐帮、染坊帮等。有学者认为商会产生后，行会退出历史舞台。从贵州商会会员构成来看，行会是商会的组织基础和支柱。

与中国发达地区的商会相比，贵州，商会以行帮为团体会员持续的时间较长。究其原因，一方面，贵州工商业发展较为落后，行帮组织形成的时间较晚，兴盛、消退也晚。另一方面，民国初年，贵州不在中央政府的统治区域内，北京政府取缔行会的相关法令并没有在贵州得到贯彻执行，行会得以继续存在。因此，行会成为商会团体会员持续到了南京国民政府统治贵州之前。在这期间，随着贵州工商业发展加快，行业门类增多，商会的行帮会员增加。例如，贵州总商会存在期间，贵阳地区的行帮组织已经发展到五十多个，并都加入商会。

商会初建期是否存在行帮会员，取决于地区工商业发展水平及各行业是否建立行会组织。在贵州，一些工商业发展较为落后的县、镇，工商业者数量相当少，也没有建立行会，商会会员全是商号和小商小贩。例如，施秉商会的会员主要是商号和小商小贩②。

（二）同业公会

同业公会是同行业者的团体组织，与行会既有共性，也有

---

① 黄福才、李永乐：《论清末商会与行会并存的原因》，《中国社会经济史研究》1999年第3期。
② 高中元：《解放前后施秉商业概述》，载《黔东南文史资料》第9辑，1991年版，第106页。

近代贵州商会研究

区别。在共性上，行会和同业公会都是同行业者的团体组织，都积极参与地区善举，制定行业规约等。两者间的主要区别在于是否限制同行间的竞争。为限制同行之间竞争，行会常常采取严格准入、打击非会员的生产与经营等排外措施，严厉控制招收学徒、帮工的数量及学艺年限，限制会员扩大生产、经营规模。行会制定行业规则的目的是限制行业间竞争，保护会员在市场上的垄断地位和经济利益。例如，嘉庆年间，贵州大定府红漆业发展较快，商人尹廷琼、舒廷杰等开始把红漆运往贵阳市场销售。因大定府生产的红漆质量好，价格便宜，在贵阳市场销售较好，导致贵阳市场上售卖黑漆的铺户生意衰落。为限制大定府生产的红漆进入贵阳市场，贵阳市各售卖黑漆的铺户与安顺、贵阳生产黑漆的做户达成协议，"贵阳铺户只用安顺、省城（贵阳）二处黑货，不用大定红货，且规定大定货物永不来省，如再私来，任凭众人将货物拦至皇经阁出卖，修铺庙宇"①。贵阳黑漆铺户与安顺、贵阳等黑漆做户之间达成的生产与销售协议，目的是把大定红漆排挤出贵阳市场，限制大定红漆与贵阳地区黑漆展开市场竞争。同业之间通过竞争能促进本行业改进技术及管理，提高产品质量，推动同业发展。黑漆行会通过制定行规，垄断地区市场，排斥竞争，不利于黑漆行业改进技术和管理，阻碍黑漆行业的发展、进步。与行会限制竞争不同，同业公会致力于合法的、公平的市场交易，努力维护市面秩序，调查分析和发布行情，保护民族工业②，以促进同业发展、壮大为宗旨，具有开放性和包容性。例如，安顺县纱业公会章程规定："本会以谋增进同业之公共利益及以矫除营业上之弊害，并推行畅销国货为宗旨。"③ 同业公会对

---

① 倪腊松：《研究清代贵州经济史的宝贵资料——黑漆行规碑》，《贵州文史丛刊》1996年第4期。
② 彭南生：《论近代中国行业组织制度功能的转化》，《江苏社会科学》2004年第5期。
③ 安顺市档案馆等编：《民国安顺县商会档案汇编》，第251页。

第二章　近代贵州商会成员嬗变

从事同业的人员所经营商品的来源不做任何限制，也不对会员企业的生产、经营活动进行限制，有利于同类产品在市场上平等竞争，从而提高整个行业的发展、进步。

同业公会成立后，出于各种原因，有的同业公会并没有主动加入商会。为使所有新成立的同业公会加入商会，南京国民政府对同业组织与商会的隶属关系进行了规定。1929 年 8 月 15 日，南京国民政府颁布《商会法》[①]，规定商会会员分公会会员和商店会员两类，由公会或商店举派代表出席会议。南京国民政府颁布该项法令时，贵州还处于地方军阀统治之下，此《商会法》并没有在贵州得到贯彻执行，商会的团体会员仍就是行会。20 世纪 30 年代，随着南京国民政府统治触角伸入贵州，各行各业开始按照南京国民政府颁行的《商会法》和《同业公会法》进行依法改组，商会的团体会员由晚清、北京政府时期的行会转变为同业公会。

行会改组为同业公会的过程，也是商会会员由行会转变成同业公会的过程。各地区行业发展进度不同，行会转变为同业公会或新兴行业组建同业公会的时间存在地区差异和不平衡性，使得一些地区的商会以同业公会为会员的时间较早，一些地区的商会以同业公会为会员的时间较晚，一些地区的商会甚至消亡前都没有同业公会会员。在黔省经济中心贵阳，行会改组的时间相对较早。1930 年 7 月 28 日，贵阳绸缎业同业公会成立[②]。在随后的一年里，典当、药材、银钱、食盐、堆栈、制革、苏裱、华洋杂货（百货）等行会改组为同业公会。在经济欠发达的地区，行会改组则较晚。直到 1943 年，思南县的行会才开始改组，先后改组成同业公会的有百货业、酒业、布业、糖业、花纱业、五金业、药业、粮食业、船业、屠宰业、油业、面粉

[①] 王均安：《商会法、工商同业工会法释义》，第 19 页。
[②] 王羊勺：《民国贵阳商会沿革与同业公会之组织》，《贵州文史丛刊》1998 年第 1 期。

业、旅栈业、盐业等①。在同一地区，同业公会改组、成立的时间呈现出阶段性特点。以遵义市的同业公会改组为例，在抗战前，仅有5个行会改组成同业公会，抗战期间，22个行会改组成同业公会，抗战胜利后有12个行会改组成同业公会②。

由于同业公会改组或成立有早有晚，同业公会加入商会的时间不同。遵义商会的36个同业公会产生的时间前后相差十几年。而在一些经济落后地区，甚至在解放前也没有成立同业公会，商会没有团体会员，只有非公会会员。同业公会产生的不均衡，表明商会以同业公会为团体会员受到政府整顿同业组织的制约，更受到地区工商经济发展水平的影响。

与行会相比，同业公会更具有开放性。同业公会作为商会的团体会员，把促进同业发展作为首要目标。为促进同业发展，同业公会要求行业会员执行近代会计制度，培训同业人员等。例如，安顺百货业章程规定，要求各会员改革旧式账簿，换用新式会计制度③。为提高百货业行业成员的业务水平和业务能力，百货业同业公会还举办各种业余补习班，行业人员的技能、知识得以提升。与行会限制同业进行技术革新、扩大生产经营相比，同业公会采取的这些措施有利于行业整体进步以及行业人员业务能力提升。因此，在同业公会加入商会后，它的开放性通过传导机制进入商会，使得商会也具有开放性与进步性。

（三）团体会员演变：产业结构升级与政府整顿同业组织的结果

商会团体会员演变是生产力进步的结果，也是政府整顿同业组织的产物。商会团体会员由行会转变成同业公会的过程，

---

① 张著清：《思南县商会——工商联组织概况》，载《思南文史资料选辑》第12辑，1988年版，第92页。
② 张子正：《遵义商会及商业概况》，载《遵义文史资料》第13辑，1988年版，第180—185页。
③ 安顺市档案馆等编：《民国安顺县商会档案汇编》，第154页。

第二章 近代贵州商会成员嬗变 ✽

也是行业升级、变迁的结果。工业化对贵州的手工业和商业产生巨大冲击,一些缺乏技术含量或者是手工劳动的产业退出历史舞台。在鸦片战争之前,贵州手工业的技术落后,生产者数量少,企业规模也较小。在省会贵阳,手工纺纱业只有几家,资金不多,产品自产自销或批发给小商贩。例如,靴鞋业,有30多家,生产规模为自产自销的门市商店。在商业方面,商人经营的产品主要是农产品和手工业品。贵阳地区的纱布行业,经营品主要是本省或其他省采购的土布、土纱。油行经营的商品主要是采购于农村生产的桐油、菜油等。鸦片战争后,工业品流入贵州市场。同治年间,美国金狗牌标布,日本制造的雨凌绸、泰西布、泰西纱,荷兰的绸缎、毛呢等产品在贵阳市场上随处可见。工业品大量进入市场导致贵州已有的手工业遭到巨大冲击,一些受工业化冲击较大的城乡手工业被淘汰,特别是手工纺纱行业、手工制鞋行业。在洋纱不断进入贵州各地市场后,手工纺纱被洋纱、国产机纱取代。自洋纱入黔以来,"织染家见其根线匀净,颜色洁白,比较土纱大为精良且便于织染,以是多乐购之,从此土纱物一落千丈,不克与之竞争,遂日趋凋零"[①]。手工纱失去市场,手工纺纱行业逐渐凋落。今黄草坝(今兴义),"随便走进那一农户,都可以看到,曾经是不可缺少的纺车,现在都蒙上了尘土,被人遗忘了"[②]。手工制鞋业是另一个被工业化淘汰的行业。皮鞋、力士鞋和球鞋不断涌入贵州各地市场,到北京政府时期,城市手工制鞋业消失。在贵阳,手工制鞋作坊"庆丰隆"停业,"广源泰"改营皮鞋。随着这些行业被淘汰,原从事这些行业的工商业者组建的行会失去了会员基础,行会消失。商业方面,工业化引发贵州商人对经营品的结构调整。工业品物美价廉,深受消费者喜欢,市场销售

---

① 民国《续修安顺府志初稿》第5卷《民生志》,民国二十年(1931)稿本。
② 《布莱克本商会访华团报告书》,载李文志《中国近代农业史资料》第1辑,生活·读书·新知三联书店1957年版,第506页。

较好，利润较高。例如，经营洋布的年利润高达30%—40%①。在高额利润的刺激下，原经营手工业品的商人、商号转而转运、售卖工业品。例如，复德隆绸布店在1908年之前，主要经营土布、土纱，年营业额为两万多两，此后，改经营洋布，年营业额逐年增长，到1918年，年营业额达到二十多万两②。

近代贵州，在工业化推进过程中，生产力发展引发生产工具、设备、技术的变革与进步，传统行业开始转型升级，新兴行业涌现。最先开始转型升级的是纺织行业。1912年，贵阳兴业织布厂建立，拥有资本5400元，织机40台，工程师2人，工人95人，年织布15吨，年产值3.15万元③。此后，贵阳地区先后有富业、富民、达丰、豫恒、革兴等机制织布厂诞生。新兴的工厂制企业规模大，采用新机器、新设备进行生产，引发新能源行业兴起。1926年，贵州电气局成立，这是贵州创办和使用近代电力之肇始④。此后，桐梓、遵义、安顺等商人、商会开始兴办电力工厂、公司。抗战开始后，贵州各行业发展加快，行业增多，直到1939年，贵州已有电力、化学、制革、玻璃、酿酒等新兴行业。新行业产生后，生产、供给新的商品，从而使得商业的经营类别、商品结构发生改变。在晚清、北京政府时期，商业领域的变化主要表现为商号经营洋纱、洋布、国产机织布、机纺纱和其他工业品。到南京国民政府时期，商业经营领域出现了汽车、机械、电器、汽油等商品。手工业也发生变化，涌现出针织、火柴、卷烟、猪鬃、地毯、花边等新兴行业。新兴行业的产生必然冲击旧的行业，出现结构性利益矛盾。

---

① 张垠：《贵阳市绸布业的产生和行业形成》，载《贵阳文史资料选辑》第25辑，1988年，第58页。
② 张垠：《贵阳市绸布业的产生和行业形成》，第58页。
③ 彭泽益编：《中国近代手工业发展史资料（1840—1949）》第2卷，中华书局1962年版，第375页。
④ 韩德举：《贵阳电气事业之回顾与展望》，《贵州企业季刊》1943年第3期。

第二章　近代贵州商会成员嬗变 ✽

工业品的生产者、经营者增多后，行业成员间的业务纠纷、矛盾、冲突等随之而起，矫正营业弊害、维护同业公共利益的新同业组织应运而生。传统行业经营者为保证自己在竞争中不被淘汰，也纷纷采取新技术、新设备、新工艺等，从而要求变革行规，传统行会及职能必然发生改变。行会组织通过调整行业规章，以适应行业发展的新变化。贵阳轩辕会入行条件发生改变就是佐证。在轩辕会成立初期，入行条件是在拜师后，做三年绸布经营学徒，再交纳2两白银的入行费，就能成为轩辕会会员。到清末，绸布经营者改经营洋纱、洋布，轩辕会对入会者不再要求有学徒经验，对外地商人进入贵阳从事纱布业经营也不加限制，只要交纳22两的入会费，就可以成为轩辕会会员。加入行会条件的改变说明轩辕会在进行自我调整，以适应新经营洋纱、洋布的新变化。新兴行业组织、新兴企业和行会都加入商会，商会会员构成发生变化。商会会员的变化，体现了新经济因素对它的冲击和影响。

尽管行会组织向同业公会转变是历史的必然，然而，新兴行业组建同业公会的进程较快，而传统行业自我改变行规，改组成同业公会的进程较慢。行业组织的自我调整是一种诱致性制度变迁，进展缓慢，在行业上和地区上存现较大的差异性与不平衡性。要实现行业组织的名称划一，需要来自外部的强制力量。对于政府来说，统一行业组织，有利于政府降低管理成本。因此，北京政府和南京国民政府都对行会组织进行了整顿，成为行会转变成同业公会的外来力量。

1918年4月27日，北京政府颁布了《工商同业公会规则》及《工商同业公会规则施行办法》[①]，这是中国近代史上第一个由中央政府颁行的同业组织法规，表明建设新的同业组织和对旧式同业组织的改造进入了用法律法规来规范的阶段。尽管

---

① 彭泽益主编：《中国工商行会史料集》，第985—986页。

《工商同业公会规则》对同业公会的宗旨、非营利性原则、设立程序、运行机制等都进行了规范,但没有对既有的行会、会馆进行取缔。"原有关于工商业之团体,无论用公所、行会或会馆等名称均得照旧办理",只需将现行章程由地方行政官厅转报农商部备案即可①。该法案实际上允许公所、行会、会馆等继续存在,同业组织的名称并没有得到统一。同时,对同业公会会员资格的认定模糊,导致从事同一行业的工商业者可以建立数个同业公会。从事同一行业者有员工和雇主,从事同一行业者的雇主组建以该行业命名的同业公会,在此行业务工的工人或员工也组建该行业命名的同业公会,在一地一业有数个同业公会。鉴于《工商同业公会规则》的种种弊端,1923年4月14日,北京政府的农商部颁布了《修正工商同业公会规则》②,再次对同业组织进行整顿,与原规则相比,在制度上进一步巩固了会馆、公所、行会的合法地位。原有"公所、行会或会馆存在时,于该区域内不得另设该项同业公会"。这"规则"表明,如在该地区已经建有某个行业的行会,将不能建立这个行业的同业公会,只有那些新兴行业或者是没有建立行会、会馆的地区才能建立同业公会,即实行"一地一业一会"。《修正工商同业公会规则》很快在北京政府统治区域内被贯彻执行。当时,贵州还处于地方军阀统治之下,有关同业公会的规则没有在贵州被贯彻执行。因此,在北京政府时期,贵州境内没有同业公会建立,同业组织只有行会。

国民党执政后,强化了对同业组织的规范和管理。1927年11月21日,南京国民政府颁布了《工艺同业公会规则》③,该规则共11章37条,是国民党开始整顿同业组织的标志。"规则"规定"凡属机械及手工之工厂、作坊、局所等,操同一职

---

① 彭泽益主编:《中国工商行会史料集》,第987页。
② 彭泽益主编:《中国工商行会史料集》,第987页。
③ 彭泽益主编:《中国工商行会史料集》,第990页。

第二章　近代贵州商会成员嬗变

业者，得依本规则之规定，呈请设立工艺同业公会"，并确定了同业公会的法人地位，"各种同业公会，均为法人"。尤其强调了对行会组织的整顿，第 36 条规定："自该规则施行之日起，从前原有之工艺团体，如行会、公所、会馆等，应依照本规则改组，呈由该地主管官厅转报农工部核准立案。"① 从《工艺同业公会规则》的规定看，这次对同业组织的整顿主要有两项内容，其一是凡属工业，不论手工作坊还是机械化工厂都必须依据行业类别组建同业公会；其二是原有行会、公所、会馆必须进行改组，但没有限定改组时间。该法案表明南京国民政府不允许新旧同业组织并存，但该法案仅仅是对"工业"行会的改组，对以贸易、行号为基础建立的商业行会没有进行改组。因此，该法案颁布后，新成立的商贸公司、商号等既没有加入行会，也没有组建同业公会。鉴于《工艺同业公会规则》的不完善，1929 年，南京国民政府颁布了《工商同业公会法》②，这次立法把同业组织的整顿、改组扩展了到商业。首先，强制公司、行号加入同业工会，规定"同业之公司、行号，均得为同业公会之会员，推派代表，出席于公会"。对于不加入同业公会的公司、行号，依据"不加入同业公会及不缴纳会费之公司行号制裁办法"进行惩罚。该法规定"各业商店均应依法加入行业类别相同的同业公会"，"未加入同业公会之商店，由各该同业公会限期若干日正式加入，逾期仍不遵办者即予警告，自警告之日起 15 日内仍不接受即报由商会转呈主管官署依据行政执行法罚办，罚办后仍不入会者，呈请勒令停业"③。其次，对行会、会馆等限定了改组时间。《工商同业公会法施行细则》④，规定

---

① 王均安：《商会法、工商同业公会法释义》，第 49 页。
② 王均安：《商会法、工商同业公会法释义》，第 48 页。
③ 彭南生：《行会制度的近代命运》，人民出版社 2003 年版，第 75 页。
④ 中国第二历史档案馆编：《中华民国史档案史料汇编》第 5 辑，江苏古籍出版社 1994 年版，第 690—691 页。

"原有之工商各业同业团体，不问其用公所、行会、会馆或其他名称，其宗旨合于本法第三条规定者，均视为依本法而设立之同业公会，并应于本法施行一年内，依照本法改组"。到此，行会组织经北京政府和南京国民政府的相继整顿，行会、会馆、公所的合法性已不复存在，同业组织逐渐划归为一，即同业公会。

南京国民政府颁布同业组织改组法案，并要求同业组织加入商会，成为商会的团体会员，实际上是国家授权给商会可以指导行会改组和指导新兴行业组建同业公会。从商会的视角来看，会员增加，有利于组织的规模扩大，组织力量加强，会费收入增加。因此，在南京国民政府授权商会指导行会改组和新兴行业建立同业公会后，贵州商会就积极号召、指导行会改组，也要求新兴行业组建同业公会并加入商会。1930年，贵阳县商会指导了绸缎业、纱业、钱业、布业、杂货业、鞋业等行会改组成同业公会①。在贵州，行会、会馆等组织向同业公会转变的过程中，体现了国家力量对同业组织进行强制性规范的特征，也体现了商会对同业组织的演变起了加速作用。正如学者彭南生所说，外部力量对传统行会的制约和对同业公会的鼓励起了导向与强制作用，政府扮演了主要角色，商会推波助澜②。

二　个体会员"多层次"性

近代贵州商会的个体会员主要是指没有加入行会或同业公会的企业、公司、商号、商店、小摊小贩等。依据企业规模的大小，企业、公司和行号属于大中型企业，商店属于小微型企业。这些不同层次的企业是否能加入商会，成为商会的个体会员，很大程度上取决于历届政府对个体会员的界定。晚清民初，

---

① 《贵阳县商会成立特刊》，1931年，贵阳市档案馆藏，第55页。
② 彭南生：《近代中国行会到同业公会的制度变迁历程及其方式》，《华中师范大学学报》（人文社会科学版）2005年第5期。

第二章　近代贵州商会成员嬗变

政府规定没有成立行会的企业、公司、行号等都必须加入商会，成为商会的个体会员。南京国民政府成立到抗战之前，为缓解取缔以小商人为主的商民协会与国民党的矛盾，南京国民政府规定个体商店加入商会，成为商会的非公会会员①。全面抗战开始后，南京国民政府加强了对大中型工商企业的管控，规定单个的企业、公司必须加入商会，成为商会的个体会员，但把商店排除在商会的非公会会员之外。

尽管近代中国各届政府对商会个体会员的界定做出了具体规定，但商会个体会员层次受到地区工商业发展水平的制约。近代贵州工商业发展水平大大落后于沿海地区，且发展水平参差不齐，商会的个体会员与历届政府设定的"标准"不一致。晚清政府规定企业、公司、商号等才能加入商会，成为商会的个体会员，但这时期贵州境内没有公司和企业产生，商会的个体会员主要是商号。如黄平州商会成立时，会员全都是商号，共92家②。抗战开始以后，南京国民政府提高了对个体会员的认定标准，只有公司、行号、工厂等才能成为商会的个体会员。例如，遵义商会的非公会会员主要有大兴面粉厂、华兴面粉厂、义昌火柴厂、遵义火柴厂和福利电厂③。从资本额来看，福利电厂创立时资本达1万元，大兴面粉厂仅商人资本就达20万元。这表明在经济发达地区只有大中型企业才能成为商会的个体会员。然而，在工商业经济薄弱地区，商会的个体会员主要是小商人。例如，成立于1940年的施秉商会，非公会会员主要是个体商店，且仅有40户④。

从贵州商会个体会员的"层次"来看，个体会员的"层次"受到政府规定的影响，但最终取决于地区工商业发展水平。

---

① 王均安编：《商会法、工商同业公会法释义》，第19页。
② 农商部总务厅统计科：《中华民国元年第一次农商部统计表》，第196页。
③ 张子正：《遵义商会述略》，《贵州文史丛刊》1987年第2期。
④ 高中元：《解放前后施秉商业概述》，第106页。

第二节 商会领导层人员构成演变

商会的领导层在不同时期称谓不同。晚清时期,商会领导层主要是指总理、协理和参与商会重大事务决策的会董。北京政府时期,商会领导层主要是指会长、副会长、会董。南京国民政府时期,商会领导层主要是指在商会的执行机构、决策机构及监察机构中任职的各委员。近代贵州商会领导层的社会身份历经了绅商、工商业者到国民党党员的变迁,反映了近代中国政府对商会的管控由松至紧。

一 绅商执掌商会的领导权

中国近代绅商实则来源于古代传统的绅士和商人两大社会阶层,是这两大社会阶层长期融通、趋合的结果①,但两者进入"绅"的路径不同,享有的权利也不同。传统绅士大多通过科举考试取得功名职衔,等待候选或候补的机会进入官场,但由于种种原因也有部分人一直未能补到实缺,结果长期成为徒有功名职衔而未当官的特殊群体,属于地方社会的上层群体,在许多方面享有特权②。商人群体类绅商是指工商业者通过捐纳和捐输方式获得的各种功名或虚衔,从形式上跻身"绅"的行列,并不享有特权。从贵州来看,晚清时期,绅商构成大体上分为两种:一种是退休的政府官员或者退出官场的政府官员。尽管他们不再拥有职权,也不经营工商业,但他们依靠任职期间缔结的关系网,在地方上颇具社会影响力与号召力。另一种是士

---

① 马敏:《官商之间:社会剧变中的近代绅商》,华中师范大学出版社 2003 年版,第 1 页。
② 朱英:《关于近代中国商会领导群体几个问题的再探讨》,《江汉论坛》2006 年第 8 期。

第二章　近代贵州商会成员嬗变

与商人的结合体。这类绅商早年在政府机构任职，在任职期满或离职后从事工商业经营。甲午战争后，政府官员经商没有合法化，一些官员开始附股外资企业、外资公司来经营工商业。直到清末新政时期，晚清政府鼓励政府官员投资、发展工商业，官员经商走向合法化。在贵州，一些官员顺应时代潮流开始离职经商，或卸任后涉足工商业，从而演变为绅商。例如，遵义华氏家族可谓是官宦世家经商的典型代表。族人华联辉是清光绪元年（1875）举人。光绪三年（1877），四川总督丁宝桢改革盐政，华联辉被任命为办理盐务的总文案，协助推行新盐法。在担任盐务总文案期间，华联辉利用政治关系为族人获取了川盐入黔的大部分特权，在茅台、贵阳、叙永等地开设盐号，成为垄断川盐入黔销售的大盐商，为华氏家族积累了巨额资本。此后，族人华之鸿继续经营盐业，一跃成为贵州首屈一指的巨商。晚清末年，华氏家族开始投资近代工业，创办了贵州第一家近代企业——文通书局，为贵州文化事业的发展做出了重要贡献。又如，于德楷是官宦世家转而经商的另一代表。于德楷是晚清名宦于成龙之嫡裔，清末中举，出任四川知县，后来以候补知府归居贵阳。光绪十四年（1888），创办"同济堂"，开始经营商业，成为近代贵州绅商之一。从这类绅商的形成看，早年都是政府官员，拥有实际政治头衔和权力。与那些通过捐纳获得政治虚衔的绅商不同，他们既有一定的社会政治地位，又通过经营工商业积聚雄厚的财富，成为贵州境内最有权势的在野阶层。他们集绅与商的双重身份和双重性于一身，上通官府，下达工商界，构成官与商之间的缓冲与中介，起到既贯彻官府意图，又为工商界请命的"通官商之邮"的作用①。绅商利用其政治身份、社会地位以及在官场中积累的政治关系网为他们的经营保驾护航，获得垄断市场的权力与机会。因此，他

---

① 马敏：《官商之间：社会剧变中的近代绅商》，第88页。

们所经营的企业资金雄厚,规模日趋扩大,在工商界的影响力较强,也使得他们成为贵州工商业群体的上层。

在商会建立初期,绅商凭借拥有的政治、经济地位,给他们执掌商会领导权提供了机会。因此,自晚清到北京政府前期,贵州各地商会的总理、协理和会董等职位,大多由绅商把持。详见表1、表2。

表1　　　　贵州商务总会第一任总理、协理、会董人员名单

姓名	职务	任职时间	简历
李忠鉴	总理	1907年	前四川补用知府,成都水利同知
马汝骏	协理	1907年	前省试用知州
何雄辉	会董	1907年	前云南镇雄总兵,封号"建威将军"

资料来源:《农工商部奏贵州设立商务总会请给关防折》,《政治官报》1909年第726期。

表2　　　　　　清末民初遵义商会历任会长名单

姓名	职务	任职起止时间	简历
黎汝怀	会长	1905—1909年	清举人、大足、内江知县
李镜泉	会长	1909—1913年	清监生,云南候补县丞
杨德衡	会长	1913—1916年	清监生,云南候补县丞
喻圣域	会长	1916—1924年	清师范传习所,曾在学、政、军界供职
杨泽生	会长	1924—1932年	清附生,曾任贵州稽查所长

资料来源:赵志常《民国时期遵义商会》,载《遵义文史资料》第13辑,1988年版,第174—176页。

从表1、表2来看,担任贵州各商会总理(会长)、协理(副会长)、会董的人员都是退休的离职的政府官员或者是授予虚衔的官员。他们中有人经营工商业,有人没有经营工商业。比如,贵州商务总会的李忠鉴、马汝骏、何雄辉,遵义商会首任会长黎汝怀,都没有经营工商企业。按照晚清政府颁布的

第二章　近代贵州商会成员嬗变

《简明商会章程二十六条》规定，担任总理、协理、会董的人员必须是工商业者。依据该规定，李忠鉴、马汝骏、何雄辉、黎汝怀等人不能担任商会领导。然而，他们之所以能把持商会领导权，是因为绅商是晚清商会政策的辅助实施者，也是商会的建设者和主导者。行会产生是手工业者和商人自愿组织起来的，设立时只需在政府备案即可。但是，商会是经政府敦促建立起来的，除受到洋商会欺压和商会思想启蒙的上海、苏州、广州等地的工商业者萌生了建立商会的自觉意识外，在其他内陆城市，特别是贵州因工商业发展水平低，信息闭塞，工商业者也没有受到商会思想启蒙，没有产生建立商会的自觉意识和需求。因此，晚清政府推行商会政策时，地方绅商常常成为商会的发起者与组建者。绅商上通官场，下与工商业者有联系，在地方政府为快速贯彻执行商会政策的背景下，绅商积极参与兴办商会，为绅商把持商会的领导权提供了条件。例如，遵义商会创办之时，黎汝怀积极倡导创办商会，并亲自召集盐帮、纱帮、布帮等筹建商会。商会成立后，黎汝怀担任商会首任会长，负责处理商会事务①。由此，晚清、北京政府初期，贵州商会的领导权大多由绅商把持。然而，绅商中退休的政府官员，因不经营商业，自然不关心工商业的发展，也就不会制定出发展工商业的措施。而经营工商业的绅商，因与政府之间关系密切，可以获得经营政府项目的特权和垄断权，也不积极制定工商业发展的措施。因此，绅商执掌贵州商会领导权期间，商会并没有制定出有关发展工商业的措施。

二　工商业者执掌商会的领导权

北京政府时期，袁世凯重视工商业发展，任命张謇担任农工商总长，制定了一系列政策、法令。1914 年，北京政府农商

---

① 张子正：《遵义商会述略》，《贵州文史丛刊》1987 年第 2 期。

部宣布废止清廷颁布的《商人通例》和《公司律》，将《大清商律草案》第一编《商法总则》改订为《商人通例》，第二编《公司律》改订为《公司条例》，分别于1914年1月[①]和3月公布[②]。这两个法令规定公司是法人，受到国家法律保护，即企业主经营工商业获得了保障。1915年，农商部颁布了《农商部奖章规则》[③]，规定：凡创办经营各种实业或其必需补助之事业确著成效者，得依本规则之规定，由农商部给予奖章，农、工、商、矿、林、渔、垦荒、贸易等行业都在奖励范围之内。奖励工商业激发了工商业者的投资热情，然而，因工商业者自有资金有限，不得不向金融机构申请贷款。"我国普通工商业资本短绌者多，诚非贷款不为功。"[④] 贷款利息较高，给企业带来沉重的负担。为减轻企业因贷款产生的利息债务压力，1914年3月，北京政府颁布了《公司保息条例》[⑤]。该条例规定：由政府拨出公债票2000万元，作为保息基金，每年以其利息，对新设立的六类公司股本保息。"呈请保息者以本国人民依本国法律新设立之公司为限"，"凡新设立之公司，自开机制造之日起，继续三年为保息期"。北京政府颁布工商业法令、条例，解除了晚清政府对民间兴办工商业的限制，工商业者经营企业获得法律保障。政府对企业进行奖励、贷款保息，税收减免。这一系列政策，为工商业者创造了良好的投资环境，到民国初年，工商企业不断涌现。

在第一次世界大战期间，欧美各国忙于战争，减少了对中国输入工业品和掠夺原料，为中国工商业发展提供了产品市场和原料市场，民族工业迎来了发展的春天。在贵州，传统的纺

---

① 施泽臣：《新编实业法令》，中华书局1924年版，第93页。
② 施泽臣：《新编实业法令》，第174页。
③ 施泽臣：《新编实业法令》，第217页。
④ 萤：《对于钱庄信用放款之意见》，《钱业月报》1923年9月15日第5版。
⑤ 施泽臣：《新编实业法令》，第165页。

第二章　近代贵州商会成员嬗变

织业、盐业等继续发展之外，机械化造纸、电力能源等新兴行业兴起。造纸行业方面，1915年，华之鸿创办永丰造纸厂，开创了机械化造纸业发展的先例。随着工商业发展，工商业者的经济力量增强，队伍壮大，势必要求执掌商会领导权。同时，各军阀忙于争夺地盘，要依托商会来管理社会事务和提供财力支持，把商会的管理权交给商人，才能获得工商业者的支持。因此，民国初年，商会的领导权从绅商转移到工商业者手中。1916年，贵州商务总会进行改组、改选，绸缎商人冯介丞被选为贵州总商会的会长。工商业者执掌商会的领导权后，为维护工商业者的利益，商会制定、采取一系列发展地方工商业的措施。例如，冯介丞担任总商会会长期间，建立保商营、发行商票等措施来发展工商业[①]。

在商会积极采取措施发展工商业以后，贵州工商业得到快速发展。到抗战前夕，全省有较大的工厂14家，其中，制革1家，印刷2家，玻璃2家、纺织2家、酿酒3家、火柴4家。抗战开始后，贵州成为抗战的大后方，人口快速增长，沿海工商企业内迁，工商业发展更快，工商户增多。以工业企业的发展为例，1943年，全省有工厂154家，其中，化工厂50家，占工厂总数的33%，化工企业的资本额占全部企业资本总额的44%以上；其次为机械工厂，共有32家，占工厂总数的20%，资本额占企业资本总额的26%以上[②]。这些工业企业中，绝大部分是民营工业。1942年，全省民营工厂有97家，雇用工人三千余人[③]。抗战期间，贵州工商业能取得如此成绩，除沿海工商企业内迁之外，还与商会制定发展工商业的措施有关。工商业的发展壮大，又为工

---

① 王羊勺：《民国贵阳商会沿革与同业公会之组织》，《贵州文史丛刊》1998年第1期。
② 贵州省政府统计室编印：《贵州省统计年鉴》，1947年版，第466页。
③ 杨开宇、廖惟一：《贵州资本主义的产生与发展》，贵州人民出版社1982年版，第162页。

商业者执掌商会领导权奠定坚实的基础。因此，北京政府中期后，贵州商会的领导权大多由工商业者执掌，详见表3。

表3　　　　　　　　贵州省城总商会历任会长名单

商会名称	届别	姓名	职务	经营业务
贵州总商会	第一届	钱登熙	会长	曾担任云南迤东道台、盐法道道员
		冯介丞	副会长	经营绸缎
	第二届	钱登熙	会长	曾担任云南迤东道台、盐法道道员
		冯介丞	副会长	经营绸缎
	第三届	冯介丞	会长	经营绸缎
		熊静安	副会长	经营百货
	第四届	文明钰	会长	经营典当业
		黄德坚	副会长	经营布业
	第五届	熊静安	会长	经营缫丝、制革、火柴
		许杏塘	副会长	
	第六届	熊静安	会长	经营百货
		文仿溪	副会长	经营典当业

资料来源：王芊勺：《贵阳商会沿革概述》，《贵阳志资料研究》1986年第9期。

从贵州总商会会长、副会长所从事的行业看，商会的领导权主要由经营绸缎、百货、典当、布业、缫丝等行业的工商业者执掌。商会是工商业者的团体组织，由工商业者执掌商会的领导权是工商业者群体发展壮大的必然结果。而且，执掌商会领导权的工商业者是大商人或大企业家。同时，由工商业者执掌商会领导权也是绅商势力衰退的必然结果。清王朝灭亡后，绅商阶层丧失了晚清政府这座政治靠山，享有的政治特权被北京政府取消，他们的社会地位下降，社会影响力减小，必然退出商会领导层。到北京政府时期，贵州工商业者的群体力量增强，势必会与绅商争夺商会的领导权。只有工商业者执掌商会

第二章　近代贵州商会成员嬗变

领导权，商会才能制定出有利于工商业发展的措施，才能真正为工商业者谋福利和维护工商业者的利益。

三　国民党"党员"执掌商会的领导权

传统中国按照"士农工商"的排序划分社会各阶层。历代王朝的抑商政策和社会中的贱商习俗，导致工商业者的政治、社会地位低下。因此，商人始终试图提高政治地位。唐宋时期，商人通过参加科举考试、获取军功等来提升政治地位。到明清时期，除通过科举考试之外，商人还通过捐纳、捐输获得各种功名和虚衔，这些都是商人为提升政治地位，主动参与的政治行为。抗战中后期，商会的领导群体都是国民党党员，与国民党在商会中发展党群力量，掌控商会有关。国民党党员数量决定着国民党自身组组规模的大小，在商会中发展党员是国民党争取工商业者入党，壮大国民党力量的一种方式。国民党自建立之初，一直试图在各种社会团体中发展党员，以扩大国民党党员的数量，增强国民党对社会团体的控制力。1927年，南京国民政府成立后，制定《人民团体中组设区分部及党团办法》①，强化在人民团体中成立国民党党组织，培植国民党党员。作为人民团体的商会，拥有广大会员，会员还是国家经济发展的主导者和国家工商业政策的贯彻者。因此，国民党一直比较重视在商会中发展党员。

日本侵华战争爆发后，全国物价飞涨、投机盛行。在社会经济秩序较为混乱的背景下，国民党更加注重在商会中培植国民党的力量，以达到两方面的目的：一方面，可以利用商会、同业公会发挥经济调控和社会动员作用，为实施统制经济政策，集中人力物力确保抗战期间社会经济正常发展，赢得抗战胜利。另一方面，国民党要利用、控制商会、同业公会，把商会的领

---

① 《人民团体中组设区分部及党团办法》，《中央党务公报》1932年第11期。

导层发展成为国民党党员,只要控制了商会领导层,在一定程度上就控制了商会,继而可以控制整个国家的工商业者。当时因忙于抗战,国民党重在利用商会来协助实施经济统制政策,对在商会中发展党员的事情关注不够。

抗战胜利前夕,在面临和共产党争夺统治权的背景下,国民党试图利用"党员身份"作为获取工商业者支持的手段,积极把商会的领导层都发展成党员,不仅可以控制商会,扩大国民党的党群力量,还能增强打击共产党的人力、物力。为此,在国民党中央党部统一指导下,贵州各地方党部要求商会领导层全部加入国民党。例如,贵阳市党部甚至直接下令商会领导层集体入党①。又如,遵义县国民党党部直接把几百张入党登记表送到商会。为完成"入党任务",商会领导层集体入党后,还把同业公会的领导层全部登记入党②。国民党在商会中大力发展党员,到抗战胜利前夕及内战期间,贵州商会的领导层几乎都是国民党党员。例如,安顺市商会的各委员都是党员,详见表4。

表4　　　　安顺县商会第五届第二次
会员代表大会改选半数理事、监事人员名单

姓名	职别	性别	年龄(岁)	籍贯	营业种类	是否党员
戴子儒	理事长	男	43	安顺	绸布	是
魏伯卿	常务理事	男	55	安顺	绸布	是
段渐仪	常务理事	男	53	安顺	盐业	是
帅灿章	常务理事	男	58	安顺	绸布	是
陈毓祥	常务理事	男	30	安顺	绸布	是
田克成	理事	男	44	安顺	纱业	是
李如一	理事	男	36	安顺	金银首饰	是
唐用奎	理事	男	53	安顺	京果业	是

① 《市党部函请填送党员调查表》,1943年,贵阳市档案馆,资料号:M430100110/7。
② 张子正:《遵义商会述略》,《贵州文史丛刊》1987年第2期。

第二章 近代贵州商会成员嬗变

续表

姓名	职别	性别	年龄（岁）	籍贯	营业种类	是否党员
肖明周	理事	男	50	安顺	百货业	是
姜震岳	候补理事	男	36	安顺	纱业	是
高宇泽	候补理事	男	41	安顺	百货	是
周绍成	候补理事	男	32	安顺	酒业	是
杨友轩	候补理事	男	60	安顺	纱布业	是
谢伯昆	常务监事	男	63	安顺	纱布业	是
孙起延	监事	男	45	安顺	京果业	是
邓羲之	监事	男	63	安顺	布业	是
程咏业	候补监事	男	57	安顺	绸业	是

资料来源：安顺市档案馆等编：《民国安顺县商会档案汇编》，民族出版社2011年版，第22—24页。

从表4可以看出，无论是商会理事长还是商会理事、监事都是国民党党员。商会领导层都是"国民党党员"，实际上是国民党赋予工商业者政治身份。明清时期工商业者获取政治虚衔是商人的一种主动行为，是商人为了提高政治地位，以获取更多政治、经济、社会资源。抗战胜利前夕及内战期间，国民党强制商会领导层入党，赋予工商业者"党员政治身份"，不是商人主动追求政治诉求的结果，而是国民党强加给商会领导层的政治桎梏。"党员"政治身份也没有给工商业者带来任何政治、经济、社会利益，而是国民党用来加强控制工商业者，搜刮财产的政治工具。例如，1947年，遵义县党部向商会征收党员特别捐，收得法币3000元①。

总之，近代贵州商会存在的半个世纪里，商会领导群体的社会身份历经了数次变化，晚清时期是绅商，北京政府时期是工商业者，到南京国民政府后期是国民党党员。商会领导层的

---

① 张子正：《遵义商会及商业概况》，第188页。

人员构成变化表明，近代贵州商会受到工商业者自身发展水平和国家政权力量的影响与制约。从绅商到工商业者执掌商会领导权体现了传统政治力量与新兴工商业者之间的博弈。商会是工商业者的团体组织，由工商业者执掌商会领导权，既是商会发展的内在要求，也是商会维护工商业者利益的关键。工商业者要执掌商会领导权，必须有强大的工商业者队伍，也必须要有掌控商会领导权的意识。晚清、北京政府初期，贵州工商业者群体力量弱小，无力掌握商会领导权，只能暂时由绅商把持，但绅商不经营工商业或有"经营特权"，并没制定出发展工商业的有关措施。工商业者加入商会的目的是希望通过集体力量来维护工商业者的利益，发展工商业。工商业者只有执掌商会领导权，才能运用商会为其经济利益服务。到北京政府时期，贵州工商业者队伍发展壮大后，各行业中的精英们因资本雄厚，在市场上占有较大份额，在行业中具有强大的社会经济影响力，开始积极参与到商会领导权的选举，并获胜。因此，在北京政府中期后，工商业者开始执掌商会领导权。例如，冯介丞在1916—1924年，曾担任贵州总商会的副会长、会长等职务[①]。工商业者执掌商会领导权后，开始采取、争取有利于工商业者的措施。例如，喻圣域在执掌遵义商会的领导权期间，采取打击假冒伪劣，树立农产品品牌，创办商业补习夜校，抵制军阀勒索等措施推动地区工商业发展。同时，工商业者执掌商会领导权后，开始抵制政府颁行的不利于工商业者的政治、经济、税收等政策，发挥了保护工商业者的作用。

近代中国商会是历届政府统治需求的产物。商会的产生、发展、变化都受到国家需求影响。要使商会服从于国家需求，就需要把商会置于国家控制之下。商会的领导层是实现国家统

---

① 陈金萍、王亚平主编：《贵阳历史人物丛书·科技经济卷》，贵州人民出版社2004年版，第150—151页。

第二章 近代贵州商会成员嬗变

治需求的关键,历届政府都通过法律法规来对商会领导层进行干预与控制。在商会成立之前,行会、会馆的设立是手工业者和商人自愿组织起来的,政府并无强制要求设立,也不干预行会、会馆的内部事务,特别是行会行首、会馆"馆长"产生。晚清时期兴起的商会是在政府的敦促下建立的,目的是服务于晚清政府发展工商业的需要。因此,政府在商会建立过程中发挥主导作用,特别是在贵州这种工商业落后的地方,地方政府主导商会建设的特征更加明显。为快速贯彻晚清政府的商会政策,贵州地方绅商利用上通官场,下通商人的关系,积极创办商会。为此,贵州绅商不仅成为筹建商会的发起人,也为绅商把持商会领导权提供了条件。

北京政府时期,数派政治力量在中国政治场上角逐,争取商会对自己派别的支持,成为各政治派别均力图达到的目标。执掌政权的袁世凯任命工商业者来处理工商事务,以获得工商界对自己执政的支持,采取了一系列发展工商业的措施,使得民国初年迎来了工商业发展的黄金时期。工商业者力量增强,也产生了执掌商会领导权的自觉意识。因此,从北京政府后期开始,贵州商会领导权开始由工商业者执掌。

1927年,国民党形式上统一了中国,开始强化中央集权,通过修订《商会法》,以法律的形式掌控了商会。在日本侵华战争开始后,为集中政治经济力量来抵抗外来侵略,国民党开始党团治理工作,把商会置于党部的管理之下,为以后在商会中培养国民党力量创造了条件。抗战胜利前夕,在面临与共产党争权的背景下,政党权力代替政府权力,成为管控商会的重要手段。为此,在国民党中央党部的授权下,贵州各地方党部要求商会领导层全部加入国民党。到抗战胜利前夕及以后,贵州商会领导群体大多是国民党党员。

工商业者以追求经济利益为主要目标。商会领导层大都是行业精英,经营着自己的工商企业,都希望获得宽松的经济政策和低税率政策。因此，当国家采取较为宽松的经济、税收政策时，商会领导群体会积极协助国民政府贯彻与执行，从而实现商会和国家双赢。当政府执行的政治、经济、税收政策阻碍、影响工商业者的经营以及追求经济利益时，商会领导群体会积极反对，甚至直接与国家抗衡，与国家的互动比较激烈。尽管国民政府赋予商会领导层政治身份，但这种政治身份没有给工商业者带来任何好处，反而成为他们追求利润最大化目标的桎梏。因此，国民政府最终失去了商会的支持与拥护。

第三章 近代贵州商会的运行机制

第一节 商会的机构组织和职能

机构是组织的各项职能得以顺利执行、完成的前提条件。作为工商业者团体组织的商会，必须设置机构来行使决策、执行、监督等各项职能。近代贵州商会的机构建设可以分为机构初建期和机构健全期。晚清与北京政府时期，贵州商会的机构特征表现为部门设置单一、人员配置较少，仅有决策机构以及负责处理日常工作的岗位及人员，部门职能也不健全。随着工商业发展，会员增多，商会的规模扩大，工作量增加，急需扩建机构及健全职能，以确保它的正常运行。到国民党统治时期，贵州商会扩建了机构，健全、完善了机构职能。商会的机构发展及职能健全体现了它自身的发展壮大。

一 唯一机构：决策机构及职能

因交通不畅、信息闭塞等，贵州商会建立之初，缺乏对发达地区商会机构建设的借鉴，绅商主要参照《商会简明章程》和行会机构设置来筹建商会的机构，仅设有会董会议。会董会议是指仅有总理、协理、会董等才能参加、出席和决策商会事务的会议。会董会议是一个决策机构，拥有决策权。例如，贵州商务总会的会董会议主要负责议决商会章程、总理、协理的改选、会员会费，以及是否参与国家、地方的政治、社会活动等，并作出决策①。到北京政府时期，会董会议的决策职能被会员大会取代。此后，会员代表大会成为商会的决策机构。

无论是会董会议还是会员代表大会，都表明商会的机构组织单一，不健全。究其原因，一方面，商会建立初期，会员较少，商会的事务相对较少，单一的机构组织可以完成各项工作。另一方面，作为一个新生组织，绅商、工商业者在进行商会的机构建设时，因缺乏对国外商会机构设置的借鉴，只能参照行会、会馆的机构建制，导致贵州商会的机构设置存在单一性特征，仅有决策机构。

机构必须配置具体职能及权限，否则就使得组织的各机构之间权限不清晰，导致组织运行效率低下。从贵州商会会董会议的决策职能来看，主要对商会重大事务进行决策，并不负责重大事务的执行和监督，仅有决策权，这也是国家对商会决策机构赋予的权力。决策机构的决策事项范围经历了一个逐渐扩大的过程。在商会建立初期，会董会议决策事项的范围较小，仅有决策商会领导的改选、发展工商业的措施等。到北京政府时期，会员大会作为决策机构，决策事务的范围包括商会职员除名、职员权利与义务的确定、商会章程、商会的解散及清算等。从贵州商会的决策机构的实际运行来看，表面上它仅有决策权，实际上还承担了执行机构的角色。例如，1915年，贵州商会进行抵制日货运动、反对"二十一条"等活动都由决策机构负责执行。机构不健全，机构职能权限不清晰，导致贵州商会在建立初期，商会运行效率低下，对地区经济社会发展的作用有限。

二 决策机构下商会的运转

会董会议是一个静态机构，要对商会"重大事务"进行动

---

① 《农工商部奏贵州设立商务总会请给关防折》1909年第726期。

第三章　近代贵州商会的运行机制

态决策，需要有相应决策主体，即明确谁来决策及决策人的职责。从参与会董会议的人员构成来看，主要有总理（会长）、协理（副会长）、会董等，即商会的决策主体是商会领导层。例如，出席贵州商务总会会董会议的李忠鉴、马汝骏、何雄辉分别是商会的总理、协理、商董①。会董会议要议决"重大事务"时，通常由总理、协理、会董等一起商议后进行表决。如果对某一项"重大事务"的议决存在意见分歧时，商会总理拥有最终决策权。

出席会董会议人员的社会身份影响决策事务的范围与走向。在晚清时期、北京政府初期，总理、协理等主要是晚清政治遗老或绅商，因不经营工商企业或拥有经营特权，会董会议决策的主要事项是为政府分摊捐款，没有作出任何发展工商业的决策。

决策机构中会董的人数对"重大事务"的决策走向也有一定的影响。会董人数主要取决于地方工商经济发展水平，也受到政府规定的限额约束。在工商经济发达地区，会董的人数较多，经济欠发达地区则相对较少。贵州工商经济不发达，会董人数少于发达地区商会会董的人数，甚至都没有达到晚清政府规定的会董人数的下限。《奏定简明商会章程二十六条》规定：董事应该由各地商家公举来确定，商务总会大概公举二十人至五十人，商务分会以十个至三十个为限②。贵州商务总会的会董只有11人③。安顺县商务分会成立时，董事仅有20人④。贵州商务总会、商务分会的会董人数都少于晚清政府规定的最低限额，折射出贵州全省工商业发展水平普遍落后。

商会有"重大事务"需要议决时，会董、总理、协理齐聚

---

① 《农工商部奏贵州设立商务总会请给关防折》1909年第726期。
② 彭泽益主编：《中国工商行会史料集》，第972页。
③ 王羊勺：《民国贵阳商会沿革与同业公会之组织》，《贵州文史丛刊》1998年第1期。
④ 安顺市档案馆等编：《民国安顺县商会档案汇编》，第3页。

商会，共同商议讨论，最后形成对某项"重大事务"的决议。但在实际决策时，往往以总理、协理的意见为重。到北京政府时期，参与决策商会"重大事务"的人员更加广泛，不仅包括商会会长、副会长，还包括会员。参与决策事务的人数增加，使得决策机构行使决策权变得复杂。为保障"重大事务"的决策具有民主性和科学性，北京政府对参与决策的人员数量作了最低限额要求，决策人是否同意"决策结果"的人数也作了最低限额规定。"会员三分之二以上到会，到会者三分之二以上同意，方得决议。"① 这种决策方式使得商会"重大事务"的决策更加规范化。与会者对商会任何"重大事务"的认识、看法不一，要求全体与会者达成一致意见，比较困难，也不合理。会员大部分人出席，出席者中大部分同意决议，相对来说比较民主、科学。

决策机构对某一项"重大事务"作出决议后，商会权力运行转入执行机构。晚清、北京政府时期，贵州商会没有建立专门的执行机构，仅设立负责处理日常工作的岗位。因各商会具有的事务多寡不一，执行岗位设置也不相同。贵州商务总会下设文案、书记、调查等岗位。正安商会设有文牍、会计、事务员、传达等岗位。金沙商会设有文牍、会计、司秤、公丁等岗位。任何岗位都必须规制具体工作职责，以确保本岗位及岗位人员的工作范围及工作内容。例如，正安商会规定：文牍主要负责起草商会的日常文书，会计负责商会经费核算、造册等，事务员主要负责记录会议内容、查处工商事务、收集商业纠纷的证据，传达主要负责商会的相关决定、规定以及文件等的送达和传递。

岗位职责需要工作人员去履行，因此，各岗位都需配置人员。在岗位人员配置上，贵州商会坚持按需设岗，1岗1人的原

---

① 《国民政府司法例规全编》第六册，全国图书馆微缩复制中心2010年版，第855页。

第三章 近代贵州商会的运行机制

则对各个岗位进行人员配置。例如,正安商会文牍岗位配置的工作人员是韩世麻,会计岗位配置的工作人员是霍智清,事务员岗位配置的工作人员是王凯卿,传达岗位配置的工作人员是谌银周①。岗位在配置人员后,岗位职能有了具体负责人与执行人,商会决策机构作出的有关决议才能被执行。

三 "三权"机构及职能

南京国民政府时期,贵州工商业发展加快,商会会员数量大增,商会的工作、事务增多。为提高工作效率,商会组织机构扩大,机构职能健全,具体表现为决策机构职能完善;增建执行机构、监察机构并配置了相应职能。此后,商会各机构及管理权在制度上与实际运作中,既高度集中整合,又专职分化,逐渐形成了一套完备的组织机构系统,商会运行效率大为提高。

(一)"三权分置":决策、执行、监督机构并存

在商会仅有决策机构时期,会董会议、会员大会等实际拥有决策权、执行权,权力没有分割。在决策、执行、监督机构并存下,商会的权力被一分为三,形成"三权"结构。所谓"三权"结构就是决策权、执行权、监督权等构成了商会权力结构的整体。在"三权"结构下,决策权、执行权、监督权之间是一种基本的权力分配与制衡关系,即各自拥有独立的权力,但又相互依存。

决策机构——"会员代表大会"。国民政府时期,贵州工商业在历经了晚清、北京政府时期的发展后,工商业者的队伍扩大,商会会员增加,事务增多,所有会员都参与商会"重大事务"的议决变得很难实行。因此,商会创设"会员代表大会"作为最高决策机构。会员代表是各行业公会及个体会员举派的代表,即每个公会或企业、公司等只能推荐数名人员来参与议

---

① 《解放前的正安县商会》,载《正安文史资料》第4辑,1986年版,第29页。

决商会"重大事务"。各同业公会或企业在举派代表时，通常举派行业中的领军人物、同业公会的领导或者是公司的经理。例如，贵阳绸缎业举派的会员代表是张荣熙、冯程南①。张荣熙、冯程南既是绸缎业中的行业大佬，也是绸缎业公会的正副理事长。因此，在"会员代表大会"为决策机构时期，参与决策商会"重大事务"人员是工商业者中的上层。"会员代表大会"虽然是最高决策机构，但它并非常设机构，主要是因为会员代表人数众多，且各自都经营着自己的企业，召集一次会员代表开会并不容易。而且，会员代表大会作为商会的最高决策机构，只有当商会遇到"重大事务"需要决策时，才有召集开会的必要。随着工商业发展，工商业者队伍增大，商会会员多达数千人，少的也有几百人。面临如此规模的会员，为提高决策机构的运行效率，选举会员代表参与决策是更为合理、科学。同业公会与同业公会之间、非公会会员之间规模不相同。为防止拥有较多会员的同业公会或大公司，无限制地举派代表出席"会员代表大会"，商会对各会员举派会员代表的人数及资格均作了规定。安顺商会章程规定：各公会会员代表由各业同业公会会员中举派之，至多不得超过5人；非公会会员代表每公司、行号1人，以主体人或经理人为限②。对公会会员、非公会会员举派会员代表进行限额，有助于防止拥有较多会员的同业公会或大公司通过举派会员代表来掌控"会员代表大会"，从而就某一"重大事务"形成更有利于他们的决议。会员代表经同业公会举派后，应给予委托书，并附具会员代表的履历送商会审查，审查合格后，会员代表才能出席会员代表大会。会员代表享有选举权、被选举权、表决权，会员代表大会成为工商业者表达意愿和诉求的主要机构。

---

① 《绸缎业公会函送名册》，1935年，贵阳市档案馆藏，资料号：M430100037/5。
② 安顺市档案馆等编：《民国安顺县商会档案汇编》，第46页。

第三章　近代贵州商会的运行机制

"会员代表大会"作为决策机构，它的决策权限在继承会董会议、会员大会拥有修改商会章程，选举、罢免会长、理事、监事，会员的除名，商会的清算与解散以及商会章程规定的其他事项等职能的基础上，把会员交纳会费标准，审议并通过商会财务报告，审议并通过理事会事业计划，审议并通过理事会、监事会、会员提交的方案等纳入"会员代表大会"的决策范围。例如，安顺商会章程规定："会员大会负责议决本商会章程的变更、商会会员或会员代表之处分、委员的解职、清算人之选任以及清算事项、事业费、事务费等。"[①]

执行机构——执行委员会。在商会的工作量、工作范围增大后，必须有一个专职机构对工作进行统筹安排、分工，执行决策机构作出的决议和负责商会的日常运转。到国民政府时期，贵州商会建立起执行机构负责执行"会员代表大会"作出的决议，负责商会的日常工作。例如，贵阳市商会的执行委员会负责执行、宣传、统计调查物价、财务管理、调解与救济等日常工作[②]。人是机构中的灵魂，执行机构配置的人员是执行委员。执行委员在会员代表中选举产生。国民政府对执行委员会的人数进行了限制，但抗战之前和抗战之后约有不同。抗战前："执行委员由会员大会就会员代表中选任之。执行委员人数至多不得逾十五人；执行委员任期为四年，每二年改选半数，不得连任。前项第一次改选以抽签定之，但委员人数为奇数时留任者之人数得较改任者多一人。"[③] 日本侵华战争开始后，国民政府对执监委员的人数进行了调整。1938年《商会法》规定："执行委员人数至多不得逾二十一人"，任期为四年。贵州各地商会在规定执行委员的具体数额时，都以不超过政府规定的执行委

---

① 安顺市档案馆等编：《民国安顺县商会档案汇编》，第48页。
② 《贵阳市商会章程》，1942年，贵阳市档案馆藏，资料号：M430100229/3。
③ 《本会三四年元月至四月份收支经费及报告表单据》，1945年，贵阳市档案馆藏，资料号：M430100471/8。

员的限额为目标。例如，1935年，安顺县商会执行委员会有执行委员13人，1940年，执行委员会有委员19人①。在就某一件事务作出议决时，执行委员通过投票表决方式作出决定。为预防表决数持平，执行委员会的人数都是单数。

任何组织，缺乏监督机构或部门都可能使得该组织的工作执行不力。建立监察机构，能使组织或机构的执行效率提升。在国民政府时期，贵州各商会都建立了监察委员会来监督理事、监事以及各职员的工作。监察委员会作为静态机构，要实现监察职能，就需配置一定数量的监察委员。监察委员会的具体人数由各地商会根据需要决定，但不能超过政府规定的人数。例如，安顺商会的监察委员会人数为7人②，贵阳商会的监察委员会人数为5人③。监察委员在会员代表中选举产生，有一定的任职期限，任期满后不得连任。为使得监察委员的任职期限被严格贯彻执行，通常把监察委员的选举和任期写入商会章程。"本会设监察委员7人，由会员大会就代表中用无记名连举法选举之，以得票最多数者当选；监察委员之任期为四年，每两年改选半数，不得连任。"④

监察委员会作为商会内部监督机构，主要负责纠察执行委员的工作、执行委员之决议的执行情况、审查执行委员会处理会务的情况、稽查执行委员会之财政出入正常与否等。安顺商会章程规定，监察委员会的职权如下："监察执行委员会，执行委员大会之议决；审查执行委员会处理之会务；稽核执行委员会之财政出入。"⑤ 监察机构对商会各项工作进行有效监督，是近代贵州商会自我发展的标志，是商会践行近代民主监督机制

---

① 安顺市档案馆等编：《民国安顺县商会档案汇编》，第4页。
② 安顺市档案馆等编：《民国安顺县商会档案汇编》，第4页。
③ 冯程南：《解放前的贵阳商会》，第64页。
④ 安顺市档案馆等编：《民国安顺县商会档案汇编》，第47页。
⑤ 安顺市档案馆等编：《民国安顺县商会档案汇编》，第48页。

第三章　近代贵州商会的运行机制

的表现。

（二）"三权"机构下商会的运转

在"三权"机构下，商会的决策、执行和监督机构之间彼此独立又彼此联系，形成一个有机的权力运转系统。

从商会"三权"机构间的权力运转过程来看，决策机构是商会权力运行的起点，负责对"重大事务"作出决策。具体的运转方式是召开会员代表大会，会员代表就某一"重大事务"进行讨论，并对处理意见进行表决，形成决议。1940年，贵阳县商会召开会员代表大会临时会议，对是否开展抵制日货进行投票表决，最后形成"抵制日货"的决议。"会员代表大会"就某一件"重大事务"作出决议后，权力运行转入执行机构——执行委员会。执行委员会依据工作流程，负责制定执行方案及方案的具体实施。例如，1940年，贵阳县商会执行委员会通过报刊向商家进行抵制日货宣传，要求商家对所存日货降价销售，售罄后不准再继续购入日货。为使各商家不再购买与销售日货，执行委员会指派工作人员对商家的商货进行清查。

执行委员会除了负责执行决策机构的决议外，还得负责商会的日常工作以及政府指令给商会的工作等。需要把庞大复杂的工作划分给各个部门，再由各部把工作下分给各科室，由科室具体负责执行。因此，执行机构是一个常设机构，按照科层制度构成，分为上、中、下三级。上级是执行委员会，中级是各部，下级是各科室。执行委员会对商会的工作进行统筹规划。例如，贵阳县商会执行委员会制定抵抗日货的方案[①]。中级机构负责统筹执行委员会制定的各种方案，并把工作分配给各科室。各科室根据工作职能完成指派的工作。比如，商会的商事公断处，专门负责处理商事纠纷。尽管贵州各商会的执行委员会的

---

① 《执行本会第二届一次会员大会提案情形》，1935年，贵阳市档案馆藏，资料号：M430100575/6。

中下级机构的名称各不相同，然后，按照负责工作的内容，大体上可以分为事业部、总务部、文书部，这些机构下分设各科室，负责完成不同的工作。

事业部下设组训、宣传、统计、调解等科。各科有相应的工作职责和办事流程。组训科主要负责办理各种培训。根据培训的内容，培训班可以分为职业技能培训和思想培训。职业技能培训是通过举办商业夜校，为地区工商业的发展培养各类技能人才。例如，1945年，安顺商会的组训科举办了简易英语培训班和商业补习班①。培训班的招生、报名、收费、课程安排、教师招聘等工作都由组训科负责。思想培训是组织工商业者学习"三民主义"。在国民党执政以后，特别是抗战期间，为加强对工商业者的思想控制，要求商会对工商业者进行"三民主义"培训。为完成地方党部下达的培训任务，商会对会员进行分批培训。例如，安顺商会仅在1943年举办第一期为期一个月的培训中，就培训了93人②。工商业者忙于经营，常常不能按时参与各种培训。鉴于此，组训科还得负责及时通知、督催工商业者参与培训。

宣传科主要负责宣传工作。宣传内容随时局变化日渐增多，主要有法律政令、各种募捐、劳军慰问以及其他地方公益义举、慈善事业等。抗战后期，国民政府为了筹集军费不断变更税收政策，工商业者对税额核算和交税流程不了解，给商人报税带来困难，漏报税、迟交税等事件常常发生。为此，商会通过向工商业者传达、请税务人员演讲等方式来宣传国民政府的税收政策。例如，1945年，安顺商会就邀请安顺国税局局长到商会，为工商业者介绍税收变更和交税手续③。

统计科主要负责统计各会员企业的资本额、行业发展概况、

---

① 安顺市档案馆等编：《民国安顺县商会档案汇编》，第108页。
② 安顺市档案馆等编：《民国安顺县商会档案汇编》，第98页。
③ 安顺市档案馆等编：《民国安顺县商会档案汇编》，第109页。

第三章 近代贵州商会的运行机制

物价变化、管制物品和从业人员数量等。这些统计工作大部分是地方政府指派给商会的,也有应其他省商会要求调查的。抗日战争期间,国民政府对棉纱、棉布等紧俏战略物资进行管制。具体管制方式为政府指派商会统计棉纱、棉布的货源地、销售去向、销售价格等。例如,1943年,安顺商会统计科办理花纱布登记,按旬汇报县政府存查①。

调解科负责处理商务纠纷。工商业兴盛伴随着商事纠纷增多。商事纠纷往往比较繁杂,涉事纠纷的双方相互向商会告发,工作人员要经过数次调查取证,才能弄清楚事情的来龙去脉。对涉案双方进行调解,往往也一次不能成功,需要数次调解,才能使得双方达成一致意见。例如,安顺县商会调解宏昌商号的赔偿案②。在处理商事纠纷过程中,工作人员据理度情,认真研究,做到合理合法。因此,工商业者之间在发生商事纠纷后,都愿意去商会申请调解,调解科处理了大量的商事纠纷。例如,1944年,安顺县商会调解商事纠纷115件③。

总务部下设事务科和会计科,事务科负责商会后勤工作,会计科负责商会经费收支、造册。从具体工作看,事务科负责商会办公室修缮、卫生、办公物品采购等。例如,1944年,安顺商会事务科对商会大礼堂上的望板、内墙壁、外墙壁、窗户以及礼堂阴沟等进行修建④。商会有大量的财务收支,会计科把每笔收入和支出按照会计制度制定出收支报表,并在商会的有关会议上,由会计科负责人报告每笔收支的由来、去向。例如,安顺商会的会计科在每周的常务理事会上,向理事会逐笔报告经费的来源与去向,在每月的理、监联席会议上,把汇制好的月报表交由理、监事会审核,最后送监事会审核盖章,随后将

---

① 安顺市档案馆等编:《民国安顺县商会档案汇编》,第99页。
② 安顺市档案馆等编:《民国安顺县商会档案汇编》,第111页。
③ 安顺市档案馆等编:《民国安顺县商会档案汇编》,第104页。
④ 安顺市档案馆等编:《民国安顺县商会档案汇编》,第105页。

收支各表附列于后，并存档①。

文书部主要负责收发电文、撰拟缮校、管理档案、整理图书及办理执行决议案事项。文书室设有文书员和编纂员两个岗位。文书员主要负责书写、抄写、收发电文。商会之间、商会与同业公会之间，通过电文的形式把商会领导层的改选、同业公会领导层的改选、政府的法律政令、经济政策等进行转告。政府常常通过电文的形式向商会指派工作。因此，商会每年会收发大量的电文。安顺商会仅1944年就收到电文624件，发出电文361件②。编纂员主要负责编写会议记录、管理商会档案、整理本会拥有的图书、办理执行决议的议案编制、抄办各种文件政令等。

执行机构的工作完成后，权力运转进入监察机构。监察委员会对执行委员会的工作进行监督、纠察，包括事中审查、事后纠察。例如，安顺商会的执行委员会每月把商会经费的收支报表提交理、监联席会议审核之后，再送监事会审核③。

从商会的决策、执行、监督机构的联动运转来看，"三权"机构既分权，但权力运行相辅相成，形成一个权力运转系统。执行机构是商会权力运转的核心，商会的大部分工作都由执行机构负责完成。为此，执行机构下设下级各部，各部下设各科室。各科层机构间分工明确，各司其职。在国民政府时期，特别是抗战时期，贵州商会内部工作大量增加的情况下，还完成了政府指派的难民救济、物资管制、摊派捐款与公债，都与商会"三权"机构的建立、分权及高效运转有关。例如，1943年，安顺商会形成的重要决议就达二百八十余件④，且每个决议都顺利执行完成、执行效果良好。

---

① 安顺市档案馆等编：《民国安顺县商会档案汇编》，第111页。
② 安顺市档案馆等编：《民国安顺县商会档案汇编》，第106页。
③ 安顺市档案馆等编：《民国安顺县商会档案汇编》，第111页。
④ 安顺市档案馆等编：《民国安顺县商会档案汇编》，第106页。

第三章 近代贵州商会的运行机制

第二节 近代贵州商会的运行机制

商会运行机制是指商会的各种制度、商会与商会之间的相互联系、相互依存、相互作用的整体运动过程。依据"内外"原则，可分为内部运行机制和外部运行机制。

一 内部运行机制

近代贵州商会建立之初，以行会为组织基础，商会领导人又同是行会的值年，因存在历史的渊源关系，商会建立之初沿袭行会的运行机制。随着商会的发展，运行机制逐渐转型。

（一）商会沿袭公推制、商议制、经费捐助制（1905—1931年）

近代贵州商会在建立初期，一定程度上继承了行会的运行机制，主要表现为商会领导由"公推"方式产生，"商议"方式议决商会"重大事务"，商会经费来源于会费、捐助、管理费等。

商会作为一个社团组织，必须有领导来主持、统筹工作。在近代中国商会建立之初，沿袭行会"公推"行首的方式来推选总理、协理、会董等。"公推制"也称为公举制，是指大家共同推举某人担任公职的一种方式，是一种较小范围内，少数人在少数人中选出少数人为公职人员的方式。"公推制"是古代部族社会组织制度的遗存，对后世中国社会有深远影响。唐宋时期，行会自产生后就引入公推制来推荐行首。晚清民初，贵州商务总会、商务分会纷纷采用"公推制"来选出商会的总理、协理、会董。例如，清宣统元年（1909），各绅商推荐何雄辉为贵州商务总会的商董①。商董是贵州商务总会的最高领导，对外代表商会，对内负责处理商会的事务。又如，清宣统元年

---

① 冯程南：《解放前的贵阳商会》，第58页。

(1909),李镜泉被推举为遵义商会第二任会长(1909—1913年),1913年,杨德衡被推举为第三任会长①。再如,金沙商会成立之初,会长由各会员"公推"产生②。"公推制"是一种少数人的推举行为,在此种推选公职人员的制度中,仅有少数人享有推举权和被推举权。商会的总理、协理的推荐人只能在会董范围之中,会董人数本就不多,这就缩小了总理、协理的推荐人选范围,排斥了其他会员被"公推"为商会领导层的资格。会董由商家推举,主要推荐那些在行业中经济实力较为雄厚、拥有话语权的人,能担任会董人选的范围大大缩小。

与苏州、天津等发达地区商会的公推制相比,贵州商会采用公推或公举方式推选总理、协理、会董持续的时间较长。天津商会是全国成立较早的商会之一,但公推或公举制运行的时间较其他发达地区的商会要长,从1904年天津商会产生起,一直持续到1918年③。然而"公推制"在贵州商会中运行的时间比天津商会还长,有的商会到20世纪40年代还在采用。主要原因是商会在行会组织的基础上发展起来,"公推制"有历史延续性。因此,商会建立之初,选举制度刚开始缓慢引入中国,处于新旧制度交替时期,对旧制度的继承也是合乎常理。同时,晚清政府对商会领导的产生方式作了规定:总理、协理、会董等由商家"公推"或"公举"④,这为贵州商会采用"公推制"推选商会总理、协理、会董等提供了合法性与权威性。

北京政府对商会领导的产生方式作了强制性调整,要求商会会长、副会长、会董由选举产生。1915年,北京政府颁布

---

① 赵志常:《民国时期的遵义商会》,载《遵义文史资料》第13辑,1988年版,第13页。
② 卓宗尧:《新场商会及解放初期的工商联记略》,载《金沙文史资料选》第3辑,第99页。
③ 朱英:《从"公推"到"票举":近代天津商会职员推选制度的曲折演进》,《近代史研究》2007年第3期。
④ 彭泽益主编:《中国工商行会史料集》,第972页。

第三章　近代贵州商会的运行机制

《商会法》规定："会董由会员投票选举，会长、副会长由会董投票互选。会董由会员推选富有资力或工商业之学术技艺经验者充之。会长、副会长及会董任期满后再被选者，得连任，但以一次为限。"① 北京政府通过行政手段和法律手段，统一划一商会会长、副会长、会董等的产生方式。但是，当时贵州不在北京政府统治辖区内，商会领导层的选举制政令并没有在贵州得到贯彻执行，各商会仍然运用"公推制"推选会长、副会长、会董等。

尽管晚清政府和北京政府都对商会领导层的产生方式作了制度性规定，但不是全国商会都遵循国家关于商会领导层产生方式的制度安排。上海商会和苏州商会在成立之初，就开始制定并实行投票选举制度。而作为与上海、苏州并立的天津商会，从成立到1918年之前，一直坚持采用"公推"方式推选出总理、协理和会董。1918年，天津商会才在章程中拟订了投票选举制度，并由此进入"票举"会长、副会长和会董的新时期。贵州商会长时间持续采用公推制推选领导层，表明贵州商会领导人在思想认识上偏向于保守，没有主动借鉴和学习上海、苏州商会早已运行的投票选举制度。

"商议制"是行会处理"重大事务"的议事方式。作为一个跨行业的商人组织，需要通过一定的方式来议决内外事务。从贵州商会的"重大事务"的议决方式上看，主要是借鉴了行会的议事方式——"商议制"。所谓"商议制"是指所有参与人讨论，最终取得一致意见的一种议事方式，重在商议。议事流程大致为：出席人就某一事件或者某一问题，各自提出看法或建议，然后轮流讨论提议人的建议或看法，最后根据大众意见来形成某事的处理决议。行会产生后，"商议制"用于行会处理重大事务。例如，贵阳黑漆行铺户与做户之间就供售产品制

---

① 彭泽益主编：《中国工商行会史料集》，第972页。

定规则①。黑漆行会的铺户与做户齐聚行会，通过商议，就黑漆产品的生产与销售达成共识，铺户只能销售安顺、贵阳两地做户的黑漆，不能销售大定做户生产的红漆，两地黑漆做户生产的黑漆也只能供给贵阳的黑漆铺户。"商议制"议事方式的流程比较烦琐，一旦有人持异议，就要再议，耗时、耗费人力，而且集中意见较难。贵州各商会建立之初，商会"重大事务"都由"商议制"形成决议。

商会采用"商议制"，既是继承行会"议事"方式的结果，也是晚清政府和北京政府干预商会议事方式的结果。晚清政府在《简明商会章程二十六条》中，对商会处理内部事务的议事方式作了规定："如果碰到商家有紧急事件的，应该立即去商会斟酌商议。如果是关系商务大局的要事，应该由总理预先发与传单，到时候各个会董和各商理事人一起到商会商议。"②"商议制"所议项主要包括商家的"紧急事件"、兴办各种有利于商务的事务或者革除各种商务弊端等。1915年，北京政府颁布《商会法》，把"商议"的事项范围扩大到商会的年度之预算决算及其事业之成绩报告，会金征收之增减、更改章程，解散，清算，职员解职与处罚等③。《简明商会章程二十六条》和北京政府颁行的《商会法》为贵州商会采用"商议制"议事提供了法律依据，也是贵州商会长期使用"商议制"处理重大事务的原因。

商会要运转，必须有一定经费来购买办公设备、租建办公室或活动场所，支付工作人员的工资以及展开各种活动。有学者认为"商会经费是商会开展活动的重要经济支柱"，也可以说是商会"肌体"的"血液"，组织经费问题是衡量组织整合能

---

① 倪腊松：《研究清代贵州经济史的宝贵资料——黑漆行规碑》，《贵州文史丛刊》1996年第4期。
② 彭泽益主编：《中国工商行会史料集》，第973页。
③ 彭泽益主编：《中国工商行会史料集》，第980—982页。

第三章 近代贵州商会的运行机制

力的重要指标①。因此，经费的筹措与管理对商会尤为重要。从贵州商会经费的来源看，在晚清、北京政府时期，商会经费来源较多，大体上可分为会费、管理费、捐助金等。会员加入商会要承担缴纳会费的义务，才能享受商会提供的服务。在晚清和北京政府时期，贵州商会会员缴纳会费的额度较低，有的商会的会费甚至低于一元。例如，镇远商会拥有会员200家，会费共计65元②，平均下来，会员缴纳会费不足0.5元。这种低会费制使得商会的收入较少，而支出较多，导致收不抵支，产生经费赤字。例如，1911年，赤水商会的会费收入为112元，支出却达165元③，赤字53元。为解决收支不平衡，保障商会的运转，就需通过其他途径来增加收入。其中之一就是收取管理费。管理费是商会行使管理职能时收取的费用。商会成立后，根据行使管理的事项为依据，收取管理费。例如，安顺商会的管理费有商事申请书费、商人出外贸易身份证明书费等。到1913年，安顺商会协助安顺县政府征收地方杂捐，政府给予商会一笔经费作为劳务费，"会中仅承办地方杂捐，收存之款五千元交经费局，每月利息三十元，按月提作经费。"④ 又如，松桃商会收入来源有："会员每年交会费一元；保商费；包征盈余款项；查验费；验油手续费；租谷。"⑤ 从贵州商会实际征收的管理费来看，管理费的种类取决于商会管理事项的多寡，管理事项越多，管理费的种类越多，管理费收入相对就多。反之，管理费的种类较少，该笔收入就较少。捐助是商会经费的另一个来源。捐助是行会经费的主要来源，在近代中国商会建立后，继承了这种经费制度。例如，开州商务分会的经费来源主要有

---

① 陈清泰：《商会发展与制度规范》，中国经济出版社1995年版，第158页。
② 江苏省商业厅中国第二历史档案馆：《中华民国商业档案资料汇编》第1卷，中国商业出版社1991年版，第14页。
③ 江苏省商业厅中国第二历史档案馆：《中华民国商业档案资料汇编》第1卷，第14页。
④ 林萍：《安顺县商会简况》，载《安顺文史资料选辑》第6辑，1986年，第13页。
⑤ 邓纯如：《解放前松桃商会内幕》，载《松桃文史资料》第2辑，第123页。

会员入会金及会员年捐款项①。

为防止商会乱收费用和乱支出费用,晚清政府和北京政府都对商会的收费项目和支出项目作了明确规定。《奏定商会简明章程二十六条》对商会的收支项目规定为,"从保商之意者如下列三项,此外该商会不得于部定章程外别立名目再收浮费。一、注册费。按照各业注册之实数,商人交纳该项费用时,以山执有凭据人而缴商会掣取收条为准。二、凭据费。按照各业注册之实数以及期限之多寡,由持有凭据的商人向商会交纳,商会开具收据为准。三、簿册费。按照市价酌定,不得高抬。按季由会董向各商收取缴呈商会,随掣收条。如有峕派居奇情弊,准众商联名具控,本部核办。"② 可见,晚清时期,商会经费来源于行使管理职能时收取的费用。晚清政府对商会经费的使用范围及比例规定为:"七成为商会公积,用于商会的日常支、置办办公用品,如有积余,可在市场银根奇紧时,资助商人,或办产品陈列所等。"③ 可见,商会支出项目主要是购买办公用具、资助困难商人以及举办商品展览等。从贵州商会收取的费种来看,并没有完全按照晚清政府的规定执行,具有较强的自主特征。

北京政府时期,国家以立法的形式对商会经费来源和用途作了更加详细的规定。"商会经费由会员负担。经费分为两种,一是事务费,即商会关于平常处理会务,如聘用人员之薪金、办公所需之杂费等,凡为事务开支之费用皆属之,此项费用由会员负担,故各商会向会员征收入会金或征收常年费用。二是事业费,即事务所支以外之费用,商会得附设公断处、陈列所、商工学校及其他公共事项,关于此类费用皆谓之事业费。事业费无一定之标准,故不由会员负担,而是由商会另自筹措。商

---

① 民国《开阳县志稿》第九章《社会》。
② 彭泽益主编:《中国工商行会史料集》,第975—976页。
③ 彭泽益主编:《中国工商行会史料集》,第975—976页。

第三章 近代贵州商会的运行机制

会无论何种经费,其预算决算及其事业之成绩,每年均须编辑报告刊布,并须将其事业之成绩呈报农商部,至其预算决算农商部也可以调阅。"① 从北京政府对商会收支的规定上看,收入来源主要是会员交纳的会费,支出方面,除了继承清末商会的办公经费外,增加了商会工作人员的薪酬。

晚清政府、北京政府都通过制度形式规定商会的收支项目,但略有不同。然而,贵州商会在实际运行中却继承晚清政府对商会经费收支项目。例如,北京政府时期,安顺商会经费来源除会员的会费之外,还有"公平捐"(烟土交易兴盛,每因秤头大小,买卖双方常起纠纷,会员纷纷要求商会设立公平秤,对使用公平秤的交易者收取费用)②。安顺是黔西烟土交易中心,"公平捐"成为商会收入的一大来源。"公平捐"是商会管理市场度量衡秩序收取的管理费,是对晚清政府时期商会行使管理职能时收费制的继承。

(二)工商业发展对"公推""商议"经费捐助制的破坏

"公推制""商议制"和捐助制与工商业不发达,会员较少的制度环境相适应。随着近代贵州工商业发展,工商业者队伍日益庞大,以公会会员或非公会会员加入商会,商会的会员数量大增。在这种背景下,"公推制""商议制"和捐助制的制度环境遭到破坏,商会需建立新的制度来提升商会的运行效率。

从商会领导层的公推程序来看,首先是推出会董,然后在会董中"公推"会长、副会长。在商会建立初期,贵州工商业发展较为落后,会员中拥有强大财力和社会影响力的行业精英相对较少,采用公推制比较容易推出会董,但随着贵州工商业发展,商会的会员规模扩大。例如,安顺县商会有绸缎业、纱业、布业、京果业、盐业、百货业、银行业、金银首饰业、粮

---

① 欧阳瀚存:《商会法通释》,商务印书馆1924年版,第30—31页。
② 林萍:《安顺县商会简况》,第13页。

食业、餐馆业、酒业、旅栈业、骡马业、屠宰业、药业、新药业、棉业、水果业、图书业、纸张业、油业、山货业、香烟业、米业、电气业、运输业、摄影业等三十余个公会会员。又如，遵义商会有绸缎业、纱业、布业、京果业、盐业、百货业、银行业、金银首饰业、粮食业、餐馆业、酒业、旅栈业、骡马业、屠宰业、药业、新药业、棉化业、水果业、图书业、纸业、油业、山货业、香烟业、摄影业、钱商业、电气业、运输业、介绍业、米业等四十余个公会会员和五个非公会会员。执掌商会领导权也就掌握了商会的话语权，控制着商会各方面的行动，能作出有利于本行业发展的措施。因此，各个会员都有被推选为会董、副会长、会长的愿望，都力图争取执掌商会领导权。如果再按照公推制推选会董、副会长、会长，各公会会员和非公会会员都会推荐出自己行业中"较有威望"的人。"较有威望"是一个相对标准，其尺度难以测量，使得"公推制"很难执行，必须建立一种对所有会员都机会均等的一种制度，确保会员有可能进入商会领导层。

"商议制"作为一种议事方式，运行流程较为复杂。首先，会董提议的事项需一定数额的会董赞同，才能列为讨论事项。其次，讨论事项是否被列入讨论需到会会董占比达到规定数额，才能展开讨论。最后，参与讨论事项的会董通过书面或者口头讨论后形成决议，但需得各个会董同意。这种议事制度与参与者少、事项较少相匹配。贵州商会建立初期，参与会董会议的有会长、副会长和会董。会董人数少，也就是说参与议事的人较少。采用"商议制"议决商会重大事务还是比较容易达成一致意见的。工商业发展后，商会会员数量增加，商会事务增多，参与决策的人员增多。例如，1935年，安顺商会执行委员、监察委员和常委委员共有31人[①]，即有31人参与议决商会的重大

---

① 安顺市档案馆等编：《民国安顺县商会档案汇编》，第4页。

第三章 近代贵州商会的运行机制

事务。如每件事都用商议制来议决，达到"众口一致"变得困难，就算能最终形成某件事的议案，所耗费的人力、时间成本之大。继续执行"商议制"将严重影响议事效率。改变议事方式，快速对"所议事项"作出议决结果，提高决策效率成为商会改革议事制度的必然。

在国民党执政后，为削弱商会的权利和社会影响力，把原归商会行使的一些管理职能收回，商会管理事项的范围缩小，管理费随之减少。例如，松桃商会管理公平秤、组建保商队保护商人以及检验桐油等职能被取消①，商会原征收的公平捐、保商费、验油手续费等随之被取缔。经费捐助制主要取决于捐助者的意愿及捐助能力。近代贵州工商业发展之后，商会会员日益增多，如仍旧依靠会员自愿捐赠，会导致一部分会员"搭便车"而不捐助经费却享受商会提供的各种服务。如其他会员竞相效仿，不进行捐助，商会则将没有经费来源而无法运转，最终演变成"公共悲剧"。因此，商会必须建立一种所有会员都必须缴纳会费的制度，确保经费来源稳定，同时也促进会员的权利和义务对等。

"公推制""商议制"和经费捐助制等与工商业不发达、商人组织会员较少相适应。在工商业发展壮大后，商人组织规模变大，必然要求建立一种新的运行机制与之相匹配。

（三）商会建构选举与任期、集体决策、监管和经费收支管理等制度（1932—1949年）

商会领导人的选举制与任期制能促进领导层的更新，防止某些人长期把持和垄断商会的领导权，运用商会为其服务。南京国民政府时期，贵州商会采用选举制推选领导人。选举制度来源于西方，选举是"挑选、选择"的意思。西方的"选举制"是一种由多数人来做出挑选决定的行为，具体到对人的挑

---

① 邓纯如：《解放前松桃商会内幕》，第124—128页。

选决定上，是一种由多数人选择决定少数人的行为。作为一种程序形式，"选举"实质上包含着一个有组织的群体，一批合格的选举者，存在可供选择的对象。选择对象的多样性是选举制度存在意义和价值。选举的目的和结果是要产生一个被公认的对象或担任"公职"的人员。

近代中国商会执行选举制度是工商界向西方学习而引入的新事物。在投票选举制度产生及发展过程中，上海商会最先尝试。北京政府以《商会法》形式把选举制度推行到全国各地商会。然而，选举制度在不同地区的商会中执行时间存在差异①。上海商会在成立之时就开始执行选举制度。1904年，上海商会制定了《上海商务总会章程二十三条》，对会友入会进行投票选举，得票多者当选，但商会其他公职人员并没有依据投票选举产生②。1907年，上海商会颁行《上海商务总会章程九十二条》，把投票选举制推广到商会会长、副会长、会董的选出，并对选举流程做了具体规定③。商会的总理、协理、会董均由选举产生，选举的具体方法是"机密投筒法"，由商会印发选票，选票上附有被选举人"选格"、议董名单等，选举须提前填写选举票号数，并填限期，分送有选举权的人，选举人和选票号数都要誊录底簿，密封保存，选票要按限期投入筒内，届期集众开筒，统计得票较多者当选。上海商会拟订的章程，被各地商会制定章程时作为范本加以借鉴，包括选举制度在内的规定均为各地商会采纳。时人记载："中国商埠之中，集全体商人而设公共机关，自上海始也……余往办华商联合报，曾调查各处商会章程，类皆沿袭沪会，所损益无多也。"④但贵州商会成立之初，

---

① 朱英：《近代中国商会选举制度之再考察——以清末民初的上海商会为例》，《中国社会科学》2007年第1期。
② 复旦大学历史系编：《上海总商会组织史资料汇编》上，上海古籍出版社2004年版，第65页。
③ 复旦大学历史系编：《上海总商会组织史资料汇编》上，第80页。
④ 复旦大学历史系编：《上海总商会组织史资料汇编》上，第126—127页。

第三章 近代贵州商会的运行机制

并没有采用上海商会推行的选举制度。直到20世纪30年代，贵州境内各商会才逐步开始推行选举制和任期制。

为保证商会领导层由选举制选出，各商会把选举制列入商会章程。1941年，贵阳市《商会章程准则》①，明确规定了商会领导层实行选举制和任期制：第一条，本会设主席一人，由执行委员会就当选之常务委员中，用无记名单记法选任之，以得票满投票人之半数者为当选，若一次不能选出应就得票最多数之二人决选之；第二条，执行委员及监察委员均为名誉职；第三条，执行委员及监察委员之任期均为四年，每二年改选半数，不得连任；第四条，主席及常务委员缺额时，由执行委员会补选之，其任期以补足前任任期为限；第五条，监察委员开会时，须有委员过半数之出席，临时互推一人为主席，以出席委员过半数之同意决议一切事项。安顺商会也将选举制和任期制列入章程，"本会设执行委员十九人、监察委员七人，由会员大会就代表中用无记名选举法选举之，以得票多数者为当选。选举前项执行委员、监察委员时，另选候补执行委员五人，候补监察委员三人，遇有缺额，依次递补，以补足前任任期为限。未递补前不得列席会议；本会设主席一人，由常务委员会就执行委员中用无记名单记法选任，以得票多数者为当选；商会主席，由常务委员中无记名单记法选任，以得票满投票人之半数者当选。若一次不能选出，应就得票最多数之二人决选之。"② 商会章程是商会开展各项工作的依据，把选举制与任期制列入商会章程，保障了商会领导层的选举制与任期制被贯彻执行。

从贵州商会的选举制运行过程来看，大体上可分为三个阶段：第一阶段，由会员代表在会员代表大会中选举出执行委员（理事）和监察委员（监事）以及候补执行委员、候补监察委

---

① 《贵阳市工商业调查录》，1941年，贵阳市档案馆藏，资料号：M430100348/5。
② 安顺市档案馆等编：《民国安顺县商会档案汇编》，第47页。

员。被选举出的执行委员组成执行委员会，监察委员组成监察委员会。第二阶段，由执行委员会在执行委员中选举常务委员（理事），组成常务委员会。第三阶段，在常务委员中选举一人为主席（理事长）。选举方式主要有两种：一种是无记名连举法。另一种是无记名单选举法。"无记名连举法"是指选举人一次性将被选举人记名选出，以得票多数者依次当选，主要用来选举执行委员（理事）、监察委员（监事）以及常务委员（理事）。"无记名单选举法"用于商会主席（理事长）的选举。多数商会采用无记名连举法和无记名单选举法选举领导层。例如，1943年，贵阳市商会举行新一届商会理事长及各委员选举，采用无记名单选举法选举戴子儒为商会理事长，用无记名连举法选举魏伯卿、段渐仪、帅灿章、陈毓祥等为常务理事，田克成、李如一、唐用奎、肖明周等理事，姜震岳、高宇泽、周绍成、杨友轩为候补理事，谢伯昆为常务监事，孙起延、邓羲之为监事，程咏业为候补监事①。无记名投票选举方式，使得选举人免除顾虑，更能充分行使选举权利，是贵州商会领导层产生方式的一大变革。近代贵州商会推行选举制，为所有会员提供了进入商会领导层的机会与可能，从制度上保证了会员具有广泛的参与和民主表决的权利，也在较大程度上使各行业、商家的意愿得以表达与尊重。当然，并不是所有商会都推行选举制度，一些地区的商会会长、副会长由地方最高行政长官直接指派或者由行政官员兼任。例如，大方县商会会长由中区区长梅荣先兼任②，这表明商会领导层的产生方式受到政治力量的牵制。

与选举制度相匹配的是任期制度。任期制度可以使商会领导层定期吐故纳新，得到更能胜任职位的领导者，也能防止商会的领导权被某些行业的人长久把持，作出不利于整个工商业

---

① 王羊勺：《贵阳商会沿革概述》，《贵州文史丛刊》1986年第9期。
② 颜绍荣：《民国时期大定县商会简述》，载《大方文史资料选辑》第3辑，1986年版，第105页。

第三章 近代贵州商会的运行机制

发展的决策。因此，各商会都规定执行委员、监委委员、商会主席等任期均为4年，每两年改选半数，不得连任。例如，安顺县商会章程规定"执行委员和监察委员之任期均为四年，每两年改选半数，不得连任。前项第一次之改选以抽签定之，但委员人数为奇数时，留任之人数得较改选者多一人。主席及常务委员有缺额时，由执行委员补选之，其任期以补足前任任期为限。"[1] 贵州各商会基本上都能按照《商会章程》规定，定期对领导群体进行改选。1933年，贵阳县商会第一届会长及各委员任期满，县商会召开会员代表大会，对商会会长及各委员进行改选，大会选举戴蕴珊为主席，廖昌奎、吴道之等分别当选为执行委员和监察委员[2]。1936年，执、监委员四年任期满，县商会召开第二次会员代表大会，选举陈职民为主席，张荣熙、蔡森久、兰砚香、徐望溪为常委，廖星五、冯程南、唐平程、杨馥棠、梁希伯、李选民为执行委员，文仿溪、易炯斋、宋质卿、周玉清为监察委员[3]。1938年，国民政府颁布《修正商会法》，要求商会实行理事制，各地商会依法进行改组。1941年，贵阳改县为市，原省城区划归贵阳市管辖，国民党贵阳市党部也随之成立。根据国民党中央政府有关法令，要求包括商会在内的社会团体改组、变更名称，政府派遣工作人员指导商会改组，限令必须于次年3月前完成。贵阳县商会依法于3月25日召开改组大会，正式更名为贵阳市商会，并选出贵阳市商会首届执行委员会，陈职民仍当选为主席，张荣熙、蔡森久、张荣良、夏少锡、冯程南、赖永初、吴禹丞为常务委员，伍效高等13人为执行委员，赖贵山等11人为监察委员。1943年，贵阳市商会依照《修正商会法》依法召开会员改组大会，修改章程，改执行委员会为理事会，选举张荣熙为理事长，张慕良、赖永

---

[1] 安顺市档案馆等编：《民国安顺县商会档案汇编》，第47—48页。
[2] 王羊勺：《贵阳商会沿革概述》，《贵州文史丛刊》1986年第9期。
[3] 王羊勺：《贵阳商会沿革概述》，《贵州文史丛刊》1986年第9期。

初、吴禹丞、蔡森久为常务理事,冯程南、刘锦森、朱晓云、熊义厚为理事;陈职民为常务监事;曾俊候、曾竹溪为监事;刘守诚、周静山、颜泽溥、顾庆宾为候补理事;袁啸声为候补监事。此后,贵阳商会进入了理事制时期。

从贵州商会践行任期制来看,领导群体大体上遵循任期及任期改选制度,但也存在不执行任期制的现象。例如,水城县商会会长马伯超,1911年到1950年,一直担任商会的会长①。"无限任期"现象表明任期制度并没在所有商会中得到贯彻落实。

近代贵州商会的选举制度和任期制度是在国民政府时期贵州省政府的督促下建立起来的,体现了贵州商会运行机制受到政府干预的特征。1928年,国民党取得了北伐战争的胜利,形式上统一中国后,强化了对商会的管控。管控的具体措施就是以立法形式,要求商会严格执行选举制和任期制。

集体决策制度是以会议的形式,全体与会成员对提出的重大事项进行充分讨论后,通过投票表决,赞成票达到法定数额,才能形成议案。如赞成票数达不到法定数额,需要再次开会投票表决。例如,安顺县商会章程规定"商会变更章程,会员或者会员代表之处分,委员之解职,清算人之选任及关于清算之事项之决议都要经过集体成员的讨论,以集体成员过半数之出席,出席权数过半数之同意后才能形成决议,出席权数不满过半数者,得行假决议,在三日内将其结果通告各代表,于一星期后两星期内重新召集会员大会,以出席权数过半数之同意,对假决议行其决议。"② 与"商议制"议事方式相比,集体决策制下,参与决策的人员更加广泛,通过投票表决,当场宣布投票结果,决策更有效率。而"商议制"轮番商议,耗费时间、

---

① 颜绍尧、马光旭:《水城县商会概况》,载《六盘水文史资料》第4辑,1991年版,第66页。
② 安顺市档案馆等编:《民国安顺县商会档案汇编》,第48页。

第三章　近代贵州商会的运行机制

人力较多,决策效率较低。在集体决策制度下,所有与会人员对商会的重大事务都有表决权,赞成票要过出席人员半数以上才能形成决议,体现了决策的民主性和科学性,一定程度上降低了决策失误的可能性。

商会内部存在着公共权力,一切权力没有被监督都有被滥用的可能。正如孟德斯鸠所言:"一切有权力的人都容易滥用权力,这是万古不易的一条经验。有权力的人们使用权力一直到遇有界限的地方才休止。"① 因此,晚清政府在进行商会建设时,注重对商会进行监管,但对商会的监管来自外部,监管机构是农商部,监管对象是商会总理、协理、会董,监察内容是总理、协理、会董是否渎职、是否存在徇私,执行不公或偏袒一方等。《奏定商会简明章程二十六条》规定:会董、协理、总理等人有"徇私偏袒执事""偏执专擅,转拂商情"等,具禀本部援例罚惩②。这是一种自上而下的单一监管,监管方式主要是对商会工作报告进行审查和会员的主动告发。国家监管机构与贵州商会之间信息处于不完全对称状态,监管机构很难完整、准确、及时地掌握贵州商会领导群体运用权力的实际状况。而且农商部设在北京,贵州离北京有二千五百多公里,在交通工具不发达的情况下,就算总理、协理、会董有违规使用权力的行为,工商业者会因路途太远,成本太高而放弃告发,这就使得农商部对贵州商会的监管形同虚设。笔者没有查阅到工商业者告发商会总理、协理、会董有"徇私偏袒执事""偏执专擅,转拂商情"的史料。民国初年,北京政府在商会监管建设方面缺位,没有设立机构对其进行监管。

国民党执政后,加强了对商会的监管,具体体现在两个方面:一方面,要求商会内部建立监察机构;另一方面,国民政

---

① [法]孟德斯鸠:《论法的精神》上,张雁深译,商务印书馆1997年版,第154页。
② 彭泽益:《中国工商行会史料集》,第970—977页。

府的监管部门对商会进行监管,并派人督察。在政府的要求下,贵州各商会纷纷建立监督机构,并完善监管职能。例如,1931年,贵阳商会组建监察委员会①。国民党统治后期,监察委员会改为监事会。监察委员会或监事会,主要是监察、查纠执行委员会的人员、工作、决议,审查执行委员会的会务是否定期召开,稽核执行委员会的经费收支是否规范,同时也纠察委员的错误等。为促使内部监管制度化及实际执行,贵州各商会把监察内容列入商会章程。安顺商会章程规定,"本会设监察委员会,其职权如下:一、监察执行委员会、执行委员会之决议。二、审查执行委员会之会务。三、稽查执行委员会之财政出入。"②贵州商会内部监督机制的建立与运行,一方面,可以督促商会的职员、会员遵守商会的各种规定,督促各种会议定期召开,督促各种决议得到及时有效的贯彻执行,督促商会经费收支规范化、制度化。另一方面,监督机构定期审查商会的各项工作,能及时发现各委员会、委员、职员、会员的违纪情况,并及时进行纠正,及时止损,避免问题变严重。

财务制度化是商会具有近代性特征的标志之一。商会的财务制度化是指经费的来源、支出、结余管理、收支审核等的规范化。首先,商会规范收费的费种,把商会经费来源稳定化、制度化。商会经费来源有会费、管理费以及商会资产带来的收益。会费是商会收入的重要来源之一。会费分为事务费和事业费两种。事务费是会员入会时必须交纳的会费,是会员承担义务的体现。事务费因会员类别不同,交纳会费标准不同。公会会员以自身收入总额的一定比例交纳,非公会会员按照资本额比例交纳。事业费用于地方公共事业或非商会事务产生的费用,由会员大会议决,报地方主管官署核准后征收。商会把事业费

---

① 冯程南:《解放前的贵阳商会》,第64页。
② 安顺市档案馆等编:《民国安顺县商会档案汇编》,第48页。

第三章　近代贵州商会的运行机制

呈报给政府有关部门审核是为了获取事业费收取的合法性和权威性，是商会依托行政机关或利用行政力量来保障收费。同时，政府机关也可以通过审核来防止商会违规收费。例如，安顺县商会章程规定："本会经费分下列两种，一是事业费：甲、公会会员以其公会所收入总额的十分之一充之。乙、非公会会员比例于其资本额缴纳之每单位（元）。二是事务费：由会员大会议决，经地方主管官署核准筹集之。"①管理费是商会经费的另一来源，依据管理项目收取，主要有为会员开具商业证明书的费用、调解商事纠纷的费用，以及使用公平秤的服务费、介绍商品成交的佣金等。安顺县商会规定："证明书凭证每套100元，商事申请书每份10元，营业登记证每份特等300元、甲等150元、乙等100元、丙等50元、丁等30元。"②资产性收益是商会收入的又一来源。随着商会的不动产和动产增多，商会把暂时不使用的房屋和经费投入生产要素市场，赚取房租和利息，以增加收入。1943年，安顺县商会月收入来源有"月共收入数为八千余元，加以房租及证明书之收入，以资应用"③。

随着商会收入和支出的增多及频繁化，建立现代财务制度，规范经费使用，是商会自我发展的内在要求。因此，商会对经费收支流程作了严格规定。在入账方面，会计在收到款项时，开具收条并备份后，把收条汇粘成册，以备核查。例如，贵阳市商会就把每月收入开具的收条单汇粘成册④，通过查看"月收入册"就能对商会收入一目了然。商会经费支出管理的规范化体现在经费支出项目、支出流程、支出凭证等制度化。支出项目为会长与员工工资、办公用品以及会务费等。例如，正安商会规定：经费支出范围只限于文牍、会计、事务员、传达员的

---

① 安顺市档案馆等编：《民国安顺县商会档案汇编》，第49页。
② 安顺市档案馆等编：《民国安顺县商会档案汇编》，第550页。
③ 安顺市档案馆等编：《民国安顺县商会档案汇编》，第99页。
④ 《本会三四年元月至四月份收支经费及报告表单据》，资料号：M430100471/8。

薪水、办公费和开会时杂支①。又如，安场商会的经费支出项目为正副会长、文书的薪水和办公费②。在商会经费支出方面，严格按照流程进行。例如，贵阳商会规定："所有一切经费开支均由会计填具支票，转请理事长核签拨付；所有一切开支款均应填制专票以凭登账，并由财务理事签核。商会开支款项除遇巨额专户得随时请领外，其余日用开支应由会计员于每月终备齐专票单据，填具请款书并附开支票，送请理事长核签出账。商会收支项目应由经办人每月终造具报表，经财务理事复核后，送经常务理事会查核备案。每届年终，应由财务理事编造全年年度收支决算报告，经常务理事会核阅后，提交理事会审查，再提交会员大会通过。每年度开支预算书，应由理事会遵当地政府规定编造，经监事会审定后，提交会员大会通过施行，凡是超过预算之经常开支，须经会员大会之决议认可，平时如遇到捐款或特别开支，须提经理事会决议通过，向各会员征收临时会费一次，方得支付，于年终备刊报告，请求会员大会之追认，商会经费之预算、决算及事业费，每年须编辑报告刊布之并呈报地方主管官署转省政府转经济部备案。"③

经费支出凭证化。为确保支出项目有凭有据、真实，商会规范了支出项目以凭证为据。例如，贵阳市商会的购物证明单上就有商品名称、数量、价格、实际金额、无单据理由、证明人、时间等④。从购物单可以看出，商会的工作人员在购买办公用品时，需填写购物证明单。购买人报账时要出具购买该商品的发票。如果购买该办公用品，没有发票作为凭证的，在出具购物证明单时要填写无单据之理由、证明人及证明人的签字。例如，1944 年 3 月 27 日，贵阳商会的办公人员在购买毛边纸时，因没有发票作为

---

① 《解放前的正安县商会》，第 30 页。
② 《解放前的正安县商会》，第 30 页。
③ 《贵阳市商会章程（修订后）》，1943 年，贵阳市档案馆，资料号：M430100299/13。
④ 《本会三四年元月至四月份收支经费及报告表单据》，资料号：M430100471/8。

第三章　近代贵州商会的运行机制

凭证，办公人员在无发票原因栏注明是在地边摊购买的，证明人杨文芳签字确认①，以证明此事属实，见表5。

表5　　　　　　　　　贵阳市商会购物证明单

时间	证明人	无单据之理由	实际金额	价值	件数	商品名称	贵阳市商会购物证明单
民国三十四年三月十四日	杨文芳	地边摊购买的	壹佰伍拾元整			购毛边纸、坐车	

资料来源：《贵阳市商会档案全宗》，1944年，贵阳市档案馆藏，资料号：M430100471/8。

收支账簿化是商会财务制度化的表现。会计每月填写收支核算表，在收入栏填写收入项目明细及金额、总收入额，支出栏填写支出项目及支出金额。核算收入和支出的差额，结算余额。作为工商业者组织的商会，把赢利、规避风险等思想运用于经费结余的管理中。在商会收入增加后，经费出现结余，把暂时不用的经费或结余存入银行或钱庄，不仅可以产生利息，增加收入，还可以发挥经费结余服务地区经济发展的作用。例如，1945年3月，贵阳市商会就把2月的结余分别存入中央银行、美丰银行、聚康银行②。南京国民政府后期，由于政治经济的不稳定性，商会把经费结余存入不同银行，目的是想避免银行倒闭造成财产损失，这是商会规避风险的表现。

综上所述，到南京国民政府时期，贵州各商会大多建立起较为完善的运行机制，保障了商会的良性运转，提高了运行效率。

（四）政府对商会内部运行机制的规范

近代贵州商会的运行机制从行会运行模式转向近代民主运

---

① 《本会三四年元月至四月份收支经费及报告表单据》，资料号：M430100471/8
② 《本会三四年元月至四月份收支经费及报告表单据》，资料号：M430100471/8

行模式的过程，是工商业者选择运行机制的结果，也是政府干预商会运行机制的结果。

晚清时期，商会的运行机制有两种：一种是沿用行会的"公推制""商议制"和经费捐助制。另一种是上海、苏州商会采用的选举制、集体决策制和会费制度。各地商会采用何种运行机制，取决于商会领导群体的自主选择。而商会领导层选择何种运行机制，主要取决于他们的感知与认识。贵州远离开埠通商地区，工商业者没有与洋商会接触的机会，也没有有识之士对西方商会进行报道、宣讲，商会领导群体没有受到西方商会思想的启蒙，对其运行机制不了解，接触到的只有行会的"公推制""商议制"和经费捐助制。因此，在贵州商会建立之初，直接继承了行会的运行机制。而工商业发达的上海、苏州等地，因开埠较早，与洋商会有直接接触的经验，也有有识之士对西方商会的宗旨、运行机制等进行宣讲、报道，商会的领导人对西方商会的运行机制有一定了解和认识，在商会成立之时，直接采用了西方商会的投票选举制度与任期制度、会费制度和集体决策制度。

随着近代媒介、交通的发展，贵州商会与发达地区商会的联系不断增强，商会领导群体有途径了解上海、苏州的商会运行机制。同时，一些思想进步，富有强大经济实力的工商企业家谋生了执掌商会领导权的意愿和诉求。按照"公推制"推选商会领导人的标准和程序，新兴行业的优秀分子进入商会领导层的希望渺茫，他们就成为"公推制"的潜在破坏者，要求建立一种制度能给他们进入商会领导层提供机会。工商业者进入商会领导层的目的是获得对重大事项的表决权，以实现本行业群体利益最大化。"商议制"一直要商议到"众口一致"，不仅浪费工商业者的时间，也难行使否决权。因此，工商业者要求打破"公推制""商议制"的限制，用一种对所有会员都享有均等机会和更有效率的制度来替代"公推制"和"商议制"。从进入行会领导层的路径看，捐助款额越多越大是基本要件。

第三章　近代贵州商会的运行机制

而在选举制度下，所有会员代表都享有选举权，都有可能获得进入商会领导层的机会，就要求所有会员都要缴纳会费。既然会费是每个会员缴纳的，使用好每笔费用就成为每个会员较为关心的事情。因此，在建立会费制度的同时，要求成立监管机构监管商会的财务及执行委员会的工作。近代贵州商会运行机制的变迁，从某种意义上说，是工商业者权利意识的觉醒，是工商业者承担义务和享有权利对等在商会运行机制中的体现。

近代贵州商会运行机制的演变也是强制制度变迁的结果。自发的制度变迁很难在速度上达到最优，也很难在地区间实现均衡。工商业的发展是商会运行机制变迁的根本原因，但全国各地工商业发展水平不一。因此，商会运行机制的自我变迁在地区上存在差异。为使各地区间的商会运行机制统一，需要政府用强制力量推动。从近代贵州商会运行机制变迁的历程来看，政府起到推动作用。晚清时期是全国商会初建时期，政府在推行商会政策时，为减少工商业者对这一新事物的抵制，要求商会沿用了行会的"公推""商议"等制度。晚清政府构建的商会运行机制给全国各地商会构建运行机制提供了"范本"，使得商会能够在全国各地快速建立和运转起来。对于贵州商会的领导层来说，在建立初期直接采用"公推""商议"、经费捐助等制度，能加快商会建立。

民国初年，商会的数量快速增长，但是，全国各地商会运行机制各异。于是，北京政府开始介入和干预商会运行机制。北京政府把上海商会采用的选举制和任期制、集体决策制和会费制等以《商会法》的形式在全国各地商会中推广，以实现商会运行机制的整齐划一。但是，当时贵州不在北京政府的统治辖区内，选举制、任期制等政令并没有在贵州各商会得到贯彻、执行。因此，在北京政府时期，贵州各商会仍就以行会的"公推""商议"和经费捐助等作为商会的运行机制。

尽管北京政府把商会的运行机制建设推进了一步，但没在监察、财务等方面进行制度建设，导致商会运行机制仍旧不完善。国民党执政后，继续整顿、规范商会运行机制。在继承北京政府推行选举制与任期制、集体决策制度的基础上，加强了对商会内部监察、财务制度方面的规范与建设。在监察制度方面，国民政府要求商会内部建立监察委员会，负责监督和纠察执行委员、执行会员会的决议、会务、经费使用等，同时也纠察职员的错误、职员解任，审查职员是否旷废职务、违背法令、营私舞弊、损害商会利益和声誉等不正当行为。监察委员可能会违规违纪，也要对其进行监察，但对他们的监督由政府进行。监察委员会在选举监事时，区镇商会由县政府、市商会由市政府、特别市商会由社会局派员莅场监督①。财务收支制度建设方面，鉴于北京政府只规定了会员要缴纳会费，但没有规制会费种类和交纳标准，这为商会随意制定费种、缴费标准提供了空间，也为商会收取费用抵制国民革命产生了严重影响。为此，南京国民政府对商会收费进行规制，只能向会员收取两种费用：其一，事务费，由会员比例于其所派代表之人数及资本额负担之。其二，事业费，由会员大会议决筹集之。该规定依照会员代表人数和资本额的多寡来确定会员所负担的费用额，更显公平。对于事业费的规定也更加完善，经费由会员大会议决筹集，即需经会员同意，否则不能征收。

一种制度在向全国推行过程中，以法律形式进行推行不仅具有普遍性，还具有强制力。因此，1929年，执政不久的南京国民政府颁行《商会法》②，以法律的形式要求全国各地商会构建选举制与任期制、集体决策制、监察制以及财务管理制等。1931年，随着南京国民政府统治触角伸入贵州，贵州各商会纷纷建立起选举制与任期制、集体决策制、监督制度、财务管理制度，并把这

---

① 王均安：《商会法、工商同业公会法释义》，第1页。
② 王均安：《商会法、工商同业公会法释义》，第1页。

第三章　近代贵州商会的运行机制

些制度列入商会章程。为了确保商会执行政府规定的运行机制，政府还派员进行监督。例如，安顺县商会第五届四次会员代表大会，列席会议的有县党部、县政府、青年团、直接税局、货物税局等部门的工作人员①。政府工作人员、国民党党员等列席商会的各种会议，实际上是对运行机制进行监督与指导。在商会的日常运行中，国民政府的有关部门还时常检查、监督商会的运行。例如，贵州党部通告本部各人民团体人事由贵阳市党部管辖，吉秘书汉卿随时视察指导本市工商团体工作②。

近代贵州商会运行机制经历"行会模式"向"近代民主模式"的转变，这一转变过程中体现国家介入、干预的烙印。不可否认，国家对贵州商会运行机制的干预，加速了贵州商会运行机制的进步与发展。

二　外部运行机制

近代贵州商会的外部运行机制是指各商会之间的互动。尽管各商会分布于各市、县、镇等行政区，但各商会之间通过各种方式进行互动，把分散在各个地方的商会连接起来，形成紧密的商会网络，生成强大的网络力量，使得商会的影响力与作用扩大。

（一）维护工商业群体的共同利益成为商会间联动的内在基础

商会是工商业者的团体组织，从利益角度看，他们更是一个利益群体。对商会来说，它的利益性源于会员都是工商业者，都以生产或流通商品来获得收入，都以追求最大利润为职业目标③。根据经济学理论，税负过重会直接加重工商企业的经营成

---

① 安顺市档案馆等编：《民国安顺县商会档案汇编》，第6页。
② 《省党部视察指导本市工商团体通告》，1938年，贵阳市档案馆藏，资料号：M430100691/12。
③ 宋美云：《近代天津商会与国内其他商会网络机制的建构》，《中国近代史》2002年第2期。

本，从而导致企业盈利降低。近代中国，历届政府都制定了"激进的税收"政策。抗战之前，贵州工商业者面临各军阀政府的军费与军事物资摊派。抗战开始后，南京国民政府执行战时税收政策，不仅提高了税率，还增设新税种，导致整个工商业界税负加重，工商业者追求利润最大化的目标受到抑制。同时，南京国民政府执行的物资管制、物价管制等政策严重影响了工商业者的生产经营。为了工商业者的共同利益，各商会之间势必加强联络，协调行动。而且，商会的组织系统为各地商会建立联动机制创造了条件，使不同层级的众多商会能够遥相呼应协调一致地开展各项活动[1]。在晚清、北京政府时期，贵州商会形成了总商会—分会—分所的层级系统。国民党执政后，尽管国民政府取缔了总商会。然而，省商会联合会、市商会、县商会、镇商会等组成新的商会网络，为商会展开联合行动创造了条件。

近代贵州商会在各地同时开展抵制不合理的军费及军用物资摊派、税收政策、物价管制、物资管制等活动，给政府造成巨大的压力，迫使政府作出让步或妥协，从而调整政策。比如，贵州商会联动反对征收"临时财产税"。抗战胜利后，全国工商业奄奄一息，国民政府滥发纸币使得工商业者的财产严重贬值。为筹集内战军费，解决财政危机，国民政府于1948年颁布《临时财产税条例》，规定纳税财产包括动产（国币、珠宝、存款、证券、货物、交通工具）和不动产（土地及其附属物、房屋）[2]。"临时财产税"实际上把工商业者作为课税的主要对象，一旦被贯彻执行，工商业者的经济利益将受到损失。因此，"临时财产税"一经颁布，立马激起了各地商会的抵制。6月13日，上海商会致电立法院，请罢议临时财产税一案，理由有三：

---

[1] 朱英:《近代中国商会的"联动"机制及影响》，《史学集刊》2016年第3期。
[2] 《临时财产税条例》，《申报》1948年11月10日第2版。

第三章 近代贵州商会的运行机制

（1）征财产税结果，促使工商破产；（2）目前所谓财富，实集中于少数豪门；（3）多一税目，多一弊害。① 在上海市商会的带动下，各地商会迅速联动起来，在全国各地掀起了抵制"临时财产税"运动。贵州商会也是抵制"临时财产税"的重要成员之一，境内各商会向贵州各地方政府、地方税务局进行抗议，反对征收"临时财产税"②。南京国民政府的临时财产税最终没被执行，与国内商会联动参与抵制有关。

（二）商会的外部运行方式：抵制勒索、联合打假、传递市场信息、通报组织等

近代贵州各商会面临的共同问题之一，就是政府摊派军饷和物资。工商业者经常被军阀政府、国民政府作为军饷和军事物资摊派的重点对象。因此，为应对恶劣的政治环境是近代中国商会之间互动的一个重要因素。当外界政治环境严重地威胁到工商业者群体利益时，需要各商会间互动、合作，扭成一股强大的商会力量，以应对和化解危机。在国民党统治贵州之前，贵州经历了兴义系、桐梓系军阀政府的统治。各军阀执掌贵州政权之时，利用军权频繁向商会摊派军饷，无偿征用工商业者的物资。例如，熊克武率领的川军驻扎在铜仁期间，仅一次就向铜仁商会摊派军饷20万银圆③。又如，周西成执掌贵州省政权时，勒令铜仁商会向各商号无偿征用桐油、棉花、木桶以及部队用的其他生活物资④。再如，贵州总商会存在期间，主要任务之一就是辅助军政府派款⑤。国民党统治贵州后，指令商会向各会员摊派各种款项更加频繁。仅抗战期间的派款就有马路捐、救济捐、修造捐和各种公债。各种派款数量大，且比较频繁，严重影响了工商业者经

---

① 《各方反对财产税案文电》，《财政评论》1948年第18卷第6期，第78—79页。
② 《本会反对征收临时财产税由》，1945年，贵阳市档案馆藏，资料号：M430100480/6。
③ 余宝谦：《铜仁商会简介》，载《铜仁文史资料》第1辑，1984年版，第133页。
④ 余宝谦：《铜仁商会简介》，第133页。
⑤ 冯程南：《解放前的贵阳商会》，第59页。

营、生产及企业扩大规模。为保护工商业者的利益,商会积极抵制政府频繁的摊派物资、军饷、捐款等。仅靠单个商会抵制政府各种摊派的作用甚微,且有可能被政府镇压而失败。为此,贵州各商会联合行动,抵制军阀政府、南京国民政府的物资、捐款等摊派。遵义商会、铜仁商会、安顺商会等纷纷发函贵州总商会,要求总商会联合全省商会共同抵制周西成军阀政府的派款与无偿征用物资。在总商会的号令下,各地商会举行了抵制军阀的勒索活动。一些地区的商会会长甚至直接抗议、拒绝执行军阀政府的摊派和无偿征收命令。在商会间的联合抵制下,地方政府往往会减少派款的数额。例如,遵义商会会长俞界凡、杨德衡在面对军阀勒令摊派捐款时,通过硬顶、软磨、抗争等方式进行抵制,政府最终减少了派款数量①。

为整顿市场秩序,近代贵州各商会联合开展打假活动。近代中国,市场经济发展处于上升期,由于政府在市场监管职能上缺位,市场秩序较为混乱,给不法商人提供了可乘之机。同时,造假能降低生产、经营成本,增加收益。在高额利润驱使下,一些商人、生产者开始参与造假、售假,导致假货横行于各地市场,不仅严重损害了消费者的切身利益,也严重损害了名优企业的经济利益和社会声誉。因此,打击、清除假冒伪劣产品就成为商会的一项重要工作。如只有个别地区商会进行打击假冒伪劣商品的活动,不良商人就会把假货、伪劣商品从打假区转入非打假区,继续生产与销售。要想根除市场上的假货、伪劣产品,只有各地商会联合进行打假活动,才能有效打击不良商家的造假、售假活动,维护市场秩序,保障地区经济持续发展。因此,商会之间往往在打假活动中协作、互动。例如,遵义商会联合正安、鸭溪、团溪等商会查处不良商人用其他地区生产的质量较次的银耳、桐油、菜油、木油等冒充"遵义牌"

---

① 张子正:《遵义商会述略》,《贵州文史丛刊》1987年第2期。

第三章 近代贵州商会的运行机制 ✱

进行销售的活动①。

互通市场信息是近代贵州各商会资源共享的路径之一。在信息传播方式较为落后的背景下，贵州山高路陡的地理环境严重阻碍市场信息的传播，各种工业品、农业产品以及矿业产品的种类、数量、质量等不被其他省的商人所了解，走不进全国各地市场。同时，贵州工商业者也需了解、掌握全国或其他省的产品种类、价格及供求状况等信息。商会间通过互动，促进各地产品种类、价格、数量等信息的传播与共享变得必要。为此，贵州省商会联合会与各县商会之间、县商会与县商会之间、县商会与镇商会之间，通过书信、电报、函件等方式进行市场信息的互动与传播。例如，1941年，贵州省商会联合会制定一套表格分送给省内各县商会，要求收集各县生产的产品，包括工业产品、手工艺品、山货、药材等的种类、数量及产销情况。调查表发出半年后，商会联合会根据各县商会反馈回来产品信息，编制成《图籍集锦》②，分送到黔省各县市商会和它省商会。商会之间传播和互动各地产品种类、价格、数量以及销售状况等信息，有助于降低省内外商人搜寻产品信息的人力、财力成本。生产者、商人掌握市场信息的效率提高，加速贵州农工产品进入各地市场，也有利于民众的生产、生活，推动了贵州全省经济发展。

各商会之间互通商会成立、领导层改选，有助于各商会之间联系和沟通。因此，当商会成立或者进行领导层改选时，通过信函方式及时向其他地区商会以及省商会通报。1943年，遵义商会会长任期满后，进行会长改选，曾仲常当选为遵义商会新任理事长。随后，遵义商会把各委员改选情况、新任理事长的姓名、职业和理事、监事名单等发函给贵阳市商会③。商会间

---

① 张子正：《遵义商会述略》，《贵州文史丛刊》1987年第2期。
② 冯程南：《解放前的贵州省商会》，第104页。
③ 《函送本会理监事履历表请查照由》，1948年，贵阳市档案馆藏，资料号：M430100168/41。

进行彼此互通组织改选信息，有利于各商会之间了解组织改选进展情况，也有利于商会之间在人事改选工作上的相互监督，从而推动贵州商会发展。

（三）商会间联动扩大了商会的作用

近代贵州，各市、县、镇分布着大大小小的商会，各自在所属地域内活动。各商会之间通过书信、电报、互访、函件、联合行动等方式使得分布于各地的商会紧密联系起来，形成一个广泛的商会网络，为工商业者进行全国性或区域性的活动创造了条件。因处于商会网络中的点的位置不同，使得商会网络呈现层级性结构特征。从近代贵州商会网络层级的构成来看，大体由三个层次组成：第一层次是以省商会为中心，各市县商会与省商会之间形成全省性的组组网络，它的特点是联系比较紧密。第二层次是各县市商会之间形成的商会网络，它的特点是联系不够紧密。第三层次是县域商会与镇商会或县商会在各市、县设立的商会办事处之间形成的商会网络，是联系最为紧密的网络组组。这些商会网络尽管层次不同，但它使得分散在各市、县、镇的商会紧密联系起来，形成一个强大的商会网络组织。多层次的商会网络把行使职能所必需的信息渠道、组织信誉、官方支持、合法权威等资源要素收纳于这个多层次化的组织网络之中[①]。近代中国商会的普遍建立，固然与近代中国各届政府提倡商会建设有关，但与它本身的发展壮大也有关。分布于市县镇的各商会通过多层次的网络，为近代贵州商会的存在奠定基础和条件，也是它发挥重要作用和影响力的内在根源。正是因为商会网络，使得只要启动网络上的某一点，整个商会就会联动，继而商会组组具有无限扩张性，产生规模效应，这也是商会的

---

① 宋美云：《近代天津商会与国内其他商会网络机制的构建》，《中国近代史》2002年第2期。

作用和影响力要远远大于行会、会馆的原因。

近代贵州商会网络是贵州工商业经济发展的产物。工商业经济既是贵州商会网络产生的基础，也是贵州商会网络发展、壮大、整合的动力。近代贵州商会网络产生后，无疑对近代贵州经济的发展有推动作用。商会网络形成后，商会收集、传播信息的功能通过各层次商会网络发散出去，越出时空限制，信息流动的广度扩大，从而降低了贵州各地工商业者搜索市场信息的成本。工商业者通过商会网络获得各种经济信息后，快速作出经营或生产决策，促使贸易或生产达到一种有效率的水平。民国期间，仁怀、印江等地区手工业品的生产、贸易发展加快，主要得益于县商会与设置于其他地方的商会办事处把所收集的信息进行互传与分享。

商会网络也降低了整顿市场的成本。美国学者施坚雅把市场划分为乡村市场、镇级市场、县域市场、市级市场、中心市场五个层次。分布于各级市场的商会通过联动，把各级市场连接成一个有机整体，市场主体的力量得到加强。抗战期间，因物资短缺，物价飙升，涌现出一批工商业投机者，他们生产、销售假冒、伪劣农产品和工业品，损毁地区经济声誉。为保障贵州经济持续稳定发展及声誉，商会开始进行打假活动，以整顿秩序市场。投机商人为销售或生产假冒伪劣产品，常常在各级市场上游走。为此，商会间协作，同时在各级市场上开展打假活动，打击制假者、售假者，把假冒伪劣商品清除出市场，达到整顿市场秩序的目的。近代贵州商会在打击假冒伪劣产品方面取得较好效果，主要得益于商会网络发挥的作用。

商会网路在市场信息传播方面的互动以及整顿市场秩序，推动了贵州各地工商经济的发展。工商经济的发展又推动了新的商会建立，继而推动商会网络的发展壮大。

第四章　商会与近代贵州经济

第一节　发展工商业

一　化解民营企业"融资难题"

近代中国，民营企业发展急需的启动、运行资金主要依赖于金融机构放款，"我国普通工商业资本短绌者多，诚非贷款不为功"①。金融业发展与经济发展之间相互影响、相互制约，"金融与经济相辅。盖经济事业必须赖金融而调整；金融事业又必须赖经济以滋长。未有经济事业不发达而金融独能荣昌者；亦未有金融事业不存在而经济独能有长足之进展者。所谓合之则两美，离之则两伤也"②。近代贵州，因工商业不发达，金融业也不发达，"在民国以前，贵州金融事业仅有贵州官钱局一家，民元以迄1935年止，则贵州银行若断若续，为黔省唯一之金融事业。其间，中国银行虽曾于1915年在贵阳设分行，但卒以不堪军阀之强供勒提，于1926年无形停顿。"③ 1935年后，尽管金融机构增加，但截至抗战爆发前，贵州仅有近代金融机构2家，即中央银行贵阳分行和中国农民银行贵阳分行④。抗战

---

① 莹：《对于钱庄信用放款之意见》，1923年9月15日第5版。
② 钱春琪：《贵州金融事业概述》，《贵州企业季刊》1944年第2期。
③ 钱春琪：《贵州金融事业概述》。
④ 周贻春：《抗战三年来之贵州财政与金融》，《经济日报》1940年第1—2期。

第四章　商会与近代贵州经济

开始后，沿海金融机构内迁，国民政府中央银行相继在贵州开设分行，金融机构的数量急剧增多。1938年至1944年，仅在贵阳先后就有上海商业储蓄银行、金城银行、中国银行、交通银行、中国保险公司、太平洋保险公司、农本局、湖南银行、邮政储金汇业局、美丰银行、中央信托局、广东省银行、贵州银行、聚兴成银行、中国银行、亚西实业银行、聚康银行、云南兴文银行、和成银行、云南实业银行、复兴银行、太同银行、昆明商业银行、中国国货银行、利群银行等建立分行①。除银行外，贵阳共有合顺永等钱庄18家，元盛当等典当业9家，但资金微薄，规模不大②。抗战开始后，尽管贵州金融机构发展速度加快，放款宗旨也明确规定为服务工商业，促进经济发展。例如，贵州银行规定："本行放款业务始终以扶助实业，扶助促进地方生产为宗旨，并洛遵紧缩信用迭次昭令，妥慎办理。"③但是，在实际经营过程中，为应对银行业务的高风险性，中国银行业往往在短期趋利的导向下，把经营中心转向经营国债、房地产、替债台高筑的各级政府垫款等高收益领域④，对民营企业放贷较少。即使对民营企业放款，放款期限都比较短，放款额度较低，贷款利息偏高，且抵押贷款的资产较大。例如，贵州银行战时贷款规模较小，发放数量少，期限短；贷款用途只限于解决企业流动资金不足的临时需要，对调剂地方金融、扶助实业发展未能起到应有的作用。至于组织闲散资金兴办大中型工矿生产企业的要求，就更显得无能为力了⑤。大中型企业都很难获得银行贷款，对于风险较高的中小民营企业，各金融机构

---

① 常明明：《贵州经济六百年》，贵州人民出版社2014年版，第271—273页。
② 钱存浩：《贵州金融市场发展简史》，载贵州金融学会等编《贵州金融货币史论丛》，《银行与经济》编辑部1989年版，第68页。
③ 《贵州银行章程》，1941年，贵州省档案馆藏，资料号：M560100691/12。
④ 兰日旭：《近代银行业的银团贷款》，《中国金融》2014年第5期。
⑤ 西南地区文史资料协作会议编：《抗战时期西南的金融》，西南师范大学出版社1994年版，第280页。

更是不愿意放贷，仅有极少数企业获得贷款，且贷款额度也极其少。据1941年《贵州银行概况》记载："本行设立宗旨遵照吴主席指示为地方切实服务，设服务部门代理各方委托事项，举办小额信用贷款，扶助一般小工商业，截至最近止，本行放款余额虽达三百几十万元，但其中十分之六强均属工业放款，于所见本行扶助后方生产建设之苦心，至小额信用贷款本行亦曾特别致力，期于小本工商业能有补助，然以每户所放金额规定至多2000元，故所放总数在放款总余额中为数亦仅占极小部分。"① 尽管国民政府出台政策，要求各银行向中小民营企业放贷，但各银行执行"变通政策"。例如，贵州银行1941年制定的《小额放款章程》规定，每户贷款金额自500元至1000元，分为9级，期限半年，按月平均摊还，贷款利率定为月息12‰，逾期者加收0.4‰利息，低于当时的普通放款利率。执行结果，1941年贷出2.4万元，1942年增为83万元，1943年为93万元，仅占贷款总额的2.8%、1%、1.2%②。可见，无论是大中型民营企业还是小型民营企业，金融机构为规避信贷风险，都不愿意放贷或者说金融机构在民营企业融资中发挥的作用十分有限。

在金融机构不愿贷款的背景下，民营企业发展所需启动、运营资金，只有依靠工商业者及其组织来解决。各个工商企业或多或少都有一定的闲置资金，如能把这些分散于各家企业的闲置资金集聚起来，注入急需融资的企业，不仅可以解决企业的融资困难，还能充分发挥社会闲散资金服务地区经济发展的作用。由于工商业者之间信息不对称，资金需求者很难获得资金所有者的信任，也就很难筹集到资金。商会则可以凭借自身信用为民营企业融资增信。1939年，民营企业家彭佐卿在正安

---

① 《贵州银行本行概况》，1941年，贵州省档案馆藏，资料号：M560100691/10。
② 贵州省地方志编纂委员会编：《贵州省志·金融志》，贵州人民出版社1998年版，第150页。

第四章 商会与近代贵州经济

投资"同袍纺织印染厂",面临资金缺口。正安县商会的领导层了解到彭佐卿的融资困难后,以振兴正安工业为由,号召各会员积极向该企业投资。时任商会常务理事的刘荫慈不仅带头出资,还邀集曹大经等人投资同袍纺织印染厂①。在各工商业者的积极注资下,"同袍纺织印染厂"募集到资金5万法币②。商会号召各会员向面临融资困难的企业注资,化解了企业的融资困难,使得企业得以创办和持续运转,有助于推动地区工业的兴起、发展。会员企业的闲散资金汇集起来进入生产、流通流域,实际上是商会发挥了配置资本的作用,提高了"有限资本"的使用效率。

为化解民营企业"融资难""融资贵"问题,贵州商会的领导层积极参与兴办银行,为工商企业贷款提供便利。商会发起建立银行始于上海。1907年10月,商法大会召开期间,上海商务总会向出席代表提议创办中国华商银行,并拟定了建立银行的计划书:华商银行总资本为1000万元,招募200万股,每股5元,原则上不许外国人附股。在讨论时,上海商务总会代表当场表示认股200万元,广州商务总会代表也表示认股200万元,新加坡、泗水两埠商会代表各认股100万元,还有不少海外商会代表分别认股20万—50万元不等③。此后,上海的同业公会也纷纷建立行业银行。贵州工商业不发达,工商业者资本有限,商会也没有提议建立银行。抗战开始后,贵州工商企业的市场扩大,急需扩大生产或新建企业,资金需求量激增。银行贷款利息之高与仰金融界鼻息之苦,迫使贵州商会的领导层积极参与兴办银行。1939年,贵州省政府宣布官商合股兴办贵州银行,商会的领导人积极响应。1940年1月,贵州银行组织筹备委员会成立,财政厅厅长周诒春为主任委员,何辑五、

---

① 《解放前的正安县商会》,第31页。
② 《解放前的正安商业》,载《正安文史资料》第3辑,1986年版,第74页。
③ 参见徐鼎新、钱小明《上海总商会史1902—1929》,第109页。

赵宗簿、钱春祺、戴蕴珊等为委员，钱委员兼任总干事，综理本会各项事务①。到1941年6月7日，贵州银行成立。在贵州银行成立初期，商股较少，普通商股主要是戴蕴珊等8人持有，合计16.2万元，占324股②。1943年，贵州银行开始增资，商股增加，伍效高与赖永初分别投入1200股与1060股，以刘熙乙为代表人的永岸盐号则从800股增至2800股，赖贵山、帅灿章、孙蕴奇等亦由原来的328股增至2081股③。这些持有贵州银行大量商股的商人，分别任贵州各商会的理事、监事。商股的增加，官商股比由1941年67.3∶32.7转变为40.3∶59.7，官、商股的比重由3∶2变为2∶3，商股超出了官股份额的三分之一，理事会再次改选，帅灿章、孙蕴奇均被推为理事，赖永初接替戴蕴珊任监事④，这实际上是商会领导人执掌了贵州银行的管理权。商会的领导人通过参股掌控了贵州银行后，积极为民营工商企业贷款提供便利，银行向工商业放款逐渐增多。1941年12月，贵州银行放款额为国币383万元，其中工业放款达243万元，占放款总额的65%，投放商业者占34%⑤。1942年，贵州银行向小微企业发放贷款，"小额放款一项原为扶助一般小本工商业，借以安定社会生活起见，此项借款每户之最高额原为2000元，本年度因物资飞涨，小本经营不易，特增为3000元一户，以资扶掖。截至12月底，总额共达23.6万元之多⑥。"

以商会名义向金融机构申请贷款是商会化解民营企业"融资难"的另一措施。贵州不产棉，纺织业所需原料依赖周边省

---

① 参见郑猛《民国时期贵州银行变迁概述》，《贵州社会科学》2016年第2期。
② 参见郑猛《民国时期贵州银行变迁概述》。
③ 金戈：《记抗战后的贵州银行》，载徐朝鉴主编《抗战时期西南的金融》，西南师范大学出版社1994年版，第277页。
④ 金戈：《记抗战后的贵州银行》，第277页。
⑤ 《贵州银行概况》，1941年，贵州省档案馆藏，资料号：M560100691/8。
⑥ 《贵州银行概况》，1942年，贵州省档案馆藏，资料号：M560100691/10。

份供给。其中，湖南省为重要来源之一。抗战期间，国民政府对棉花、棉纱进行管制，棉花自由流动受到抑制。贵州棉纺织业所需花纱需到湖南采购。因花纱管制，采购花纱需向政府申请审批，运销过程中还需接受层层检查，导致采购成本增加。因此，花纱经营者提议一次性、大规模采购。抗战期间，花纱涨价，采购规模又大，必然要求花纱经营者出具大量资金，但自有资金有限，需得向金融机构贷款。为此，商会以自己名义为花纱经营者向银行申请贷款。商会拥有较强的社会信用，向银行贷款时，往往获得银行授信。例如，1943年，贵州省商会联合会为黔省花纱经营者争取到贵州银行贷款，解决了工商业者去湖南采购花纱的资金困难①。

二 创办电厂

19世纪末，特斯拉发明交流电机，电力工业应运而生，人类由蒸汽时代跨入电力时代。此后，电力成为推动各国国民经济发展的重要引擎，也彻底改变了人类社会的生活方式。1873年，法国巴黎建立了第一个发电厂，标志着世界电力时代到来。1882年，美商电力公司在上海成立。此后，"英、法、俄、德、日、比等国商人在其政府支持下，于我国沿海、沿长江商埠、城市，集资开办电灯厂（公司），经营电力事业。这时期，上海、香港、大连、天津、北京、青岛、广州、旅顺、沈阳以及汉口等18个城市，相继建了26座电灯厂"②。在外资电力企业的带动下，一些地方政府开始兴办电力工业。光绪十四年（1888）7月23日，两广总督张之洞从国外购入1台发电机和100盏电灯，安装在总督府旁发电，这标志着中国人自办电力企业起步，也是政府提供近代电力产品的起点。电力是一种新能

---

① 《贵州全省商会联合会民国三十二年四五月份工作报告》，1943年，贵阳市档案馆，资料号：M430100121/1。
② 黄晞：《旧中国电力发展史略》，《中国科技史料》1885年第3期。

近代贵州商会研究

源企业,用途广泛,盈利丰厚,上海的一些大商人开始创办电厂,较大的有闸北水电公司、华商电气公司、浦东电气公司等。

与全国相比,贵州电力工业起步较晚,直到1926年,执掌贵州省政府大权的军阀周西城在贵阳创办贵阳电灯局。因投入资金有限,电厂规模较小,供电能力较弱,到1939年供电量才达到670千瓦①。除政府创办电厂外,也有商人创办电厂。1927年,桐梓县商人通过入股筹资方式创办启明点灯公司②,是贵州县域中创建最早的电厂。到1929年,启明点灯公司向桐梓县内的政府机关、团体、县城内外居民供电达到五百余盏。然而,贵州大多数市、县,因地方财政困难没有创办电厂,也没有私人涉足电力工业。因此,直到抗战前夕,贵州的电力企业屈指可数。

抗战开始后,沿海工商企业、人口内迁贵州,市场扩大,对贵州各地的工商企业者来说,运用电能提高生产效率,延长商业经营时间变得很迫切。在地方政府无财政资金创办电力企业的背景下,各地商会积极行动起来,以商人组织的力量创办电力企业,提供电力品供给。

从近代贵州商会兴办电力企业的方式看,可以分为两类:一类是由商会直接投资兴办。遵义福利电厂就是这一类。遵义是黔北地区的商品集散中心,商业较为发达,晚上也会营业一段时间。在电力企业产生之前,晚间营业主要依靠煤油灯、马灯等来照明,照明效果有限,严重制约了商业经营。因此,遵义商会决定创办电厂来向工商企业、居民供电,以提升企业生产效率、改善商业的经营环境,方便老百姓生活。商会只是一个服务组织,缺乏投资电厂的庞大资金。鉴于此,商会决定以会员认股的方式筹集投资电厂所需资金。时任商会会长的曾仲

---

① 奚长年:《解放前夕贵阳电厂的护厂斗争》,载《贵州工商史料汇编》第1辑,1985年版,第148页。
② 令狐荣生:《桐梓启明点灯公司》,载《遵义民国工商金融》,2008年版,第8页。

第四章　商会与近代贵州经济

常向各同业公会倡导建立电厂,号召各同业公会积极认股。到1944年,经过商会领导的各种努力,筹集到建厂资金1万元,遵义福利电厂开始开工建设①,到1945年,电厂开始供电,只能向每户供电25瓦,总计360户②。另一类是商会委托委员投资电力企业。安顺自用电灯消费合作社就是商会委托委员创办的。安顺扼滇黔交通孔道,手工业发达,商业繁盛,居民稠密。抗战期间,沿海的工商企业、人口内迁安顺,急需用电。安顺商会委托委员孙起延、景厚安创办安顺自用电灯消费合作社③。从企业的性质上来说,该电厂属于私人合资。因合资人较少,资金有限,该电厂发电设备较少,仅有一部发电机以及少量灯线、电缆、灯泡等。因此,该电厂发电有限,供电量更少。

近代贵州,尽管仅有遵义、安顺等地商会创办了电厂,供电量也有限,以提供居民商业用电为主,但开创了贵州商人组织创办电厂的先例。商会组组规模大小及商会是否参与创办电力企业制约着社会资本提供公共产品的规模、数量。与上海、苏州等地商会相比,贵州商会的规模小得多。因此,贵州商会创办电厂在补充了地方政府在电力工业建设上的贡献有限,但不可否认,电力工业的产生为遵义、安顺等地工商业发展注入了新的能源,商户可以通过电灯照明来延长营业时间,企业可以运用电能作为生产动力,提高生产效率。

总之,商会创办电厂促进了地区经济的发展,改善了居民的生活方式。

三　参加博览会以推广贵州工业品

近代博览会滥觞于工业革命前,后成为促进各国商品经济

---

① 曾仲常:《筹建遵义福利电厂的经过》,载《遵义文史资料》第13辑,1988年版,第171页。
② 肖景容:《解放前的遵义福利电厂》,载《遵义文史资料》第13辑,1988年版,第212页。
③ 朱文藻:《原安顺县商会史略》,载《安顺文史资料》第3辑,1985年版,第28页。

* 近代贵州商会研究

和市场发展的重要推动力之一，对世界各国的贸易和文化产生了深刻的影响。举办博览会对振兴国家和地方的经济、推动城市开发、在社会各个领域普及高新科学技术和先进产品，促进国际间的交流和搞活国内企业，发展生产力等方面都具有极大的作用①。因此，近代以来，各国或地方政府都纷纷举办博览会。根据规模大小，可划分为国际博览会和国内博览会。近代中国参与国际博览会始于晚清，发展于北京政府时期，兴盛于南京国民政府时期。从贵州参与国际博览会的实践过程看，最早是1915年贵州总商会征集全省产品参加巴拿马太平洋万国博览会。在此届博览会上，贵州参展的商品获得大奖章1枚，金奖章4枚，银奖章9枚，铜奖章7枚②。近代中国举办博览会始于20世纪初，在振兴实业的背景下，中国数次举办全国性的博览会。1906年，成都举办商业劝工会。1909年，武汉举办劝业奖进会。1910年，南京举办南洋劝业会。为让全国各地的商品都来参展，举办方在举办博览会时，都会发函给全国各地商会，征集工业品、土特产品参展，商会也会积极举荐产品。例如，1947年11月，全国博览会在南京举行，贵州省商会联合会在全省范围内征集了仁怀茅台酒、大方漆器、织金石砚、玉屏箫笛等产品参展③。贵州商会不仅参与国内外博览会，也积极参与举办博览会。1923年12月25日，贵阳举办第一次物品展览会，以"改进农工商各业为宗旨"④。在博览会上，贵州商会不仅积极征集产品参展，也积极参与博览会的举办。1930年，贵州省政府举办贵州实业展览会，省内各商会积极组织会员及产品参加，贵阳商会还亲自参与举办该次博览会⑤。在博览会上，专业

---

① 王天平、丁允朋：《博览经济与博览设计》，上海人民美术出版社2003年版，第20页。
② 于定一：《知非集》，华北印书馆1925年版，第25页。
③ 冯程南：《解放前的贵州省商会》，第104页。
④ 秦光地：《护国纪念贵州第一次物品展览会章程》，《云南实业公报》1923年第17期。
⑤ 梁云星：《民国时期贵州全省实业展览会情况》，载《赤水文史资料》第7辑，1992年版，第70页。

第四章　商会与近代贵州经济

人员、同业人员对参展产品进行评比、评优，评选出名优产品，以此激励工商企业改进技术，提升产品质量，推动企业发展。例如，赤水商会推荐的产品在贵州实业展览会上获得4个特等、5个甲等、6个乙等①。

商会选派产品参加博览会，参与举办博览会，为贵州实业的振兴，经济的发展起了两方面的作用：一方面，提高了本省产品的知名度，拓展了市场空间。在信息传播媒介不发达的情况下，参与博览会，展示产品，为外商了解产品提供平台，在一定程度上发布、宣传了贵州的产品，增强贵州产品的知名度，促进销量增加、销售区域扩大。茅台酒是近代贵州出口的大宗商品之一。在参加博览会之前，恒兴酒厂所产茅台酒主要在川、黔等地销售。参加博览会后，销售地区扩展到了汉口、广州、长沙以及上海等地。到抗战胜利后，销售区扩展到全国。随着销售区域扩大，销量增加，仅在1946—1947年，恒兴酒厂在上海的销量就达2万多斤②。另一方面，商会组织企业参加博览会、展览会等，通过展评，能使本省工商业者认识到贵州产品与其他地区、其他国家产品的质量差距，促使本省工商业者改进生产技术，提升产品质量，提高贵州产品的市场竞争力。

四　免费向会员提供商业信息

马克思认为："商品流通是资本的起点。商品生产和发达的商品流通，即贸易，是资本生产的历史前提。"③ 商品流向何地，商人首先要获得目的地该商品的市场价格、需求量大小等商业信息。在近代中国，随着市场经济发展，市场主体增加，市场竞争加剧，市场主体获取市场信息越快、越全面，越在市场竞争中处于主导地位而成为赢家。为获取商业信息，大公司或行

---

① 梁云星：《民国时期贵州全省实业展览会情况》，第85页。
② 《贵州茅台酒史》，载《贵州文史资料选辑》第3辑，1979年版，第128页。
③ 马克思：《资本论》第1卷，人民出版社1975年版，第167页。

号则雇用人力，深入各地各级市场收集商品价格、供求状况等信息。大公司或行号经济实力雄厚，搜索商业信息的成本因规模较大则降低。对大多数中小企业或个体工商业者来说，亲自深入各地市场搜索、整理和分析信息，会产生时间、物力、人力等方面的费用，从而提升产品的成本，导致产品售价较高，在市场竞争中缺乏竞争力。免费、快速获取各地市场上的商业信息，就成为工商业者的共同愿望。作为工商业者组织的商会，依靠商会网络，收集各地市场上的商业信息则比较具有优势。为此，贵州商会成为商业信息的收集者与传播者。从商会收集与传播市场信息的路径来看，可以分为两种：一种是通过在各区域市场设立的商会办事处，由办事处工作人员负责收集所在地畅销商品的名称、种类、价格涨跌、市场供求状况等信息，再把收集到的信息通过各种媒介分传至商会及各办事处，实现市场信息资源共享。例如，印江商会的各办事处积极收集所在地市场的棉纱、棉花、棉布、百货等工业品的花色、品种、质量、价格等信息，同时也积极收集本地出口到商会办事处所在地的土白布、油布、雨伞、桐油、茶油、白皮纸的价格、销售状况等信息，并通过电话、电报及书信等方式，及时把收集到的信息传递给县商会以及其他办事处[①]。为便于会员查询、了解商业信息，商会还把收集到的信息编制成"商品信息菜单"或者信息壁报。例如，水城县商会则通过长期举办商品信息壁报，发布外地商业行情和本地物资价格涨跌等信息[②]。另一种是省商会联合会与各县市商会之间形成的商业信息传播网络。国民党统一全国后，用省商会联合会取代了总商会。商会联合会成为省域商会网络的中枢，也是全国商业信息汇集与分散中心。1941年，贵州省商会联合会成立后，成为市场信息与商业信息

---

① 田儒璋：《解放前的印江商会》，载《印江文史资料》第3辑，1991年版，第32页。
② 颜绍尧、马光旭：《水城县商会概况》，第67页。

第四章　商会与近代贵州经济

汇集、散射中心。为收集贵州各地土特产、工业产品的种类信息,省商会联合会制定一套表格,分送省内各市县镇商会。各市县镇商会把属地所生产的工业产品、手工艺品、山货、药材、土产等的品种、产销情况,按要求填报、登记,并通过书信反馈给省商会联合会。省商会联合会根据各地反馈回来的商业、产品信息,编制成《图籍集锦》①,并分送到各县市商会,供当地工商业者查询。从商会通过商会网络来收集、传播信息的路径来看,各商会及其办事处把属地的市场信息收集于商会内部,然后依靠商会网络来实现市场信息的传播与共享。与个人、企业等收集、传播商业信息相比,商会传播商业信息量大,传播速度快,传播媒介多等特点,这有助于降低收集、传播信息的成本。会员通过属地商会或办事处就能快速了解到各地市场的商业信息,大大缩减了会员搜索商业信息的时间成本。

商会还借助近代传媒——《商报》来传播商业信息。近代贵州商会在创办商报后,刊载的重要内容之一就是各种商业广告和商业信息。例如,1947 年 10 月 17 日,《贵阳商报》刊载了上海兄弟服装店的产品广告:"运到时装衣料多种,欢迎光顾选购比较",地址:中央商场内 26 号②。同日,《贵阳商报》刊载了贵阳市场上的火柴、肉、五金、电料、煤炭等商品的价格涨跌行情③。《贵阳商报》在贵州市县级市场上都有销售。各地工商业者通过购买商报或者在当地商会阅览商报,就能掌握各地市场的商业信息。商人掌握各地供求状况,物价涨落等信息后,及时把商品运输到目的地,获取商业利润。生产者或企业则根据市场需求信息,调整或收缩生产规模,或转型生产市场上紧俏商品,从而在市场竞争中占据主导地位。民国时期印江县所产的土白布、油布、雨伞、桐油和白皮纸,在黔东北等地

---

① 冯程南:《解放前的贵州省商会》,第 104 页。
② 《上海兄弟服装店广告》,《贵州商报》1947 年 10 月 17 日第 2 版。
③ 《贵阳行情一览表》,《贵州商报》1947 年 10 月 17 日第 1 版。

销售较好①，主要得益于印江商会及时向会员传递了黔东北地区对印江产品的需求信息及价格信息。

五 为工商业者申请减税

工业化以后，近代税收体系由农业税向工商税演进，政府在工商税种、税率等方面进行拓展与构建，以提高政府财政收入。税率高、税种多就意味着纳税人既得收入减少。对于工商业者来说，税负重就得把盈利中的一部分用来交税，用于消费或生产、经营或扩大再生产的资金就会减少。近代贵州，无论是军阀政府还是国民政府，为筹集军费都新增税种与提高税率，给工商企业带来沉重的税负负担。商会作为商人利益之集体代言者，在事实上具有"纳税人团体"的属性，在政府的税政实施和商人的税权表达方面均担负重要角色②。对于合理的税收，商会都积极协助各届政府征收。但为保护工商业者利益，维持工商者的生产、再生产，当遇到政府不合理的税收政策或税额摊派时，商会就会向政府表达减税、免税、废税诉求，力争减轻工商业者的税负负担。

战争、水灾等会给工商企业造成重大财产损失，工商业者则希望政府减税。1939年2月4日，日本出动18架飞机轰炸贵阳，向市区投弹129枚。炸弹爆炸引发火灾，受灾户达到两千多家，死伤五六百人③，大多数是工商户。受灾的工商企业的厂房、机器设备、原材料、商品等被烧毁、毁坏，损失惨重。例如，鲁丰工厂损失财产5000元，厂房损毁9间④。又如，建华

---

① 田儒璋：《解放前的印江商会》，第32页。
② 魏文享：《沦陷时期的天津商会与税收增收——以所得税、营业税为例》，《安徽史学》2016年第4期。
③ 冯程南：《解放前的贵阳商会》，第67页。
④ 贵州省档案馆编：《贵州省抗战损失调查》上，中共党史出版社2010年版，第271页。

第四章　商会与近代贵州经济

营造厂厂房全部被炸毁，财产损失达 2 万元①。然而，贵阳县税务局却不顾工商业者遭受损失，仍旧按照受灾前企业资本额征收所得税，这是极其不合理的。受灾的工商业者呼吁贵阳市商会向贵州省政府请求减免税收，并给予贷款。后得到贵州省省长吴鼎昌的口头答复，并指示贵阳市商会调查并汇报。贵阳市商会调查显示，此次火灾造成动产和不动产损失约值 1410 万元，死亡人数约计 1900 人②。其中，颜料杂货同业公会捐失 6.25 万元，酱酒业公会损失 3.357 万元，洋杂货业公会损失 165 万元，堆栈业公会损失 4.62 万余元，糖食海味业公会损失 7.72 万元，商办汽车业公会损失 2.524 万元③。贵阳商会把商户受灾情况作了详细调查后汇报给政府，请求给予减税，获得批准后，税务当局为受灾商户减免了税收。

为工商业者争取免税是商会保护工商业者的另一措施。抗战期间，贵州地方税收部门为节约管理成本，没有对工商企业的实际盈利收入进行核查，而是依据同业公会提供的会员名册上标注的资本额进行所得税的核算与征收。1944 年，贵阳市税务局依据粮食业公会所造会员名册上的资本额对粮商王洪顺核算所得税税额，并征税，这种核算所得税税额方式没有考虑到经营户的实际盈利情况，不符合所得税征免标准。按照所得税免征条件，王洪顺应免交所得税。于是，王洪顺请求贵阳市商会函请贵阳市税务局免征 1944 年所得税。贵阳市商会对王洪顺的经营及盈利情况进行了调查，应在免交所得税之范围，向贵阳市税务局提出申诉，贵阳市税务局进行了核查，免征了王洪顺 1944 年所得税④。

---

① 贵州省档案馆编：《贵州省抗战损失调查》上，第 271 页。
② 蔡森久：《"二·四"轰炸给贵阳人民造成的损失和灾难》，载《贵阳文史资料选辑》第 6 辑，贵州人民出版社 1980 年版，第 187 页。
③ 《二·四轰炸受灾商民请求救济》，1939 年，贵阳市档案馆，资料号：M430100054/5。
④ 《粮商王洪顺等请求免税复请查照转办》，1945 年，贵阳市档案馆藏，资料号：M430100072/23。

✱ 近代贵州商会研究

商会为维护工商业者的经济利益，积极抵制新税种的开征，抵制不合理的税负摊派。抗战期间，为应对抗日经费急剧上涨以及政府的各项公共支出，通常会增设新税来增加财政收入。新税一旦被执行，工商业者税负定会加重。当政府试图开征新税时，商会会积极抵制。为获得社会舆论对工商业者抵制政府开征新税的支持，商会常常借助自己创办刊物作为抗诉政府新增税种的舆论阵地，把新税刊载在商报上，迫使政府妥协而停止开征新税种。例如，1944年，《贵州商报》刊载了贵阳市政府征收"肉税"消息[1]，立即在社会上产生广大影响，贵阳工商业者积极参与罢工、罢市。贵阳市政府认为《贵州商报》乱发"肉税"消息，被处罚停刊三日。商会对政府官员随意摊派税额或税务局不按照纳税标准进行征税进行了抵制。例如，1944年，遵义税务局局长罗绳安把本应由其他县承担的所得税税额强制分配给遵义，遵义工商业者的税负加重。为保护工商业者利益，遵义商会不断与政府有关部门进行交涉，试图取消不合理的税负摊派[2]。

抗战胜利以后，商会就会积极呈请政府废除战时税收政策，修改税则。抗战胜利以后，内迁入黔的企业、机关、学校迁回原地，导致市场萎缩，工商业一蹶不振，急需政府减轻工商业者税负，促进经济复兴。然而，国民政府继续执行"战时税收政策"，鉴于此，商会积极呈请政府废除"战时税收政策"，并给工商业者贷款：①请将战时过分利得税废除，营业税酌量减轻为百分之一，以减轻负担。②并予以工商贷款10亿元，以资调剂。③废除管制，废除原料重税，以苏商团[3]。贵阳市商会向政府呈请废除战时税收政策的诉求，因内战爆发而破灭。内战

---

[1] 《贵州商报言论失察一案令仰遵照处分具报》，1948年，贵阳市档案馆藏，资料号：M130100092/1。

[2] 张子正：《遵义商会述略》，《贵州文史丛刊》1987年第2期。

[3] 《救济筑工商业》，《贵州日报》1945年10月5日第3版。

第四章　商会与近代贵州经济

爆发后，国民政府为解决发动内战的军费问题，新增税种，提高税率。为此，贵州工商业者承担的税种越来越多，税率也越来越高。商会及同业公会代表工商业者纷纷抗诉政府税收政策。例如，1947年，贵阳市商会召开理监事联席会议，讨论纳税问题，请求税局减轻负担，并希望纳税方法采取集体申报，以资裕税便民[①]。针对所得税过高问题，贵阳市商会函电财政部及云贵区直接税局，希望免除六倍之巨款[②]。为配合商会减税行动，各同业公会也纷纷向贵州税务局抗诉，甚至向国民政府经济部提起诉讼。1947年，贵州烟草业公会抗诉贵州税务管理局对烟草加倍征收统税，未得到批准后，向国民政府经济部提起诉讼，然经济部批复"贵税务管理局对烟草加倍征收统税是在法律所容许范围内，断贵州烟草公会不得提起诉讼"[③]。

商会领导还积极利用参与政府会议的机会来表达减税、废税诉求。1949年10月，贵州省省参会举行税务座谈会，邀请商会领导出席会议。贵阳市商会的理事、绸缎业公会会长张荣熙等人在会上提出："黔国税预算过大，货物之种类品目过多，几乎无所不征，商民实难以负担，希望明定种类及起征点以减滋饶。"[④] 商会领导的"废税提议"获得政府批准，政府减轻了税额，废除了一些税种。例如，取消屠宰附加捐，并对屠宰税进行修改：①凡屠宰牲畜，无论自用或出售，均应征收屠宰税。②屠宰税从价征收，税率最高不得超过百分之五。③屠宰税如有隐匿私宰，逃漏税款情事，除追缴纳税外，并按其应纳税款处以1—5倍之罚款[⑤]。

总之，商会为获得政府认可和合法性，积极协助政府宣传

---

① 《贵阳市理监事联席会议》，《贵州商报》1947年4月15日第4版。
② 《估缴所得税问题，市商会呈请》，《贵州商报》1948年5月20日第3版。
③ 《为诉愿人贵阳卷叶工业同业公会不服财政部核准贵州税务管理局加倍征收烟叶统税处分乏提起诉愿由》，《行政院公报》1945年第7期。
④ 《黔国税预算过大，商民实难以负担》，《贵州商报》1949年10月27日第4版。
⑤ 《屠宰税法，府令修正公布》，《贵州商报》1946年12月24日第2版。

税收政策，协征各种税收，辅助新税推行。但是，商会作为工商业者利益之集体代言者，当税率过高、税种过多，工商业者税赋过重时，商会也进行了抗诉、抵制。

第二节 振兴乡村经济

农业是国民经济的基础，发达的农业能为工业提供原料，为工业品提供广阔的市场，为商业提供交易品。在鸦片战争后，贵州被卷入国际市场，农产品销售的空间扩大，采用科技育种、种植经济作物是推动贵州农业发展的关键，也能降低贵州工业发展的原料成本。因军费政府在发展农业上无所作为，导致在抗战之前，贵州农业仍然较为落后，具体表现为：种子未经科技育种，农作物产量低；粮食自我供给不足；纺织业所需原料主要依赖外省供给；农村经济结构单一，农作物与经济作物比例不合适，经济作物主要是鸦片和土烟，适宜贵州种植的烤烟、桐油等工业原料没有得到推广种植，农业潜在产能没有得到有效发挥。抗战开始后，贵州成为抗战的大后方，农业发展不仅关系到民生，也关系到中国抗战局势走向。

一 采集农村经济信息以辅助政府制定合适的农村产业政策

近代贵州商会在农村进行了高频率和大范围的信息调查及采集。这些信息调查或采集有些是奉贵州政府的指令进行的，有些是应工商业者的需要进行的，有些是应其他省商会的请求进行的。调查内容涉及贵州境内农产品的品种、产量、价格，基层市场度量衡，农村典押借贷习惯等。其中，抗战期间农村初级市场上的物价信息采集是商会调查、采集的重点。省商会联合会依靠分布于各镇、县的商会，对基层市场上各种农产品的价格进行调查、统计，为政府制定限价政策提供"基础"数

第四章 商会与近代贵州经济

据。例如，1942年2月，贵州省政府函省商会联合会转函各县市镇商会"调查各种布的价格"①。各商会对关系民生的布、米、油、肉以及煤炭等生活物资的价格进行定期采集，并呈报给政府。例如，1943年3月11日，大定县井镇商会奉政府之命令调查该镇市场上流通的农产品的价格，调查结果为米每斗价国币340元，菜油每斤价国币30元，猪油每斤价国币28元，煤炭每百斤价国币40元，洋布每尺价国币80元，土布每匹价国币480元②。又如，赤水县土城镇商会呈报的1944年6月物价调查数据：白米每斗2500元，猪肉每斤75元，菜油每公斤100元，窄土布每尺50元，猪油每斤140元③。

农村典押习惯是商会调查农村经济信息的另一重要内容。抗战期间，国民政府司法部和经济部联合制定典当业习惯法规。要制定出合乎中国国情的典当业法规，就需要了解、掌握各地典押当的风俗习惯。我国疆域辽阔，典押习惯互殊、典押情形各异，特别是广大农村中的典当习惯，更是各地各俗。因此，调查、统计各地典当业习惯是一项复杂工作，仅依靠政府行政部门、司法部门来完成，难度大、耗费时间长。为尽快收集到农村的典押习惯，贵州省法院利用商会网络对境内的典当业习惯信息进行采集与统计。例如，贵阳法院委托贵阳商会调查贵阳市行政区内的典、当、押等的习惯材料④。接到法院指令后，商会把调查典当业习惯的函件转发给典当业公会，由该公会对开设当铺的手续、当押期限、典当物品的保管、违期后典当物的处理、当期利息等问题进行了调查、统计，并转经商会呈报给贵阳法院。1941年，贵阳市当商业同业公会对贵阳市及其周边的典当押行业的习惯、习俗进行了信息采集、统计，贵阳地

---

① 《贵阳市商会函调查各种布尺价格》，1942年，贵阳市档案馆藏，资料号：M430100511/1。
② 《函送物价表二份》，1943年，贵阳市档案馆藏，资料号：M430100307/4。
③ 《土城物价证明书》，1944年，贵阳市档案馆藏，资料号：M430100365/25。
④ 《调查各地当押业情况》，1941年，贵阳市档案馆藏，资料号：M430100157/1。

区的"当期"有三种，分为 24 个月、13 个月、10 个月，典当押期间的月息为二分五厘，期满后未赎完之物件，由当铺变卖肆本①。

商会对各地物价、度量衡器、交易习俗等商业信息的采集和呈报，为贵州地方政府制定物价管制政策、地方交易法规提供了数据信息及材料支撑，使得政府制定的物价政策更加合理；法律法规更贴近民情，也降低了国家、贵州政府了解基层市场物价信息的成本；也为本省、外省商人了解贵州有关各地的市场交易习俗、物产分布、物价、产量等信息提供便捷通道，从而减少商人搜寻这些信息的成本，加速了农村产品流动，继而促进了贵州农村经济发展。

二 推广良种及经济作物以助推农业结构转型升级

近代，西方农业科学技术传入中国，科技育种及推广良种成为推动农业发展的关键。抗战之前，各军阀忙于争夺地盘，对科技育种及推广良种不重视。抗战之初，主政贵州的吴鼎昌以"革新贵州农业，繁荣农村经济，增进后方生产，加强抗战力量"② 为推进贵州农村经济发展的方针。1938 年，贵州省政府组建了省农业改进所，负责农业品种改良，相继培育出水稻、棉花和烤烟等良种。水稻良种有黔农 2 号、28 号、7 号、10 号，黔纯 365 号、2363 号、4247 号、5122 号、456 号等。棉花良种有美棉早熟小铃短绒种、圆形棉铃短绒种、大铃长绒种。烤烟良种有美烟良种"弗吉尼亚""山东黄金"等。作物良种只有在农村推广种植才能发挥提高农业产量、质量的作用。鉴于此，1944 年 1 月，贵州省政府颁布《贵州省农业推广实施办法》规定，本省农业推广"以扶助农民、公私机关、团体发展农业生

---

① 《开具当押业习惯表请查收》，1941 年，贵阳市档案馆藏，资料号：M430100157/2。
② 皮作琼：《贵州省农业改进所两年来工作概况报告》，1940 年版，第 1 页。

第四章 商会与近代贵州经济 ✱

产为目的","以技术指导、材料供给及兽疫与植物病虫之防治为范围","依地方行政、气候土宜、农业习惯、人民需要,以区域试验、农田示范与实施推广三步骤分区次第进行"。① 根据政府的安排,作为社会团体的商会应参与推广农业良种。烟叶、棉花、桐油等经济作物良种的推广种植,能为日益发展壮大的贵州工业就地提供原料,降低企业生产成本。因此,商会成为农业良种积极推广者。在推广粮食作物良种方面,商会主要是协助政府运输良种种子、协助政府机构向农民分发种子。例如,贵阳市商会协助政府运输小麦、稻谷良种去遵义、毕节②。又如,土城镇商会协助农业推广所分发小麦良种③。在经济作物良种推广方面,商会免费向农民提供良种种子,派人学习良种种植技术后给农民提供指导,向农民放款,收购、深化深加工美烟、美棉等。例如,安场镇商会号召汇丰泰商号积极向农民提供烟种④。安龙商会组织人员去烤烟基地学习种植技术,积极号召当地农民种植烤烟,并给种植户提供技术指导,号召本地工商业者投资烤烟工业,促进烟叶加工⑤,确保农民种植美烟无售卖之忧。

商会积极推广作物良种及经济作物,贵州农业发生了三大变化:第一,农作物的产量大大提高。籼粳稻、糯稻、高粱、小米、玉米、大豆、甘薯等亩产量均高于13省的平均产量⑥。粮食自给能力增强,改变了贵州粮食长期以来依靠外来供给的局面。美烟弗吉尼亚种产丰质佳,每市亩平均产量227市斤,比贵州土

---

① 《贵州省农业推广实施办法》,1944年,贵州省档案馆藏,资料号:M620200310/6。
② 《贵阳市商会民国二十九年工作报告》,1940年,贵阳市档案馆藏,资料号:M430100318/23。
③ 《土城镇商会分发小麦种子》,1948年,贵阳市档案馆藏,资料号:M430100168/31。
④ 《正安商会推广美烟》,1947年,贵阳市档案馆藏,资料号:M430100168/16。
⑤ 《安龙商会派员学习美烟种植》,1944年,贵阳市档案馆藏,资料号:M430100168/34。
⑥ 许峰:《论抗战时期贵州农业技术下乡之路》,《农业考古》2016年第3期。

烟品种（每市亩产108市斤）高出一倍以上。"'施秉美棉'皮花产量较农家品种增产百分之十至三十，'施秉四六五号美棉'皮花产量较农家品种增产百分之十五至三十五，以上两品种纤维长度均在一英寸左右。"①经济作物良种被推广种植，大大提高了产量，各种经济作物产品除满足本省需求外，还供给国内其他地区。贵州由烤烟的需求地转变为产地与供给中心之一，在全国经济中的地位上升。例如，贵州烟叶年产量达200—300吨，除供给西南四十余家卷烟厂需求外，还运销香港、广州、上海、汉口等地，成为贵州"出口货的大宗"②。第二，经济作物的广泛种植，推动了卷烟、棉纺织工业的发展、壮大。美种烟叶经过烘烤调制，烟叶呈浅柠檬色，烟味醇和芳香，燃烧性极佳，可制上乘卷烟。经济作物的推广种植为工业发展提供充足的原料，贵州烟草、纺织等工业发展加快。1938年，贵州只有贵州烟草公司一家机器卷烟，到1945年，增加到7家机器卷烟③。手工卷烟也因原料丰富而快速发展。1941年，有手工卷烟厂17家，到1944年增加到45家④。"贵州烟草事业之迅速发展，全赖美种烟叶引种之成功"⑤，这表明美烟的推广种植促进了贵州烟草工业的发展壮大。纺织业也因棉花的推广种植获得较快发展，纺织厂数量快速增长。1932年，贵州只有1家机器纺织厂，到1944年增加到5家。半机械半手工纺织厂的数量在1944年达到5.0781万家⑥。第三，贵州农村产业结构转型与升级。农业种植结构由粮食作物为主转变为粮食作物和经济作物共同发展的格局。烟草作为一种经济作物，早在明清时期就开始在贵州种植。明末清初，"自后吴楚皆种之矣，染总不若闽中色微黄，质细，名金丝烟，力强气胜

---

① 何辑五：《十年来贵州经济建设》，南京印书馆1947年版，第124页。
② 参见蒋国生主编《贵州省农业改进所》，贵州人民出版社2006年版，第43页。
③ 贵州省人民政府财政经济委员会编：《贵州财经资料汇编》，第144页。
④ 贵州省人民政府财政经济委员会编：《贵州财经资料汇编》，第146页。
⑤ 何辑五：《十年来贵州经济建设》，第122页。
⑥ 贵州省人民政府财政经济委员会编：《贵州财经资料汇编》，第140页。

第四章 商会与近代贵州经济

为优也,求其习服之始,则向以征滇之役,师旅深入瘴地,无不染病,独一营安然无恙,问其所以,则众皆吸烟,由是遍传,今则西南一方无分老幼,朝夕不能间矣"①。可见,明末烟草已经传入贵州。到道光年间,"产者不名一地。大约终岁获利过稻麦三倍,民争趋焉。近日河坦、山谷、低峰、高原,树艺遍矣,骎骎乎与五谷争生死也。郡人种烟,唯贩索叶。"② 20世纪初,美英等国在中国兴办卷烟工业及推广烤烟种植,美烟逐渐成为农民种植的主要经济作物之一。然而,直到抗战之前,贵州种植的烟叶是晾晒烟,不能用作纸烟原料。抗战开始后,随着沦陷区卷烟工业内迁及贵州卷烟工业兴起,急需烤烟作为原材料。商会积极推广美烟,烤烟种植面积快速增长,到1945年,全省种植面积达四十余万亩,产量增加到三千九百二十五余吨,美烟一跃成为贵州省主要经济作物,在西南各省居首位③。因能获得较高收益,农民广泛种植。近年来美烟为吾黔最主要之经济作物,农民以利之所在,种者与日俱增,全省在种烟狂潮下迈进。烤烟种植从"最初的贵定县逐渐分布在全省各地,至1949年全省境内烤烟种植东至锦屏、南至罗甸、西至毕节、北至湄潭,计有35个县种植"④。

抗战期间,贵州的棉花种植快速增长。过去,贵州棉花多产于地势较低气候较热土层较厚的清水江、红水河、乌江河、赤水河之下游河谷地带,多数地区因夏凉秋雨气候则不宜植棉,每年全省皮棉产量7万余市担⑤。抗战期间,贵州植棉区域甚广,全省81个县中,产棉的有60余县。

以美烟美棉为主的经济作物的广泛种植,必然会挤占粮食作物的种植面积,从而引起贵州农村农业种植结构的变化。

---

① 杨国安:《中国烟业史汇典》,光明日报出版社2002年版,第165页。
② (清)郑珍:《遵义府志》卷十七,1841年版。
③ 何辑五:《十年来贵州经济建设》,第123页。
④ 贵州省地方志编纂委员会:《贵州省志·烟草志》,贵州人民出版社2001年版,第39页。
⑤ 何辑五:《十年来贵州经济建设》,第124页。

三 解决农村手工业原材料紧缺困局

中国农村家庭棉纺手工业是历史传承的结果,也是农民充分运用大量的农闲时间创造收益以增强抵御农业经营中潜在风险的需要,更是农民增加收入的重要来源。棉花是纺织业的主要原料。但是,贵州独特的气候及地理环境不适宜棉花种植,所需棉花依赖外省输入。黔东北印江所需"棉花自铜江口、秀山负荷而来"①。鸦片战争后,棉纺织业原料由棉花转向棉纱,"农家土机织布,所需纱支所持沪、汉、湘、桂等地输入。"②民国后,贵州棉纺织手工业发展加快,据民国十七年(1928)统计,贵州全省81县中有60余县都有手工纺织生产的土布,数量达到350万匹③。土布在满足本省市场需求外,还遍销周边省份。兴义利用洋纱所产的布匹以运销"广西、云南者多。尤其是云南,多销在罗平、师宗、陆西、富源等县,也销售在普安的青山一带,百分之九十都销售在农村,尤其是水族、苗族、布依族,他们特别喜欢这种结实保暖的大布"④。思南、印江地区所产"花布"较为有名,不仅在当地销售,而且还由江西、陕西等客商贩运出境,因而有"棉花布匹江人主之"之说⑤。

土布业的快速发展对棉花、棉纱的需求增加。在抗战之前,棉花、棉纱经两湖、两广、重庆和昆明输入贵州各地。抗日战争爆发后,特别是日本侵占中国产棉大省河南、山东、山西和棉纱主要生产地上海、天津后,流入贵州的棉花、棉纱数量锐减。尽管贵州省农业改进所对棉种的引进和改良使得贵州大面积种植棉花成为可能,但"农民量用为种,估计一家需要的棉

---

① 民国《印江县志》卷2《田赋》,1935年石印本。
② 王恒潜:《发展贵州手工业的管见》,《贵州企业季刊》1942年第1期。
③ 《贵州开始推广种棉增进土布产量》,《纺织染季刊》1928年第1期。
④ 贵阳师范历史系:《兴义棉纺织业调查报告》,第10页,转引自林兴黔《贵州工业发展史略(约公元前22世纪—1949年)》,四川省社会科学院出版社1988年版,第18页。
⑤ 道光《思南府续志》第2卷《地理·风俗》,道光二十一年(1841)刻本。

第四章　商会与近代贵州经济

量和农田的有余,酌种棉花,棉田都是最次的田,好田留作种谷和杂粮。棉下种后,任其生长,往往草与苗齐,农民缺乏植棉常识,所以生产收获,量少质次"①。黔省自产的棉花数量有限,农村手工棉织业所需原料仍旧依赖外省供给。其中,湘省为主要来源②。1943年2月,湖南省政府颁布政令:"禁止棉花、棉纱、纱布出境"③,阻断了贵州农村手工业织布所需原料的重要来源,引致农村织布户停产较多。据正安商会1943年3月的调查显示,"农村农家织布户停业者约为三分之一。"④ 印江县农家手工织布停产严重。面对原料短缺,市、县、镇商会纷纷函电贵州省商会联合会,请求解决棉纺织业原料缺乏而停产问题。贵州省商会联合会随即电呈湖南省政府,"请予开禁棉花、棉纱出境",电呈贵州省省政府转呈行政院军事委员会转令湘省省政府"开禁",电呈贵州省政府请求咨请湖南省省政府解禁"棉花、棉纱的出境政令"⑤。经贵州省商会联合会的多方沟通与协调,1943年6月,湖南省政府解禁了棉花、棉纱的出口政令⑥,准许棉纱、棉花输入黔省。

抗战期间,棉花、棉纱为国民政府管制物资,工商业者购买花纱需要政府开具证明材料。工商业者独自找政府开具证明材料,手续烦琐,进展较慢,贵州省商会联合会积极向省政府提出申请,由商会统一收取购买花纱商人的相关材料后,提交到贵州省政府,再由省政府批量开具购买证明书⑦,该提议获得贵州省政府同意。

---

① 陆养浩:《贵州省棉纺织业的建设》,《抗建》1939年第3期。
② 张天祥:《贵阳市花纱布市场概况》,《农本》1941年第54期。
③ 《贵州全省商会联合会民国三十二年四五月份工作报告》,资料号:M430100121/1。
④ 《正安商会函请速解决棉纱棉花短缺由》,1943年,贵阳市档案馆,资料号:M430100168/15。
⑤ 《贵州全省商会联合会民国三十二年四五月份工作报告》,资料号:M430100121/1。
⑥ 《贵州全省商会联合会民国三十二年四五月份工作报告》,资料号:M430100121/1。
⑦ 《贵州全省商会联合会民国三十二年四五月份工作报告》,资料号:M430100121/1。

❋ 近代贵州商会研究

抗战期间，在商会的多方沟通与协作下，花纱经营者及需求者顺利从湖南采购回大量的棉花、棉纱，解决了农村织布业的原料供给问题。

四 建构农村近代商业制度

近代商会是旧商业制度的废除者与新商业制度的创建者。近代贵州商会成立后，重构农村度量衡、农产品质量安全和农产品上行等制度。

（一）规范与统一度量衡

度量衡是计量物体长短、容积、轻重的统称，与民众生活、政府财政收支和国家稳定统一密切相关①。由于商人逐利、民族习俗、交易习惯等因素的影响，贵州农村市场上度量衡器种类繁多，量值各异。衡量轻重的度量衡器有斗、石、生、碗。容器单位有桶和竹筏子。衡量长度的单位有尺、卡、码。同一市场，同一度量衡器，量值也不同。在度量衡器的量值上，仅贵阳的斗就有23斤、22斤、20斤②。安顺地区的石有米谷之分，量差为20%。不同地区，量值差距更大。炉山以50碗为一斗，施秉以84碗为一斗③。秤方面，分别以20两、19两、17两3、16两为1斤；尺有2尺2寸、二尺五六寸④。在用途方面分为公用、民用、商用等⑤。在商用方面又划分为批发和零售。例如，贵阳市粮商所用升斗有批发店和零售店之区分，批发店所用斗

---

① 郑成林：《清季划一度量衡的酝酿与尝试》，《学术研究》2016年第5期。
② 《奉市政府令饬令调查需用新制度量衡器具数量一案》，1943年，贵阳市档案馆藏，资料号：M430100168/23。
③ 参见胡克敏《贵州军阀统治时期的商业概况》，《贵州师范大学学报》（社会科学版）1982年第3期。
④ 《湄潭县商会物价证明表（民国三十三五月十六日）》，1944年，贵阳市档案馆藏，资料号：M430100365/8。
⑤ 《奉市政府令饬令调查需用新制度量衡器具数量一案》，1943年，资料号：M430100168/23。

第四章 商会与近代贵州经济

重22斤,零售店所用斗重21斤①。度量衡器种类、量值的不统一,严重阻碍了农产品的流通,还使得来贵州的外省商人常常以贵州"度量衡器的最大量值"为标准买进商品,以"官方度量衡的量值"为准卖出商品来逐利,导致贵州农民、商人的经济利益受损。例如,四川商人在贵州各市场上购商品时,则以贵州秤17两3为1斤,而官秤则以16两为1斤,按照贵州秤买进,每100斤多得10斤多②,贵州农民和商人则损失10多斤。鉴于此,商会积极全面推行官方的各种度量衡器,要求商家使用官方度量衡器买卖商品,且不定时的稽查商家使用的度量衡器。例如,遵义商会对轻重单位的量值进行划一,以16两为1斤③。贵阳市商会对贵阳地区粮商的批发斗和零售斗进行统一,要求粮商严格执行贵阳市粮政局核准的21斤为一斗规定④。为防止部分商家"阳奉阴违",商会定期检查商家的度量衡器,对不执行官方度量衡器的商家,给予没收度量衡器,并上报政府,由政府进行处罚。

(二)建构农产品"质量"安全制度

农产品是居民的消费品之一,也是轻工业、化工业的原料。农产品质量安全事关居民饮食安全和地区工商业发展,也关系到贵州农业是否可持续发展。抗战期间,物资短缺,物价上涨,一些不法商人或农民为了获得更多收益,通过生丝参浆,把菜油加入桐油,冒用"商标"等方式参与造假活动,引发贵州农产品质量、信誉问题。鉴于此,贵州商会采取了三项措施来保障农产品的质量安全。首先,在商报上刊载诚信知识、在商业补习夜校开设诚信课程等方式进行诚信宣传与教育,以培养、

---

① 《本会历年所用升斗及批发店、零售店区分情形》,1945年,贵阳市档案馆藏,资料号:M430100072/12。
② 《油业公会监制划一油秤并将新有老秤一律废止由》,资料号:M430100168/26。
③ 《油业公会监制划一油秤并将新有老秤一律废止由》,资料号:M430100168/26。
④ 《本行历年所用升斗及批发店、零售店区分情形》,1945年,贵阳市档案馆,资料号:M430100072/12。

提升工商业者的诚信素质，预防参与制造、销售"问题"农产品。贵州各商会在创办商业补习夜校时，把商业道德①，作为一门必修课程。可见，商会比较重视培养商人的诚信素质。其次，商会成立农产品"质检机构"，不定时地对各个市场上的农产品进行质检，及时发现"问题"农产品。例如，遵义商会成立银耳掺浆委员会，并在遵义及省内其他地区市场设立分支机构，专门负责检查市场上遵义所产的银耳是否被掺浆②。在对农产品的不定期质检中，"问题"农产品被查出。1946年，遵义商会检查出一批重达700斤的掺浆银耳③。正安县商会仅在一个市场上就查获掺糖浆的生丝达1376两④。最后，商会通过媒体曝光制假者的身份信息和"问题"农产品，公开销毁"问题"农产品，把制假者扭送到当地法罪科等方式，惩处制造、销售"问题"农产品的农民、手工业者和商人。遵义银耳掺浆处罚条例规定："一旦掺浆者被举报到掺浆委员会或被掺浆委会检查发现的制假者、售假者，由核查委员会送到当地法院法科罪，对查获的假冒伪劣产品则当众焚毁。"⑤ 只有对"问题"农产品进行销毁，制假者、售假者遭受巨大的经济损失或被处以罚金，才能有效遏制造假、售假活动。1946年，遵义商会销毁了一批重达700斤的掺浆银耳⑥。1947年，贵定商会查获了一批牛黄熏制过的烟叶，并当众销毁⑦。

---

① 《贵阳商业夜校》，1941年，贵阳市档案馆藏，资料号：M430100772/16。
② 《省商会联合会照抄银耳公会禁掺浆作伪银耳规约》，1943年，贵阳市档案馆藏，资料号：M430100179/4。
③ 《批准遵义商会组织银耳禁浆委员会的通知》，1943年，贵阳市档案馆藏，资料号：M430100179/1。
④ 《正安县商会函请协助缉伪货，以期整饬商场，查照见复由》，1943年，贵阳市档案馆藏，资料号：M430100179/5。
⑤ 《批准遵义商会组织银耳禁浆委员会的通知》，资料号：M430100179/1。
⑥ 《批准遵义商会组织银耳禁浆委员会的通知》，资料号：M430100179/1。
⑦ 《贵州全省商会联合会民国三十六年年度工作报告》，1947年，资料号：M430100121/5。

第四章　商会与近代贵州经济

在打击假冒伪劣农产品的过程中，商会领导人认识到，仅在某一地区打击制假、售假者，他们会转入其他地方继续生产或者销售"问题农产品"。为此，各地区商会间进行联动，联合开展打假活动，查缴"问题"农产品，才能从根本上消灭造假、假售问题。例如，遵义商会联合邻县各商会及本县的团溪、鸭溪镇商会，共同参与清查、收缴仿冒"遵义品牌"银耳、桐油、菜油、猪油的活动①。又如，正安商会请求贵州省商会联合会转各县商会，协助查缴流入各县市场的掺浆"伪丝"②。

商会建构的一系列"质检"制度、措施，在一定程度上保障了贵州农产品的质量，树立了贵州农产品的市场信誉，以至于抗战期间，贵州所产的木耳、猪油、桐油、烟叶等很受市场欢迎，成为省内外市民、企业抢购的对象。

（三）创建农产品"合营"制度

农产品具有体积大，相对较重，价值较低，不易保存等特点。单个的农产品采购商因资金有限，购买农产品数量不够大，导致运输成本过高，在市场竞争中处于不利地位。如果农产品收购商能抱团，则可以大规模的采购、运输农产品，从而降低运输成本和损耗，增强在销售地市场上的价格优势，也能加速贵州农产品进入市场。鉴于此，贵州商会积极引导各商号集股聚资，在农产品生产地进行集中收购，再规模运输至目的市场。例如，安场商会号召志成、合力、六合居、汇丰泰四个商号集股聚资合营桐油、木油③。农产品"合营"制度能使贵州各种农产品得以远距离运销，市场空间扩大。古州的木材，三都的大烟、五倍子、桐油、杜仲、黄柏等运往广西长安或柳州、梧

---

① 《批准遵义商会组织银耳禁浆委员会的通知》，资料号：M430100179/1。
② 《准正安县商会请转各县商会协缉伪丝七一案由》，贵阳市档案馆藏，资料号：M430100179/7。
③ 《正安商会鼓励商号推广运销土产》，1944年，贵阳市档案馆藏，资料号：M430100168/43。

州等地。遵义的桐油、木油、丝棉、生漆、五倍子、药材等集运到重庆、昆明后，转销到欧美国家。

总之，从近代贵州商会废除地区纷繁复杂的度量衡器，推行国家度量器，对农产品进行质检，倡导商人抱团"合营"农产品等活动中可以看到，商会不仅是地区经济发展的推动者，也是地区商业制度的革新者，更是农产品质量安全的监管者和农产品上行的助推者。

第三节 整顿市场秩序

市场秩序是指市场规范、规则和相应的遵从[①]。市场秩序与工商业者的切身经济利益息息相关。近代贵州，市场经济兴起，但政府在市场秩序建构上缺位。鉴于市场秩序与工商业者的切身经济利益息息相关，商会采取各种措施和办法，整顿市场秩序，以保证区域市场交易活动正常进行和有序化。

一 发行"商票"稳定货币市场

货币是商品交换的媒介，商品经济越发达，对货币需求越多。清代实行白银与和铜钱并行流通的货币体系。白银币值较大，铜钱币值较小，在市场交易活动中，大额交易通常用白银支付，小额交易用铜钱支付。鸦片战争后，随着中国外贸入超，中国白银大量外流，白银短缺遍及全国，贵州也不例外，白银数量日渐减少。到清光绪年间，市场上白银短缺更加严重，商品交易主要依靠铜钱。铜钱币值较小，用于大额商品交易极其不便。因此，一些商号开始发行本号商钞，以缓解白银短缺引起的货币供给不足。贵州最早发行商钞是铜仁地区商号，在清

---

① 洪银兴：《市场秩序和规范》，上海人民出版社2007年版，第6—7页。

第四章　商会与近代贵州经济

光绪十五年（1889），"张恒记""仁兴恒发记""刘义泰""吴文茂""正兴东""福昌恒""王义发"等大商号各自发行印制有商号名称，并加盖商号印信的票币作为辅币使用。商号发行的票币是一种信用兑换券，需要及时兑现来保证社会信用。发行初期，各商号为保证信誉，对辅币持有者给予及时对换，商钞信用较高，不仅商人使用，普通百姓也使用。商号在发行商钞后，因增加了流动资金，扩大了经营范围，利润增加。其他商号见发行票币有利可图，更多商号开始发行票币。光绪二十四年（1898），仅铜仁地区发行票币的商号就达六十余家[①]。随着发行票币的商号数量增多，发行票币的规模扩大，商号的兑付能力严重不足，特别是小商号的兑付能力有限，导致不能及时兑换商票或无力兑换，商票失去了社会信用。例如，铜仁郭家铺和吴文茂商号不能向商票持有者及时兑现货币，最终导致了铜仁各商号的商票信用消失[②]。随着商票的信用消失，货币短缺的问题再次困扰着贵州境内的工商业者。

民国初年，贵州货币市场上"白银荒"情况更加恶化。为解决货币短缺问题，各军阀政府开始滥发纸币和铸造金属货币，到国民党统治贵州之前，在贵州发行、流通的纸币就有银圆票、贵州银行兑换券、制钱票、滇币等[③]。金属货币有晚清白银（数量极少）、铜钱和黔银圆[④]。白银、铜钱、纸币等同时在市场上流通，形成多元化货币体系。多元化的货币体系引致各种货币之间的换算关系复杂，折算比率大，特别是白银与铜钱之间的折算比率。在贵阳，银圆与铜钱的汇兑比价甚至高达1∶1800，1两白银兑换到的铜钱重量竟达十四五斤[⑤]。多元化货币体系及

[①] 余宝谦：《铜仁地方票币发行始末》，载《铜仁文史资料》第1辑，第117页。
[②] 余宝谦：《铜仁地方票币发行始末》，第117页。
[③] 贵州钱币资料编写组：《贵州钱币资料》，1984年版，第35页。
[④] 贵州钱币资料编写组：《贵州钱币资料》，第37页。
[⑤] 冯程南：《解放前的贵阳商会》，第61页。

复杂的换算关系导致货币市场秩序十分混乱。在参与市场交易时，不仅要频繁地兑换货币，还得辨别货币真伪，称其货币重量，给工商业者带来巨大的货币成本，严重阻碍了贵州工商业发展。各地工商业者纷纷向商会提建议，要求商会出面统一发行商票，以增加流通中需要的货币。例如，贵阳丁兴隆金商号直接函请贵州总商会"统一货币，以利于商业发展"[1]。

为整顿混乱的货币市场，商会发行商票以统一交易媒介。从贵州商会发行的商票来看，可以分为两种：一种是由商会直接发行。例如，贵州总商会发行的商票[2]，发行额度以商会收到的总准备金额为限。另一种是商会代商号发行，发行额度以商号的出资额度为限。例如，1913年，铜仁商会发行票币，规定各商号必须以一定数量的固定资产作抵押，视固定资产之多寡为发行额度[3]。商票要获得市场信用，必须具有兑付能力。单个商号因资产有限，兑付力也有限。如商号之间进行兑付联保，可以有效增强商票的信用。因此，商会要求参与发行商票的商号加入兑付联保组织。例如，铜仁商会要求商号实行五家一联保，1家倒闭，4家负责兑现，且票面必须加盖"商会验讫"戳记，方准使用，这种票币称为"铜仁县商会维持花票"，简称"花票"。不经商会加盖戳记，视为私票，一律严禁流通。商票注明票币的单位和面值。总商会的票面以制钱为单位，分100文、500文及1000文3种[4]。为方便持有票币者兑换，商会设有兑换处。

商票是商会发行的一种信用票，与商号独自发行的商钞相比，商会发行的商票有准备金，使得它有相当的清偿能力，这能有效保障持票人的利益。贵州总商会在准备发行商票时，就

---

[1] 冯程南：《解放前的贵阳商会》，第61页。
[2] 冯程南：《解放前的贵阳商会》，第61页。
[3] 余宝谦：《铜仁地方票币发行始末》，第121页。
[4] 冯程南：《解放前的贵阳商会》，第61页。

筹集准备金数万银圆①。同时，商会发行商票还在政府备案。从传统中国来看，货币发行权在国家，作为工商业者组织的商会没有发行货币的权利。为能顺利发行商票，商会通常会函请政府批准，获得合法性。贵州总商会在发行商票时，就首先报请贵州省政府，后得到省长袁祖铭的批准。商票发行的数量往往与准备金额相当或以准备金额为限，因有准备金保底，还在政府备案，使得商票的信用较高，在市场上广泛流通。

总之，在多元货币引发货币市场混乱的背景下，商会发行一种辅币，目的是整顿混乱的货币市场，解决工商业者面临的货币短缺问题。商票的发行在一定程度上方便了工商业者进行大额商品交易，在稳定贵州经济及保护商人利益方面发挥了重要作用。商会在发行商票时，事先都向当地政府提出请示，在政府批准后，才开始发行，往往与政府的支持分不开，也充分体现了商会与政府的互动与协作。

二 组建保商队保障市场交易正常运行

保商队是商会组建的一种武装组织，在上海、苏州等地称为商团。中国最早的商团是上海商团。1905 年，上海工商界人士在当时风靡一时"军国民主义"思想的影响下，"发起组织体育会，锻炼体魄，研习武课，冀成干城之选"②。此后，上海各行各业的商团联合组成了"全国商团联合会"，逐渐从分散的商团组织发展成为联合的武装组织。苏州商团早期的名称是体育会，1912 年更名为苏州商团③。与上海、苏州等地的商会相比，贵州商会建立保商武装组织的时间稍晚。1916 年，贵州总

---

① 冯程南：《解放前的贵阳商会》，第 61 页。
② 柴德赓、荣孟源等编：《中国近代史资料丛刊》辛亥革命·7，上海人民出版社 1957 年版，第 86 页。
③ 章开沅等主编：《苏州商团档案汇编上》，巴蜀书社 2008 年版，第 23 页。

商会成立保商营，目的是执行"保商任务"①。此后，金沙、大定、江口、松桃、习水、松桃、印江等地商会也纷纷效仿总商会，建立起保商队。

贵州商会建立保商队的主要原因是为了打击土匪势力抢劫商人的贸易物资和扰乱市场秩序。"黔为天下之最贫，贼亦天下之最劣。"② 鸦片战争后，贵州土匪势力尤烈，黄平、瓮安，"时有所谓榔匪者，以齐榔为名，敛钱聚众，抗拒不法，虽不久旋定，然萌芽颇多。"③ 自清王朝结束至国民党主政贵州之前，本省军阀、云南军阀、桂系军阀在贵州地界上混战，争夺对贵州的统治权，导致黔省社会治安混乱不堪，地方土匪势力趁机兴起，并疯狂抢劫工商业者、农民，毁坏生产生活设施，扰乱市场交易事件频见于报端。赤水，土匪"毁坏电线"；遵义、大定"皆抢掠一空"；毕节，七星关会匪金保万部二千余人，"调集杨家湾、龙盘河等处公口，奸淫抢掠，劫杀樊家老少九口及安土司良民百余人。"④ 民国五年（1915），放牛坪地方土匪百余人，"劫掠该商场四十余家"⑤。民国六年（1916）5月，桐梓县楚米铺商场，于"阴历三月十七日夜被土匪百余人各持快枪将该场商民掳掠净尽。"⑥ "土匪按场期抢劫，或拦于路上，越货杀人，或困于场中，搜索绑架。"⑦ 民国七年（1917），土匪张荫昌的余匪三百余名，"将峰岩场、党家湾、黄家池、骆马店、发财场、梅子坳、大都埔、白茨顶等乡场抢劫一空，甚至附城里许之土研河、暇墓池、鲁家坡、庙灵沟亦为所掳。"⑧ 土

---

① 冯程南：《解放前的贵阳商会》，第60页。
② （清）罗文彬、王秉恩：《平黔纪略》，贵州人民出版社1988年版，第8页。
③ （清）罗文彬、王秉恩：《平黔纪略》，第10页。
④ 蔡锷：《蔡松坡集》，上海人民出版社1984年版，第176、191、417页。
⑤ 《贵州公报》，第2267号，1916年5月3日。
⑥ 《贵州公报》，第2557号，1917年5月29日。
⑦ 金盛虞：《再论贵州土匪》，《新黔》1935年第7期。
⑧ 《铎报》，第712号，1918年1月12日。

第四章 商会与近代贵州经济

匪不仅抢劫商人及物资,还抢劫官方物资。"永岸时有土匪啸聚,屡有劫盐事发生;綦岸时多匪阻,常有劫掠;正安,安常等处被土匪围攻。"① 土匪势力在水陆交通枢纽、交通干线频发抢劫装载贸易物资、贵重物品的车辆、骡马和商人,或者在县镇乡集市上抢劫商人、农民等,严重阻碍了贵州的集市交易、省际间的物资贸易,商人损失惨重,商旅裹足,地区经济秩序受到严重破坏。

在政府无力治理地区社会治安的背景下,为保障工商业者生命、商货安全,商品交易活动顺利进行,贵州各地商会纷纷组建商人的武装组织——保商队。土匪势力凭借先进武器和强大的队伍来抢劫工商业者和农民。为能和土匪势力对抗,各保商队都配置了相当规模的人员和武器。在人员配置上,保商队多则几百人,少则几十人。贵州总商会的保商队有队员四百余人②,江口保商营有队员六十人③,金沙保商队有队员四十多人④。没有枪支弹药不能成为真正的武装力量。为此,各保商队都配置了武器,金沙保商队拥有拉枪、俄枪、九子枪、汉阳枪各3支,马枪3支⑤。贵州商会的保商队具有大量人力,并配备先进武器,具有比较强的打击力量,为武装押运、护送商货和管理市场秩序提供了强有力的保障。金沙商会的保商队护送行商及商贸物资往返于重庆、汉口、洪江及省内各地⑥。江口保商队则经常护送江口行商往返于铜仁、思南、石阡等地⑦。大定商会的保商队负责保护城区商人、民众到瓢儿井、百纳、鸡场等

---

① 参见夏鹤鸣、廖国平主编《贵州航运史 古、近代部分》,人民交通出版社1993年版,第157页。
② 冯程南:《解放前的贵阳商会》,第60页。
③ 董振华:《江口县商会及相关组织建设情况》,载《江口文史资料》第9辑,2003年版,第78页。
④ 卓宗尧:《新场商会及解放初期工商联记略》,第99页。
⑤ 卓宗尧:《新场商会及解放初期工商联记略》,第99页。
⑥ 卓宗尧:《新场商会及解放初期工商联记略》,第99页。
⑦ 董振华:《江口县商会及相关组织建设情况》,第78页。

地赶集①。在保商队的武装押运下，长途贸易的商品大都能安全到达目的地。例如，1922年冬，从金沙出口到汉口的三百多担大烟在过风溪口时，被千余名土匪袭击拦抢，保商队极力阻击土匪，二百多担大烟顺利渡过赤水河②，抵达汉口市场。保商队建立后，成为维护地方社会治安的主要力量。金沙保商队在交通要道、市场进行巡逻，使得土匪等恶势力不敢抢劫金沙进出口物资及扰乱该地区的集市市场秩序。

总之，近代贵州各商会建立保商队，不仅保护了工商业者的生命、财产安全和市场交易的顺利进行，也对地方社会治安起到维护作用，为贵州经济的发展提供较好的社会环境。

三 仲裁商事纠纷

进入民国后，工商业快速发展，市场交易主体增多，参与交易的各市场主体间因违约、债务、业务等问题引发各种商事纠纷。商事纠纷的增加，需要有专门机构来调解，以维护商业活动的正常进行。在商会产生以前，传统中国已经形成国家司法审判与民间调解并存的二元化商事纠纷处理机制。晚清政府颁布《商会简明章程二十六条》后，授予商会处理商事纠纷权利，但没有明确规定理案权限。为明确规定商会调解商事纠纷的合法性与权威性，北京政府通过立法形式赋予商会处理商事纠纷的权利。1913年1月30日，北京政府司法部与工商部联合颁布了《商事公断处章程》③，该章程规定：商事公断处为商会的附属机构，对于商人间的商事争议，立于仲裁地位，以息讼和解为主旨。行使商事仲裁权是国家赋予商会的特定职能，也为商会处理商事纠纷赋予了合法性和权威性。尽管北京政府的

---

① 颜绍荣：《民国时期大定县商会简述》，第105页。
② 卓宗尧：《新场商会及解放初期工商联记略》，第99页。
③ 江苏省商业厅中国第二历史档案馆：《中华民国商业档案资料汇编》第1卷，第134页。

第四章　商会与近代贵州经济

《商会法》规定地方商会创设时就得设立商事公断处，但是，地方商会在机构建设上存在区域差异，以至于公断处在设立时间上早晚不同。上海、苏州等地，在商会成立之初就成立了商事公断处。贵州各商会由于自身发展原因，商事公断处设立较晚。例如，贵阳市商会的商事公断处直到1944年6月16日才成立，配置公断处长1名，评议员15人，调查员4人，书记员3人①。

商事公断处成立后，积极仲裁商事纠纷。从贵州商会的商事公断处仲裁商务纠纷的情况来看，均与商务有关。本书采集贵阳市商会商事公断处在1944—1949年处理的纠纷案件来做样本分析，详见表6。

表6　　　　1944—1949年贵阳市商会处理纠纷案件

时间	案由	申诉人
1944.7	关于化衡阳购得货堆化衡阳运输商行包装残破并少货案由	李白
1945.2	为申请林明波将汇款挪用并还款利息声讨一案由	李庆华
1945.3	义达商行承运土白布应付赔偿损失请予公断由	申余九江、林焕若
1945.5	燕市酒家与售酒商号的业务纠纷由（停止向燕市酒家供酒）	市商会
1945.11	何德胜与刘镜全货款纠纷案由	何德胜
1945.11	刘镜全与尹源泉货款纠纷案由	刘镜全
1946.5	段懿威与雷震邑土白布短少申请书	段懿威
1947.11	岳祥远与恒壹隆因交易纠葛案由	岳祥远
1948.4	为创办丙行业务发生纠纷请求调解	集中商行丙行
1948.7	周幼山等为侵占业务妨碍民生之事请求公断由	市商会
1948.11	经理伍瑶章呈请通知刘宗华到会之调解纠纷	永大维店
1949.6	刘书萍申请徐清拖延货款请赐予还款由	李岑、张静山

资料来源：《会员纠纷》，贵阳市档案管藏，资料号：M430100912，M430100050。

---

① 《函报本会公断处成立》，1944年，贵阳市档案馆藏，资料号：M430100002/2。

表 6 中的纠纷案件都涉及商务，大致可分为钱债纠纷、违约纠纷、股权纠纷、诈骗货款以及业务纠纷等。其中，债务纠纷较多。债务纠纷又分为拖延货款、诈骗货款、拒绝付款等。商会在仲裁商事纠纷时，大多能化解涉事双方的矛盾，维护受害方的权益。例如，1945 年，来自昆明的李庆华在贵阳购货，由于所购货物暂时缺货，为确保资金安全，故把货款暂时存入林明波开户的上海银行账户内，过几日，李庆华购得所需货物，要求林明波协助在银行提款，但林明波已把该笔存款挪给弟弟使用，无钱可提。此纠纷发生后，李庆华诉林明波挪用自己"存款"于贵阳市商会。贵阳市商会经调查核实，确认案情"属实"，便责令林明波归还"存款"给李庆华。在商会的调解下，双方达成协议，林明波归还了李庆华货款，并赔付利息①。

商事纠纷按照司法性质归属于民事纠纷，解决途径可以是民事诉讼，也可以是民间调解。近代中国的民事诉讼制度经历了一个发展、完善的过程。晚清政府在 1910 年颁布了《民事诉讼律草案》②，正式建立了中国现代意义上的民事诉讼制度。到 1935 年，南京国民政府颁布《中华民国民事诉讼法》。到此，中国近代民事诉讼制度无论在立法体系上还是在司法实践上都逐渐完善，诉讼已成为解决商事纠纷的一个重要途径，但诉讼成本较高。例如，民国年间贵州黔东南地区的民事诉讼案，缴纳的费用包括裁判费、民事强制执行费、抄录费、翻译费、证人和鉴定人到庭费、证人和鉴定人等在途食宿舟车及滞留费等③。此外，民事诉讼的执行程序较为烦琐，耗时长，对涉及纠纷双方来说都是不利的。纠纷双方选择在商会进行仲裁、调解，

---

① 《为申请林明波将汇款挪用并还款利息声讨一案由》，1945 年，贵阳市档案馆，资料号：M430100912/6。
② 商务印书馆编译所编：《中华六法 6 民事诉讼律草案》，商务印书馆 1922 年版。
③ 参见杨彦增《民国时期黔东南民族村寨村民的民事诉讼成本》，《兰台世界》2014 年第 7 期。

第四章　商会与近代贵州经济

一方面，可以省去诉讼费用，减轻工商业者解决商事纠纷的经济成本。双方在商会进行调解，只要负担极少费用或无须缴纳费用，解决商务纠纷的成本较低。另一方面，对工商业者来说，时间就是收益，通过民事诉讼途径解决商事纠纷需要按照法定程序进行，花费较长时间，耗费大量的人力成本。商会处理纠纷时，按照"速传速结"原则，及时快速的处理商事纠纷，节省了涉案双方的时间。因此，当工商业者遇到商务纠纷时，大多选择到商事公断处去调解、仲裁，以至于商会每年都会处理大量的商事纠纷案件。例如，安顺县商会仅在1943年就处理商事纠纷67件，1944年处理115件①。商会是一个民间机构，不是司法机构，对商事纠纷仅有仲裁权、调解权，没有强制执行权。如商事纠纷的双方对商会的调解结果不满意或者拒绝接受，往往诉之于法院。例如，贵阳制酸厂与李子文之间的纠纷案就诉之于贵阳地方法院②。

商会处理商事纠纷，是国家司法机构与民间社会在处理商务纠纷上的互动，也是商会推动中国司法近代化的具体体现。

---

① 安顺市档案馆编：《民国安顺县档案汇编》，第99、104页。
② 《制酸厂与李子文纠纷案》，1945年，贵阳市档案馆藏，资料号：M430100912/8。

第五章　商会与近代贵州文教事业

民国初年,在全国振兴实业的浪潮中,贵州各地的工商业者开始投资、兴办近代企业。近代企业采用机器、新工艺流程进行生产,要求企业的劳动者掌握机器运转与修理、生产工艺等的有关知识和技能。贵州教育落后,拥有文化知识的人较少,导致企业发展面临人才缺乏问题。鉴于此,企业家主要通过师洋人、雇用洋员、洋匠、请洋教习、洋技师以及派遣学生出国留学等方式来解决急需的人才问题。例如,贵州文通书局创办之初,聘请3名日本技师①。但这些解决人才问题的措施增加了企业成本,也不能从根本上解决人才缺失问题。发展教育,规模化培养地区经济发展需要的人才,就成为商会办学的主要动因。

第一节　发展基础教育

一　政府鼓励社会力量办学

晚清、北京和南京国民政府都出台了鼓励社会力量参与办学的政策。晚清时期,中国社会急剧转型,社会力量嬗变,清政府面临如何处理与新兴社会力量关系问题,也面临推广"新学"的财力、人力困难。"国民之智愚贤否,关国家之强弱盛

---

① 何长凤:《贵阳文通书局1909—1952》,贵州教育出版社2002年版,第17页。

第五章 商会与近代贵州文教事业

衰，本应随地广设，使邑无不学之户，家无不学之童，始无负国民教育之实义。然而，限于经费，也只能在县城设立2所，大者县城设3所。"① 可见，办学经费短缺制约着晚清政府办学规模和数量。在"新学"过程中，清政府认识到借助社会力量才能广建学堂。"仅恃地方官吏董率督催以谋教育普及，戛戛乎其难之也；势必上下相维，官绅相通，借绅之力以辅官之不足，地方学务乃能发达"②。鉴于推广"新学"面临的财政、人力困难，清政府把办学权力下放给近代商人、近代知识分子、外国传教士，既能把这些新生社会力量吸纳到统治秩序之中，转化成国家统治的依靠力量，又能解决办学面临的财力和人力问题，达到一石二鸟之目的。为此，晚清政府颁布了一系列鼓励民间社会力量办学的政策。光绪三十一年（1905）八月，清廷宣布立停科举，"明谕旨各督抚，学政切实督饬地方官劝谕绅士广设小学堂，裁节官中不急用之费，捐募绅富有力之家，通力合作，同时并举"③。为激励社会力量办学，清政府对参与办学的社会力量进行精神奖励，"能捐设或劝设公立小学堂及私立小学堂者，地方官奖之，或花红，或匾额。其学堂规模较大者，禀请督抚奖励匾额；1人捐资较巨者，禀请督抚奏明给奖"④。晚清时期，新兴社会力量崛起，鼓励他们兴办学堂可以在一定程度上减少清政府推广"新学"的阻力，也能把新兴社会力量置于晚清政府的控制和利用之下。继晚清政府之后，北京政府和国民党政府仍旧面临财政困难，不得不继续借助民间力量来办学。而工商界拥有比较雄厚的经济实力，成为政府推广"新学"的重点依靠对象。

处于边远地区的贵州，经济落后，政府面临的财政困难更加严重，在执行社会力量办学政策上不遗余力。1906年，贵州

---

① 舒新成编：《中国近代教育史资料》中册，人民教育出版社1961年版，第417页。
② 舒新城编：《中国近代教育史资料》上册，人民教育出版社1961年版，第361页。
③ 《学务处奏覆劝励绅商广设小学堂折》，《申报》1905年10月29日第9版。
④ 舒新城编：《中国近代教育史资料》上册，第416—417页。

近代贵州商会研究

提学使署下设学务公所,专门负责劝导社会力量办学。周恭寿是当时学务公所负责人,他以身作则,积极创办学校。仅有中央政府、地方政府颁布社会力量办学政策,如得不到这些人的支持与响应,该政策也难被贯彻执行。贵州社会办学力量是否存在、强大是社会力量办学的关键。在鸦片战争后,贵州社会经济逐渐转型,近代知识分子、商人和外来传教士等新兴社会力量崛起,这为政府鼓励社会力量办学奠定了基础。

二 商会直接办学与捐资助学

近代贵州商会自产生后,通过直接办学、捐资助学等参与到基础教育的发展之中,并倡导会员创办各级学堂。小学、中学是近代教育的基础,贵州境内的各商会都较为重视,创办了一定数量的中小学校。根据办学主体来划分,商会办学分为两类:一类是商会直接兴办学校;另一类是商会会员兴办学校。近代贵州商会作为一个非营利组织,收入主要来自会员交纳的会费和征收的管理费。会费较低,商会的会费收入不多。国民党执政后,商会的部分管理职能被政府收回,管理费收入减少。商会总收入有限,由商会创办的中小学数量极少,主要有松桃商会创办"商立德才小学"[①] 和金沙县商会创办商猷小学[②]。商会领导人、会员办学是近代贵州商会兴办中小学的主导力量。商会的领导人大多是经济实力雄厚的企业家,他们带头创办学校。例如,曾任贵州商务总会会董的华之鸿,先后创办了贵州省公立中学堂、遵义中学、团溪小学、息烽县底寨文昌阁小学、贵阳优级师范、法政学堂[③]。商会各会员积极参与创办中小学。例如,毕节商会会员刘乙熙,1940 年创办毕节私立弘毅中学,1942 年创办白泥井小学。又如,贵阳商会会员赖永初,1943 年在贵阳创办

---

① 邓纯如:《解放前松桃商会内幕》,第 126 页。
② 卓宗尧:《新场商会及解放初期工商联记略》,第 100 页。
③ 唐承德:《贵州近现代人物资料》,1997 年,第 62 页。

第五章 商会与近代贵州文教事业

永初中学[①]。参与办学的会员大多是地区工商业的佼佼者，拥有强大的经济实力，对学校投入较大，所办学校的规模也大，学生人数较多。例如，1943年，私立豫章中学在校生达383人[②]。

除直接办学外，贵州商会及会员还积极捐资助学。20世纪初，尽管晚清政府倡导兴办各种学校，但贵州各级政府财政收入有限，在教育经费支出方面较少。民国初年，各军阀为了筹集庞大的军费开支，经常挪用教育经费，导致教育经费严重短缺。1915年，贵州省教育会向贵州巡按使龙建提出《详复集议义务教育各方法》。其中，第二条"经费亟宜筹拨也"。议称"查黔省小学经费，以前各地方纯恃屠捐斗息等项开支，反正（指辛亥革命）后学务废弛，此项经费多有拨作团防保甲等项费用者，甚有劣绅把持各地自为风气者"，因此，申请设立地方经费局统管教育经费[③]。军阀政府挪用教育经费或教育经费所占政府支出比例较小等因素，引致各学校经费短缺，拖欠教师工资现象非常普遍，教师因无收入被迫离职，许多学校无法维持正常运转，校长被迫宣布停学，甚至校长联合辞职的事件时有发生。1923年，由于经费无法筹措，难以继续办学，贵州省立法政学校等7所省立中等以上学校校长联合向省长辞职，后又写了《因经费无着请明令休课》的报告。

在国民党统治贵州后，贵州财政部门在教育方面的经费支出不断增长。1937年，贵州全省教育经费为128万元，1939年约为147万元，1940年约为189万元[④]，而教育所需经费每年为1712.76万元[⑤]，两者相较，教育经费缺口甚大。公立、私立学

[①]《教育厅呈私立永初教养院呈报拟收预院改办私立中学训令》，1943年，贵阳市档案馆藏，资料号：M130200015/4。
[②] 贵州省政府教育厅编：《贵州教育》，1943年，第60页。
[③] 参见张羽琼、郭树高、安尊华等著《贵州：教育发展的轨迹》，贵州人民出版社2009年版，第232页。
[④]《贵州的教育经费》，《贵州教育》1943年第4—6期。
[⑤]《贵州省临时参议会第三次大会教育厅长报告》，《贵州教育》1930年第1期。

校在面临办学经费不足时,号召"社会各界慷慨解囊,夕夕捐输"①。贵州商会及会员积极响应,向各学校进行常规性和临时性捐助。常规性捐助是向各学校定期捐赠。临时性捐助指不定期或针对特定事项捐赠现金和不动产。例如,1941年,安顺县商会分别向贵州大学、贵州工学院、省立安顺中心学校和安顺县立女子中学捐助现金,共计10万元②。1945年,迁入黔的大夏大学校长发起募集学校运行资金1000万元活动。贵阳市商界请济助30万元,提经贵阳市商会第十九次常委会决议配量分配,新药商业公会捐助额为15000元③。商会、会员也会向学校捐助不动产。与捐赠现金不同,不动产会增值或产生收益,能为学校提供稳定经费来源。学校把接收到的捐助金、不动产获得的收益用于扩建教学楼、购置图书、教具、仪器,改善教职员待遇、学生生活等。例如,1944年,为减轻物价上涨导致教职工生活水平下降,私立豫章中学按照筑城米价,补助教职员工上等白米16石④。常规性与临时性捐助,一定程度上缓解了学校经费短缺,有助于教学机构维持教学活动,学生完成学业,推动近代贵州教育稳定、持续发展。此外,商会以及会员还向各学校捐助教具、图书、仪器等。

第二节 兴办职业教育

一 官办职业教育的兴起与不足

近代化的核心是工业化,工业化使得分工更加专业化,要

---

① 《为沙河小学筹备基金启事》,1949年,贵阳市档案馆藏,资料号:M130200032/30。
② 安顺市档案馆等编:《民国安顺县商会档案汇编》,第47—48页。
③ 《为大夏大学募金公函》,1945年,贵阳市档案馆藏,资料号:M430100636/5。
④ 《关于豫中员工补助薪资的通知》,1944年,贵阳市档案馆藏,资料号:M130200035/4。

第五章 商会与近代贵州文教事业

求教育培养各种、各层次的专业技能人才,以适应近代工商经济发展需要。晚清时期,为培养各类专业人才,贵州地方政府、政府官员、社会人士等兴办了各种专业类学校。师范类学校有:1908年,庞鸿书、陈石麟创办优级师范专科学堂。农蚕专业类学校有:1905年,巡抚林绍年创办蚕桑学堂。1908年,巡抚庞鸿书创办农林学堂。1916年改为甲种农业学校。矿业专业类学校有:1909年,提学使陈石麟创办矿业中学堂。法律专业类学校有:1906年,巡抚庞鸿书创设法政学堂。1909年,张百麟、张泽钧、钟昌祚、张鸿藻等人创办西南法政学堂。1910年,任可澄、华之鸿、李玉峰等创办宪群法政学堂。这些专业类学校为贵州培养了各类专业人才,增加了贵州人才供给。

北京政府期间,滇系、桂系、贵系军阀相继统治贵州,但在专业学校建设方面没有建树。抗战期间,随着东南沿海地区人才、学生内迁,贵州出现专业类学校兴办热潮。工业类学校有:1940年,高士光创办贵阳高级工业中学,设有木工、机械两科,1944年增设化工科,1948年增设电机科。医学类有:贵阳高级医科中学(中专)、贵阳医学院(大学)。农业类有:贵阳蚕桑学校和女子蚕丝传习所(中专),农学院(大学)。从上述各种专业类学校类别看,没有创办经济类专业学校。经济类专业学校缺失,不能培养出拥有近代工商知识的专业人才,导致早已在发达地区推行的近代会计制度、新簿记制在抗战爆发之前仍没有在贵州工商企业中被广泛推广和应用。旧的商业记账方式,账目不明,效率低下,严重阻碍了工商企业的发展壮大。为培养工商业发展需要的拥有商业知识及商业技能的人才,在经济较为发达的贵阳、安顺、遵义等地,商会创办了商业补习夜校和会计培训学校。

二 商会创办职业培训学校

在近代中国,职业教育也称为实业教育。所谓实业教育是指 19 世纪末 20 世纪初为农业、工业、商业、矿业等国民经济部门培养专门应用人才的教育。近代中国商会创办实业教育源于实业救国。实业救国思想兴起于甲午战争后，兴盛于 20 世纪初。时人认为："图富强之策，首重工商，非振兴实业，不能收效果而挽利权。"① 民国以降，工商业者在倡导实业救国的同时，认识到教育是振兴实业的基础。因此，兴办实业教育也就成为近代中国商会、商人的共识。20 世纪初，贵州工商业者兴办新式企业的热情高涨，对企业管理者、从业人员的文化素质及专业技能提出了新的要求。然而，缺少具有文化素质和掌握专门技术、知识的人才成为制约贵州新式工商业发展的瓶颈。在政府创办实业教育与工商业发展脱节的背景下，商会创办工商类专门学校就成为解决人才问题的关键。贵州商会创办的实业类学校主要有商业补习夜校和会计培训学校。从学校性质看，属于社会力量办学，办学经费完全由商会自筹。贵阳商会创办的商业补习夜校的办学经费和老师的薪金全由商会筹集。

商会所办实业学校的目的并不是服务于整个社会，而是为地方工商企业培养人才。首先，商会创办的实业学校，生源主要由工商企业推荐，而不是来自整个社会。贵阳商业补习夜校的学生主要由"各行各业推荐、报送，免收学杂费，每期招收学生 50—60 人，男女兼收，毕业发给证书，由保送单位安排就业"②。其次，办学的类别上看，商业补习夜校、会计培训学校等是一种职业技能培训学校，重在培养学生商业知识、商业技能。它的课程设置都与工商业的发展、经营有关，具有较强的应用性。贵阳商会创办的商业夜校，初级班、高级班开设的课程③，最能体现这一特征。

---

① 天津市档案馆等编：《天津商会档案汇编（1903—1911）》上册，天津人民出版社 1989 年版，第 1252 页。
② 《补习夜校招生》，1943 年，贵阳市档案馆藏，资料号：M430100772/8。
③ 《补习夜校初、高级班课程》，1943 年，贵阳市档案馆藏，资料号：M430100772/5。

第五章　商会与近代贵州文教事业

从贵阳商业补习夜校的课程设置来看，无论是高级班还是初级班，课程内容都与工商企业的发展、经营有关，包括了工商企业的会计知识、商业道德伦理，商业法律法规、商业文件、商业知识等方方面面。随着贵州工商业发展与国际接轨，商会还开设了外语课程，表明商会的领导群体已认识到对外交流，面向世界、融入世界的重要性，见表7、表8。

表7　　　　　贵阳商业补习夜校高级班课程表

1	2	3	4	5	6	7	8	9
商业常识	商业经济	商业文件	商业道德	商业实践	商业簿记	商算学	商业法规	商品学

资料来源：《补习夜校高级班课程》，1943年，贵阳市档案馆藏，资料号：M430100772/5。

表8　　　　　贵阳商业补习夜校初级班课程表

1	2	3	4	5
高级簿记	商业数学	会计	法规	英语

资料来源：《补习夜校初级班课程》，1943年，贵阳市档案馆藏，资料号：M430100772/6。

近代贵州商会兴办职业教育具有重要意义。一方面，培养了大批的拥有工商业知识、技能的人才，解决了制约贵州工商业发展的人才问题。另一方面，商会兴办工商业类实业学校，开创了商业教育进入国民教育之先河，促进了近代贵州教育的结构优化。郭秉文在《上海总商会月报》创刊一周年纪念之际撰文指出："商业教育在旧日不列于学林，我国商业学术之幼稚，毋庸为讳，因此多数企业家，以缺乏详尽之知识、远道之眼，往往奔竞万流，徒成泡影，商业作为专门学术，近始稍见其端倪，商业学校与高等商科教育之提倡，不为无功。"[①] 同时，也应看到，商会办学存在局限性，兴办职业教育仅仅是为工商企业培养人才。

---

① 郭秉文：《总商会月报创刊一周年纪念》，《上海总商会月报》1922年第7期。

第三节　商会与贵州近代传媒

一　官办报刊兴起

近代报纸杂志兴起于西方，随着西学东渐逐渐传入中国。相对于中国古代报纸——邸报，近代报刊是一种新型传播媒介。在中国，近代报刊由外国人最先创办。1815年8月5日，西方传教士马礼逊创办《察世俗每月统记传》，这是一份宗教性刊物，"以阐发基督教义为根本要务"[1]，但它将近代意义上的报刊引入中国，开创了中国近代报刊之先河。此后，政府、开明人士以及外国传教士在中国创办各种报纸，报业快速发展起来。据《中国近代报刊名录》统计，1870年至1905年，全国各地出现的各种中文报刊约为454种。其中，京津地区有71种，长江三角洲地区有167种，湖广地区有67种，两湖地区41有种，其他地区有59种[2]。在同一时期的贵州，近代报刊还是一片空白。清末新政开始后，贵州各政府机关、政治团体纷纷创办报刊，以抢占舆论制高点，近代报刊逐渐在贵州发展起来。贵州的第一份近代报刊是《白话报》，由政府创办。《遵义府学堂记碑》记载：清光绪三十二年（1906），遵义知府袁玉锡创办《白话报》。此后，政府机构的一些部门纷纷创办报刊，贵州学务公所创办《贵州教育官报》，贵州谘议局创办《贵州自治白话报》，贵州官报局创办《贵州官报》。政治团体创办的报刊有：宪政预备会创办《贵州公报》《黔报》，贵州自治学社所创办《西南日报》。这些由政府机构或政治团体创办的报刊主要服务于政治目的，刊载的内容主要是政治言论或政治主张。例如，

---

[1] 赵晓兰、吴潮：《传教士中文报刊史》，复旦大学出版社2011年版，第45页。
[2] 史和等编：《中国近代报刊名录》，福建人民出版社1991年版，第390—403页。

第五章　商会与近代贵州文教事业

贵州自治学社为宣扬自己的政治主张，在《自治学杂志社》上发表文章，宣扬反对帝国主义，挽救民族危亡，主张走预备立宪道路①。又如，贵州宪政预备会则以该团体创办的《黔报》为喉舌，宣传君主立宪思想②。对于商会来说，要想有自己的舆论阵地，运用报刊来为工商业者群体利益服务，就需创办自己掌控的报纸杂志。

二　商会创办《商报》

政府机关、政治团体创办、发行报刊及所产生的显著影响，无疑对贵州商界人士认识报刊的作用不无裨益，对商会创办报刊也起了促进作用。作为工商职业团体组织，创办报刊作为工商界的喉舌，才能宣传自己群体的主张，增强商会的影响力。贵州商会创办报刊经历了创刊、停刊到再创刊的过程，刊名也几经更改，刊载内容随国内外局势的变化而变化。1907年，贵州商务总会成立。1911年，商务总会创办《商报》，该报纸初为三日刊，后改为日刊，四开版，文通书局承印，张静波、陈廷桑先后任总主编③。然而，这份报纸存在时间仅为三个月。1913年2月，贵州商务总会创办《群报》，该刊初为日刊，四开版，同志印刷厂承印，曾介普任总主编，1915年8月终刊。抗战期间，各种报刊兴起，贵州商会再次创办报刊。1940年12月25日，贵阳县商会与贵州省商会联合会联合创办《贵阳商报》④，以"发展实业，疏抒商情"为宗旨。该刊初为周刊，四开四版，后改三日刊。为增加《贵阳商报》的影响力和发行量，1945年7月18日改为日刊⑤，对开四版，铅印，1949年11月

---

① 冯祖贻、曹维琼、敖以深等编：《辛亥革命·贵州事典》，贵州人民出版社2011年版，第16页。
② 冯祖贻、曹维琼、敖以深等编：《辛亥革命·贵州事典》，第18—19页。
③ 王羊勺：《贵阳商会沿革概述》，《贵阳志资料研究》1986年第9期。
④ 《呈请登记并准先行复刊》，1946年，贵阳市档案馆藏，资料号：M130100035/6。
⑤ 《贵州商报社招股公函》，1945年，贵阳市档案馆藏，资料号：M430100636/2。

15日终刊。《贵阳商报》从1940年创刊到1949年停刊,共发行一千五百余期[①]。先后任发行人、社长的有陈职民、赖永初、张荣熙等,先后任总编辑的有朱晓云、萧卓凡、黄先和、鲍茂修等。

商会创办报刊主要是为工商业者服务,因此,商报刊载的主要内容是省内外重要经济信息、工商业发展概况、本省各类商品行情及价格、刊登广告、商会作出的决议、国家经济政策、法律法规和税收政策等。除此之外,该刊也刊载国内外重大时事新闻,特别是有关中日关系、中国抗战情况等。1915年,袁世凯为实现称帝梦想,与日本签订了丧权辱国的《二十一条》,《群报》立即刊登了这一消息。宣传抗日成为这一时期商报的主要内容,发挥了唤醒民众爱国意识的积极作用。

《商报》的创立与发行,首先是方便了商人了解国家经济政策、税收政策、商会的决议和各种商业信息。工商业者通过《商报》不仅能获得国内经济政策、贸易政策等信息,还能获得世界各国的贸易、税收和过境等政策。例如,第二次世界大战前期,法属越南对中国过境物资增收通过税,商会立即在《贵阳商报》刊载了此信息。随后,贵州商会与上海商会、云南商会、四川商会以及法属越南华商会互动,抗议法国政府对中国过境物资增收过境税。在法属越南关闭中越通道后,贵阳商会与昆明商会联动抢运滞留在法属越南的过境商货,并在《商报》上刊载"滞越过境物资抢运方案"、运输费征收标准及征收方式、到黔的过境物资数量及货主等信息。

商会创办《商报》,贵州办报力量得到增强,促进了近代贵州新闻事业的发展。近代贵州,由于历史、地理和交通等原因,近代传媒的兴起较晚,数量也较少。自从第一份报纸《白话报》诞生以后,各种报纸如雨后春笋般发展起来。其中,由商会创

---

① 冯程南:《解放前的贵阳商会》,第71页。

办的《商报》《群报》《贵阳商报》等，为民国贵州报刊业的兴盛做出了重要贡献，也开阔了工商业者及普通民众的知识和眼界。商会创办《商报》，工商业者拥有了自己的、独立的舆论工具，大大增强了工商界的社会影响力。工商业者不仅可以通过《商报》发表对经济政策、政治事件等重大事情的态度、看法，也为获得其他社会阶层认同，引起决策者对发展工商业的重视提供了一个窗口。

第六章　商会与近代贵州公共事业

第一节　商会与贵州近代水陆交通

一　贵州古代交通概况

（一）贵州水路交通

贵州是内陆省份，水路交通主要由发源黔境或流经黔境的河流及支流等构成，形成了联结川、湘、桂、滇四省的水路交通网。

黔川之间的水路交通有赤水河及支流习水河、乌江等。赤水河经四川叙永、古蔺，贵州毕节、金沙、仁怀、习水、赤水，再至四川合江入长江。该河水位不稳定，水深度不一，水流湍急，河蜿蜒曲折，巨壑深沟，自古以来行舟异常危险。明代吴国伦诗曰："万里赤虺河，山深毒雾多。遥疑驱象马，直欲捣岷峨。筏趁飞流下，樯穿怒石过，劝郎今莫渡，不止为风波。"① 赤水河的支流习水河，发源于习水寨坝、流经习水、赤水至四川合江汇赤水，入长江。该河在赤水县石堡寺以上，宽约30米，深1—4米，石堡寺以下，宽约50—80米，深2—6米，两岸与河底多系岩石。在近代，高硐以下能通航，但船必须小，石堡寺以下，河面较宽阔，可行1—4吨的木船。黔省境内通航

---

① 谢尊修、谭智勇：《赤水河航道开发史略》，《贵州文史丛刊》1982年第9期。

第六章　商会与近代贵州公共事业

里程约三十公里，有船约二十只，主要输入川盐，输出土产①。乌江发源于乌蒙山麓的威宁，流经水城、纳雍、六枝、织金、普定、平坝、安顺、黔西、修文、金沙、息烽、遵义、开阳、瓮安、湄潭、金沙、石阡、凤冈、思南、德江、沿河及四川西阳、彭水、武隆等二十余县。整个河流，除下游外，大都谷深峡窄，河床坡度大，暗礁伏流多，水流湍急，岸势陡峭，水深2—25米，河宽度50—200米。

黔湘之间的水路交通有铜仁河、潕阳河和清水江。铜仁河是沅江支流之一，发源于黔东北梵净山麓。在贵州境内流经江口、铜仁及锦江场，在湖南境内流经麻阳、辰溪后入沅江。沿河两岸，多系岩石组成，河宽50—150米，水深1—5米不等。潕阳河是沅江支流之一。潕阳河发源于贵州瓮安县东南的兰家关，经黄平、施秉、镇远、玉屏及湖南新晃、芷江、怀化、黔阳八县而入沅江。潕阳河两岸，山多田少，河底多系岩石，河宽70—80米，水深3—4米。清水江发源于都匀县邦水乡郎里，流经丹寨、麻江、凯里、黄平、台江、施秉、剑河、锦屏、天柱，至湖南黔阳入沅江，全长480公里。河宽30—160米，深1—5米不等，河底多系岩石结构。

黔桂间的水路交通为都柳江和红水河。都柳江发源于独山县南的丽新寨水镜潭，流经独山、三都、榕江、从江四县后，入广西西江。都柳江在黔境内分为三段：上游，大河镇以上，流经群山之间，河床随山势曲折，倾斜峻陡，航行困难，河底多为石岩或卵石。自三都西13公里处的大河镇至榕江县一段，长140公里，滩险特多，有百余处，航行最不便。其中，从大河镇至都江两岸，山岭逼峙，高而险峻，河床深藏于两岸之中，狭窄出奇；从都江至榕江县一段，河槽虽较宽，但是河道曲折异常，几乎无1公里长的直道。红水河为珠江主流西江的一段，

---

① 何辑五：《十年来贵州经济建设》，第336页。

上汇南、北盘江，下接黔江。红水河自蔗香双江口起，经贵州望谟、罗甸、广西乐业、天峨，然后至黔江、浔江入西江。黔省边境一段，白双江口至天峨县，长115公里，河宽120—300米不等，沿岸山岭重叠，人烟稀少，并且滩险栉比，多达32处。

黔滇之间的水路交通有北盘江、南盘江。北盘江为珠江干流西江的支流之一，古称逊水、存水，发源于云南宣威，流经贵州水城、普安、六枝、晴隆、关岭、镇宁、兴仁、贞丰、望谟、册亨等县，至望谟蔗香双江口入红水河。全河流经丛山峻岭之间，湍流漩急，滩险甚多，航行颇难，仅贞丰百层至望谟蔗香，约七十公里，就有滩险37处。南盘江位于珠江主流西江的上游，发源于云南沾益西花山洞，流经沾益、曲靖、陆良、宜良、路南、开远、泸西、师宗、罗平，贵州兴义、安龙、册亨，广西隆林、乐业等十余县，至双江口入红水河。

尽管贵州水路交通线多，赤水河、乌江、舞阳河和清水江等拥有航利条件，由于贵州长期处于中央政府统治的边缘地带，对贵州各大河流的疏浚较少。民间也因民贫力弱，缺乏对贵州各河流的疏通。因此，在民国之前，仅有赤水河得到一定的开发。总体上，贵州各河流因缺乏疏浚，航利条件没有得到充分利用。

（二）贵州陆路交通——驿道

贵州古代陆路交通主要是驿道，包括省际及省内驿道。省际驿道主要以贵阳为中心，连接湖南、四川、云南、广西的驿道。省内驿道是指大大小小的县乡驿道。至咸同年间，县乡驿道有235处。到光绪中期，贵州驿道有了新的发展，出现了工矿驿道。1894年，威宁"北海距（铅）矿山较下江为近。因饬公司于北海查勘山脉，试开煤厂。幸八月后见功，煎炼合用。复饬公司沿山修路，制造牛车，往来拉运，以便移炭就矿，移

第六章　商会与近代贵州公共事业

矿就炭,直至11月,一切始行就绪。"① 驿道实际上也是交通运输通道。到清末年,贵州驿道网形成,设有驿、站、铺的网状干线驿道有35条②。但是,驿道较窄,运输工具简陋,运输动力主要是人畜,运输方式为畜拉车、畜驮运、人挑背等。

交通是经济发展的前提条件之一,它关系着物资运输,商旅往来。在20世纪初之前,贵州河道、驿道的分布格局决定了进出口贸易商品在东西南北等边缘地区是以水路运输方式为主,在黔中地区则是以牲畜以及人力等成本较高的陆路运输方式为主。这种水陆运输格局模式使得商品运输不能规模化,运输成本偏高,运输时间较长,严重束缚了贵州经济的发展。对河道进行修浚疏通,建设以公路、铁路为主的现代交通,形成水陆交通网络,不仅能为贵州的工业企业获得更多的消费者和原材料,而且提升运输速度,进一步加快产品的销售,加速货款回收,从而有助于减少企业运营成本。同时,铁路、公路交通沿线的农村居民也会从类似的变化中得到实惠。因此,建设公路、铁路,疏通河道,建立起现代水陆交通网络已成为贵州工商业者、消费者、农民的共识与需要。

二　商会建设近代交通

(一) 商会与水路交通建设

清前期,贵州地方政府对河道进行数次疏通,促进了航运发展。到清晚期,在自然环境、战争等因素的影响下,贵州各河道的部分河段逐渐淤堵,航运时通时阻。据夏鹤鸣、廖国平的研究,在鸦片战争后,因洪水、岩崩造成赤水河,乌江等断行。赤水河道光二十一年(1841)至宣统三年(1911),发生大洪水有七八次,造成许多滩险,航行条件恶化。咸丰六年

---

① 民国《贵州通志·前事志》第41卷,第21页。
② 林辛:《贵州近代交通史略1840—1949》,贵州人民出版社1985年版,第13页。

(1856)八月,德江县境乌江左岸一次岩崩,坠入河中的乱石达数十万方,航道被阻断。同年凤岗县境荒溪发生巨大泥石流,挟带数十万方乱石堆积溪口,形成甘溪子滩,导致乌江的凤岗段断航。河道淤堵,河道航行条件恶化,有的河段已不能通航,航运受到阻碍。19世纪70年代后,贵州的工矿业、贸易、商业性农业逐渐发展起来,疏通与修治河道有利于进出口物资的运输,也有利于工商业者。作为工商业者的利益代言人,商会对贵州各河道进行了修缮、疏通。

商会勘察、疏通乌江。乌江是贵州省内最大的河流,流域约占黔省面积的40%,自古以来就是贵州进出口物资的重要通道。清代的思南,"商之由陕、由江至者。边引蜀盐,陕人主之。棉花布匹,江人主之。其盐自蜀五洞桥盐井运涪入黔,两易舟以达思南,分道散售。石阡、铜仁、镇远各府皆引地也。计岁销盐数百万斤。西人出资,置货设店。涪州听居人及江商,运黔于各口岸销售。近则西商自遣其伙,入黔售卖。"[①] 可见,乌江与全省商品经济的发展休戚相关。在商会建立之前,就有商人集资疏通河道。在贵州各地商会建立后,疏通河道由以前的商人出资,民间自修、政府负责修缮转变为商会负责修缮或商会与政府合作勘测、疏通。贵州商务总会在1912—1915年,对乌江河进行了疏通。1911年,贵州商务总会的会员华之鸿倡议开凿乌江。疏浚乌江不仅可以解决黔省中部的食盐供应问题,也能便利该河沿岸农产品的运输。因此,该提议得到贵州商务总会的积极支持。疏通乌江,工程浩大,事务烦琐,贵州商务总会会长徐屏臣亲自主持疏浚工作。1912年,商会聘请河道专家对乌江进行勘测后,认为应分段疏浚,计划先疏通乌江部分滩渡及其支流石阡至修文县界黄沙河一段、黄沙河至贵阳县属

---

① (道光)《思南府续志·风俗》,思南县志编纂委员会办公室2002年点校本,第111页。

第六章 商会与近代贵州公共事业 ✱

的朱吕河一段。为此,商会积极雇用工人、购买疏通工具及其他材料等。因工程巨大,耗资多,商会号召各会员积极捐助,各会员纷纷捐款,仅华之鸿就捐款5万元①。1916年,护国战争爆发,疏通河道工程中断。这次疏通河道工程持续了三年时间,计划疏浚的大多数河段得到疏通,大约完成了整个工程的80%②。

商会疏通赤水河,实现公路与水路的交汇。赤水河是川盐入黔的主要通道。清末民初,为保持赤水河通航,赤水的盐帮与航运帮联合建立了岁修制度,即由各段船业公会分段承担疏浚,盐帮承担筹款。1926年,周西城开始修建川黔公路,贵阳经扎佐、息烽、乌江、遵义、桐梓一段。疏通赤水河,完成公路与赤水河的交汇,形成水陆交通网络,改善川盐入黔的交通条件,方便进出口物资的运输,成为贵州商民、政府的迫切愿望。1936年冬,赤水河的河船业公会组织修缮鸭岭滩等六滩。同年,土城船业公会组织修缮落妹堌等六滩,共用工1293个。根据工种技术差别,每工支付工资2—5角不等,总支出工料费银圆480元,悉由两段公会支付③。在盐业与船业公会的互动、合作下,赤水河航运基本维持畅通,并首次实现了贵州水陆交通的联通。

筹资修建重安江。清水江的支流重安江是湘黔物资互流的重要通道。自清末因岸坡崩塌断航,船只过往绝洞滩必须卸载搬货。搬货不仅增加商品的运输成本,也导致货物损耗较为严重。清末民初,商民曾数次组织勘测,因军阀混战等原因而失败。1929年至1930年,当地商绅集资2000元,清理河中槽石,但并未彻底疏通。1931年,商民再次自发组织对重安江进行勘测,见"河中怪石纵横,两岸巉岩嵯峨,水石相撞,声震如

---

① 林辛:《贵州近代交通史略 1840—1949》,第53页。
② 林辛:《贵州近代交通史略 1840—1949》,第54页。
③ 参见夏鹤鸣、廖国平主编《贵州航运史 古、近代部分》,第172页。

雷",险段"长约五十余丈",有门槛石"横亘中流,激水成滩,流势汹涌",险峻异常。勘测后认为,需对重安江进行一次大规模治理。为此,商民代表组成"续开绝洞委员会",负责筹集疏通河道的经费,并主持工务,监督疏浚,管理收支,采办料具等事宜。该委员会正副会长及财会、文牍、庶务,监工等管理人员共18人,不索报酬,进行义务劳动。经核算,该工程预计要耗资经费3000元。商会采用发行股票方式筹集该笔修河费用,商民所认股份及股息的偿付,于工程竣工后5年内,向本段船民收取相当于搬滩费的三分之一的费用,交由商会支付给认购股份的商民①。本次疏通工程施工两个月,于3月末竣工后复航。

商会向政府提议修建河堤、码头。在公路交通修建之前,榕江是黔、桂、湘三省的交通枢纽,大量船只往来。然而,榕江没有修建河堤、码头,货物起卸和船只停泊均不方便。1918年,榕江商会会长胡锡华等人向县政府建议修建码头、河堤,得到县政府的批准。为统筹修建工作,县政府牵头成立"筑堤委员会",胡锡华任委员之一。该工程从1918年秋季正式开始,到1920年春季止,二百余工人整整用了一年零九个月时间,耗费六万余银圆,河堤由陡码头修至牛皮箐,长五百三十丈三尺,堤宽约一丈②。1924年,榕江暴发洪灾,1918年修建的码头和河堤被洪水冲毁,胡锡华等人再次向县政府提议,将车江渡口以下的河流拦断,改道向板壁岩流去,避免河堤及码头被毁,获得县政府批准。"拦断河流"工程复杂,县长汪汉亲自召集地方各界人士到县府开会研究,并成立了浚河委员会,胡锡华、蒋仲良、詹耀垣、周辑之、何畅达、韩履谦、周伯楷等九人为委员,负责修建码头和河堤。

---

① 夏鹤鸣、廖国平主编:《贵州航运史古、近代部分》,第176页。
② 蒋仲良:《古州码头、河堤的几次修筑》,载《榕江文史资料》第3辑,第129页。

第六章　商会与近代贵州公共事业

（二）商会与近代陆路交通

贵州是一个内陆省份，远离大江、大海，陆路交通是贵州交通建设的重点。近代陆路交通建设主要是修建公路和铁路。贵州的公路建设始于周西成主政期间，他主导修建了川黔公路、黔桂公路、黔滇公路。1929年5月，周西成战死，川黔公路只修建贵阳至桐梓路段，全长95公里[①]，这是贵州建成的第一条公路，意义重大。黔滇公路只修建了贵阳至安顺路段，黔桂公路只修建了贵州境内路段。因此，公路运行仅限于贵州腹地。抗战开始以后，特别是国民政府迁都重庆以后，贵州成为进入陪都的主要通道。贵州交通运输是否畅通，关系着重庆的后勤、军需和民用供应，更关系着中国整个抗战局势的走向。为此，国民政府加强了贵州的交通建设，继续修建桂黔、川黔、滇黔等省际公路。贵州多山，修建公路需开山辟地，要大量经费。为解决公路建设的经费，国民政府一方面拨款，另一方面要求贵州地方政府筹集公路建设款。然而，贵州地方政府因财政收入有限，不得不把公路建设款转嫁给社会团体及民众。在地方政府发起的数次筹款中，贵州各商会都积极捐献。1942年，贵州公路局计划扩宽贵阳市内公路，但面临经费困难。于是，公路局号召社会各界捐献。经社会各界捐赠后，还差建筑费25万元，贵阳商会立即召开第四次统一捐募委员会，解决25万元建筑费问题，各同业公会表示愿意承担捐款，共计20万元。其中，仅国药商业公会就捐助3780元[②]。经济实力较为雄厚的商会个体会员也积极参与贵州公路建设。1941年，遵义商会的个体会员——大兴面粉厂修建遵义狮子桥、偏岩子沿山到大兴厂的公路，即遵义大兴路。该路1941年春由大兴面粉厂进行修建，公路建设费1.748万元[③]，全部由大兴面粉厂负担。因初修

---

① 《贵州财经资料汇编》，第668页。
② 《国药商业公会公路捐款》，1942年，贵阳市档案馆藏，资料号：M430100570/6。
③ 翁仲康：《大兴路的兴修与扩建》，载《遵义民国工商金融》，2008年版，第332页。

的大兴公路比较窄，1943年11月，遵义市政府提出对该路进行扩建。大兴面粉厂积极与政府合作，负责征收道路沿线居民的土地、支付建设费和居民土地征地费、委托川黔铁路勘测队第三分队实地勘测、绘制公路图等工作。经过大约半年修建，大兴公路再次通车。

商会通过独自或与政府协作，积极疏通河道，参与公路建设，推动了贵州近代水陆交通的发展，交通网络形成。交通网络的形成方便了贵州进出口物资的运输，各运输通道上的运输工具和货物运量变大。1936年，赤水县报告境内的赤水河上有盐船共208艘，加上其他货船，共有船三百余艘，运量达三千余吨①。航道的畅通使得赤水河沿岸造船业兴盛，仅在赤水县城东一地，就有50多户以造船为业②。随着贵州公路建设的推进，公路交通运输业兴起。1931年之前，公路交通运输业主要由官方经营。此后，贵州省政府允许商人经营公路运输业务。到1934年，贵州有商车70辆，营业线路为900公里③。公路运输盈利丰厚，越来越多的商人加入公路运输行业，交通经济兴起。

第二节 商会与贵州近代消防

一 官方消防建设滞后与火灾频发

贵州官方建立近代消防机构始于清末。清宣统元年（1909），贵州省政府在贵阳设立警务公署，内设总务、行政、司法等部门，司法部门下设消防队负责消防事业，但消防队没有配置消防器材、专项经费，更没有消防员，这实际上是不具备任何消防能力的空壳机构。一旦发生火灾，主要由居民自己灭火。民

---

① 夏鹤鸣、廖国平主编：《贵州航运史 古、近代部分》，第164页。
② 夏鹤鸣、廖国平主编：《贵州航运史 古、近代部分》，第164页。
③ 罗镜明主编：《贵州公路运输史》第1册，贵州人民出版社1993年版，第1页。

第六章　商会与近代贵州公共事业

国前期,军阀政府一直无视消防建设。直到1930年,贵州省政府颁布《贵州省公安局消防规则》,规定消防机关为消防组,设组长1员,教官1员,副组长及班长各1员或数员,防手若干名,归省公安局指挥。1932年,消防组改为消防队,归属司法科,设队长1人,副队长3人,雇员1人,司务长1人,长警118人。国民党执政贵州后,加强了消防建设。1937年,贵州省警察局设立消防总指挥部,局长兼任总指挥。一直到民国结束,消防机构都挂靠在公安局,可见消防建设的落后。

与官方供给消防品不足相比,城市对消防品的需求急剧上涨。晚清末年,随着贵州工商业发展壮大,城市聚集了大量人口、商号、货栈及商货。由于官方没有对城市进行规划、布局,导致房屋建筑紧密,街道狭窄,市民住宅与店铺、货栈等混合在一起。例如,榕江中和街和下河街逐渐演变成商业中心,聚集于此的商号有广和昌、合兴、启利祥、英泰祥、利生祥、永升、广和祥、协和,福庆隆、左祥胜、泗成、均昌隆等,这些商号还把大量货栈设立于此①。此外,这里还聚集了茶馆、酒楼、戏院、赌场、大烟馆。又如,清末省会贵阳商户达300多家,主要分布在以大十字为中心的东西南北四条街。商业区与民居区混合一体的布局带来巨大的火灾隐患。同时,住房、商铺、货栈多为木质材料,本身也容易着火。因此,在晚清、民国年间,贵州火灾频繁,仅在1935年,贵州发生火灾的县就有9个,即龙里、八寨、永従、大唐、榕江、锦屏、三穗、省溪、下江等。其中,榕江就两次发生火灾,损失最为严重,灾民为27000人,财产损失为53000元。受灾最轻者为大唐县,8月,该县西关镇发生火灾,损失财产5000元②。又如,1939年5月到1940年5月,黔西、兴仁、黄平、安顺、瓮安、从江、盘

---

① 李仄:《晚清到民国时期榕江城关的民间消防组织》,载《榕江文史资料》第3辑,第120页。
② 张肖梅:《贵州经济》,中国国民经济研究所1939年版,第17页。

县、天柱、平舟、丹江、松涛、普定、龙里等 15 个县发生火灾①。尽管政府建有消防机构，配置了消防工具和消防员，但地方政府财政收入有限，对消防支出较少，消防设备数量少且陈旧，灭火效果差。1942 年，贵阳消防队有消防员 97 人，灭火工具仅有救火车 3 辆，小型救火机 8 部，手摇水龙 3 部，药沫灭火机 4 个，救火网 1 个，帆布水缸 3 个，木拉梯 1 架②。省会贵阳的消防设施都如此落后，市县级消防队配置的消防器材则更落后，且数量更少。例如，20 世纪 30 年代，毕节的消防队仅有防火钩 10 把，洋铁消防桶 5 对，木质消防水缸 1 个，储水木缸 2 个。由于贵州官方消防机构的人力、物力有限，还不能全面担负起城市的消防安全。1939 年 2 月 4 日，日本飞机轰炸贵阳，投下多枚炸弹、燃烧弹，爆炸引发火灾。因官方消防队的消防器材简陋，灭火不力，烧毁房屋两千多家，厂房数家，损失市值约为 1410 万元，死亡人数约计 1900 人③。可见，官方提供的消防品仍旧不能满足社会需求。城市中一旦发生火灾，遭受损失最为严重的是工商业者。为保护工商业者免受火灾侵害，商会开始承担起提供消防品的社会责任。

二　商会创办消防队

在晚清时期，商人和城市居民联合建立消防组织。例如，安顺城有消防组织二十四保，每保配备有抓竿 4 根、麻搭火钩 4 根等简陋的消防器材，以截断火路为灭火、救灾原则④。又如，光绪末年，榕江下河街住户与商户合作建立消防会，负责榕江

---

① 贵州省临参会秘书处编印：《贵州省临参会第三次大会记录》，1940 年版，第 109—111 页。
② 贵阳消防志委员会编：《贵阳消防志》，贵州科技出版社 1991 年版，第 6—7 页。
③ 蔡森久：《"二·四"轰炸给贵阳人民造成的损失和灾难》，第 187 页。
④ 孙起延：《抗战时期安顺义勇消防队的成立及解散》，载《安顺文史资料选辑》第 4 辑，1985 年版，第 60 页。

第六章　商会与近代贵州公共事业

县城城市消防①。这是一个群众性质的防患御火的公益性组织，经费来源于商户、居民户的捐助和房屋租金，灭火救灾工作由商民和居民户共同担负。一旦发生火灾，所有居民和工商业者都要参与灭火。经费来源的捐助制导致消防会的收入不稳定，且数量有限，只能购买消防器材、修建蓄水池和蓄水缸等，没有多余的经费来雇用消防人员，消防会的防御灭火能力有限。

商会建立后，开始着手建立消防队。贵州商会建立消防队历经了与民间消防组织合作到独自建立消防队的过程。在商会建立初期，主要与当地已有的民间消防组织合作，为其提供购买消防器材的经费。例如，榕江商会为消防会购买了2台手压式灭火机②。然而，民间消防组织由住户和商户组成，平时各自为业，遇到火灾时则全员出动灭火救灾。因消防会不归商会管控，商会想扩大消防会的规模或利用消防会服务于工商业者变得困难。因此，商会着手建立自己的消防机构。在独自建立消防组织的初期，商会负责购买、提供消防器材和修建水池等，消防员则是由就职于当地工商企业的工人兼任。例如，榕江消防队的消防员主要由当地的搬运工兼任③。工商企业的员工平时要忙于工作，没有经过消防知识、技能等专业训练，在灭火救灾时显得不够专业，消防效果不佳。民国以后，随着贵州工商业的快速发展，工商业者的经济力量增强，商会开始建立自己管理的消防队。贵阳、安顺、金沙、古州、遵义等商会都筹建了消防队。此后，消防队成为一个独立的、专门机构，不仅配置了先进的灭火工具，也配置了专业的消防人员。例如，贵州总商会建立的消防队，配备有水龙、水枪等消防器材，消防员达四百多人④。为保障消防队队员保持训练，提高救防能力，商会对消防队员的薪金、灭火

---

① 李仄：《晚清到民国时期榕江城关的民间消防组织》，第120页。
② 李仄：《晚清到民国时期榕江城关的民间消防组织》，第122页。
③ 李仄：《晚清到民国时期榕江城关的民间消防组织》，第123页。
④ 冯程南：《解放前的贵阳商会》，第60页。

救灾的临时补助以及因工受伤补贴等作了相关规定。在薪金方面，消防员按月领取工资。如果发生火灾，消防员及时去灭火，每执行任务一次，视工作量大小，获得一定的出勤补助。如因公受伤，由商会负担医药费和生活费。

消防队成立后，当火灾发生时，及时进行灭火救灾。民国期间，安顺东大街恒昌楼上失火、东门桥于家钟表店失火、南街郑干臣家失火、曹家街某姓家失火，西门外火神庙失火，都是商会的消防队扑灭的①，这表明消防队建立后，城市的灭火救灾工作获得了大大提升，也彰显了商会在近代城市消防建设发展中的重要作用。

消防产品属于公共产品，按照公共产品供给的一般原则，主要由政府提供。但是，近代贵州政局不稳，政府财政困难，在消防品供给上缺位，商会承担起提供消防品的角色。尽管贵州商会建立消防队的目的是保障工商业者的生命财产安全，但客观上惠及了大多数社会成员，保障了一方民众平安。

第三节 商会与近代贵州慈善救济

一 近代贵州的灾民与难民

近代以来，受经济结构变迁、自然灾害和战争等因素影响，经济力量弱小的民众生活日益困窘，涌现出灾民和失业人员。与工商业发达城市相比，近代贵州的灾民主要是受自然灾害产生的急需救助的本地民众。贵州特殊的地理气候环境导致各种瘟疫、虫灾、旱灾、水灾、霜灾、雹灾、火灾频繁发生。例如，1935年，贵州就有31县遭受水灾，12县发生旱灾，9县发生火

---

① 孙起延：《抗战时期安顺义勇消防队的成立及解散》，第65页。

第六章　商会与近代贵州公共事业

灾，3县发生雹灾，2县发生蝗灾①。又如，1937年，贵州爆发旱灾，"全省被灾七十四县，除剔去轻灾12县不计外，共计急待赈抚有62县之多，尤以赤水、遵义、桐梓、仁怀、贵阳、安顺等21县为急中之急，合计灾民272.2276万人，占全省900万人口数30%。"②这次旱灾不仅涉及范围广，还持续时间长，灾害程度级别高。黔省旱灾，亘十个月之久，其严重不下于民十四之全省大旱③。旱灾后极易引发火灾，1939年5月至1940年5月，贵州就有黔西、兴仁、黄平、安顺、瓮安、从江、盘县、天柱、平舟、丹江、松桃、普定、龙里等15个县发生火灾④。各种自然灾害后，常常伴随着瘟疫发生。1937年，贵州旱灾后，暴发数种瘟疫。据当时黔省政府官员何应钦在向中央财政部和蒋委员长请求赈济的电文中记载："受灾各县，白喉、红痧、伤寒、春瘟等症，极度普遍，死之枕藉。"⑤各种自然灾害相继爆发并交集，导致灾难危害程度变得更加严重，农作物收成锐减。例如，1942年至1944年的旱、蝗、虫灾，长顺县的农作物"收成不得十分之二"⑥，威宁县"收成百不得一"⑦。各种灾害、灾难交替频发造成大量的灾民。1937年，全省"灾民四五百万，饿殍载道、饥馑相望、实属百年所未有"⑧。

贵州的难民主要是在抗战期间从沦陷区流入贵州躲避战祸的民众。抗战爆发后，产生了近代中国规模最大、人数最多的

---

① 张肖梅：《贵州经济》，第17—18页。
② 《成静生昨飞返沪谈救济黔灾办法》，《申报》1937年4月23日第3版。
③ 《黔省旱灾急赈办法》，《申报》1937年7月1日第12版。
④ 贵州省临参会秘书处编印：《贵州省临参会第三次大会记录》，第109—111页。
⑤ 《贵州旱灾实况》，《申报》1937年5月9日第6版。
⑥ 贵州省档案馆编：《贵州档案史料》1988年第4期。
⑦ 贵州省临参会秘书处编印：《贵州省临参会第二届第四次大会记录》，1946年版，第112页。
⑧ 蒋德学主编：《贵州近代经济史资料选辑》第1卷，四川省社会科学院出版社1984年版，第262页。

※ 近代贵州商会研究

一次难民潮，人数至少有6000万人，约占全国人口的14%①。李德生认为，难民进入贵州大体上可以分为三个阶段：1939年至1941年底香港沦陷之前，抗日战争局势相对平稳，仅有零星难民入黔，多为投亲访友或找家属。1941年底香港和东南亚部分地区沦陷，1942年首批香港九龙缅甸侨胞难民来黔，贵州迎来了抗战时期的第二波难民。1943—1944年，日军侵入湖南、广西后，积聚在湖南、广西等地的流民开始涌入贵州，形成第三波难民潮②。仅在1944年11月中旬，沿黔桂路西上的难民达70万人，步行行列蜿蜒长达30华里③。随着难民涌入，贵州人口数量激增。例如，独山人口由3万人增加到12万人，没有户籍的难民不算④，逃至贵阳的湘桂难民已达12000人⑤。

战争、自然灾害、瘟疫等使得灾民、难民流离失所，食不果腹，衣不蔽体，四处游离，严重冲击当地社会秩序，引起政府、社会团体、民间人士的高度重视。其中，商会作为利益集团，以独特的方式参与到救济灾民的活动中。商会代表着商人群体的利益，它的成员是社会阶层中比较富有者，是社会财富的持有者，具有强大的物力、财力和社会影响力，也具有组织公众积极参与救济活动的能力与意愿，这为商会参与地区慈善事业提供了保障。自近代贵州商会产生后，积极参与到贵州社会救济事业中，为近代贵州地方慈善救济事业的建设与发展做出了重要贡献。

商人是一个逐利阶层，参与慈善救济需要花费大量财力，这与商人逐利目的相悖，但古今中国，商人参与救济事业的事

---

① 孙艳魁：《苦难的人流——抗日战争时期的难民》，广西师范大学出版社1994年版，第63页。
② 李德生：《抗战时期贵州民政研究》，中国言实出版社2016年版，第128—135页。
③ 《黔桂铁路沿线难民达七十万》，《新华日报》1944年11月12日第2版。
④ 《独山人口由三万增加到十二万，没有户籍的难民不算》，《新华日报》1944年12月7日第2版。
⑤ 《贵阳飞雪难胞仍在流离》，《新华日报》1944年12月3日第2版。

第六章　商会与近代贵州公共事业

例无数，主要原因有两个方面：一方面，工商业者的经营离不开良好的社会环境，而参与慈善救济，安抚灾民、难民，既能稳定地区社会秩序，也能塑造商人良好的社会形象，从而获得其他社会群体对工商业者群体的认同和尊重。另一方面，商人参与救济事业，也是保护自己的生命、财产安全。晚清民国时期，工商业企业面临的市场前景较好，工商业者集聚了巨大的财富。当灾难发生时，商人的生命及财富受到灾民、流民等群体抢劫的威胁，救济、安抚他们有利于保护商人的利益。因此，商人参与救济灾民、难民是一种维护产权的行为。同时，工商业者的钱财来自社会，在老百姓受灾时，参与社会救济，是商人回馈社会，肩负社会责任的体现。

二　商会救济灾民与难民的方式

募集资金支援灾区是商会、会员救济灾民的方式之一。晚清政府以前，中国的救灾方式是以官方救助为主，个人乐善好施为辅。近代以后，战败引致向敌国赔款，使得近代中国各界政府财政困难，把原本由政府主导的救济工作转嫁于社会。商会作为近代贵州新兴社会力量，自产生后，把"举办慈善事业"作为商会的重要工作之一。每当发生自然灾害时，商会立即派出人员去调查灾区的灾情，然后告知各会员、其他社会大众灾区的灾情概况。同时，商会积极劝告各会员捐款，或组织义演，或通过媒体呼吁大众捐款等方式来筹集资金，支援灾区。商会呼吁捐款通常会得到各会员的积极响应，仅1935年的赈灾中，贵阳特货业公会仅在8月就捐款199.9764万元[①]。

商会救济灾民、难民的另一种方式是平粜粮价。虫灾、旱灾、水灾、霜灾、雹灾等最直接的后果之一就是农业歉收或无收，粮食供给减少，价格上涨。例如，1936年，贵州大旱导致

---

① 张肖梅：《贵州经济》，第111页。

"入冬以来,各县米价飞涨,它粮亦然,即以贵阳而论,往年各季米价每石不过八九元,本年竟超过一倍,每石要二十二三元之贵"①。保障灾区粮食供给,稳定粮价就成为亟待解决的问题。然而,贵州土地贫瘠,余粮不足。平粜工作首先得在周边省份采购粮食。商会领导人则亲自到邻省采购、运输粮食入黔。例如,1937年,贵阳商会领导人陈职民担任赴湘采办赈米委员,负责粜米的采购、运输工作②。在灾害发生期间,商会积极组织会员去灾区"平粜"。对于参加"平粜"的商人,商会为他们向政府有关部门申请专门的护照,以便沿途豁免捐税,以便运输管理部门为运输费打折。商人在购粮与运输过程中遇到困难,商会也会出面与有关部门协调解决。1916年,遵义遭受百年不遇的特大洪水,将水碾冲毁,遵义市米价高涨。新城公所要求粮商按照平时价格出售米谷,平抑粮价③。为保障"平粜"落实到实处,商会还监督参与"平粜"的粮商,如发现"平粜"粮商违规操作,高价粜粮,即刻查处,责成商家登报致歉,并取消所发护照。粮食是救济灾民的基石,它关系着整个灾区人民的生计问题,也关系到灾区社会秩序是否稳定。商会的"平粜"措施不仅保障了灾区物资供给,物价稳定,继而稳定社会秩序。

募集粮食就地解决灾民饮食是商会救助灾民的又一方式。战争、灾害、灾荒发生后,灾民、难民为了寻求生存机会,常常四处游走。在灾民、难民出现之地设立救助站,解决灾民、难民的食宿就成为救助工作的首要任务。为此,商会积极组织商人募捐,筹集粮食,设置粥棚与住宿安置点。例如,1933年,水城饥荒严重,灾民涌入县城。水城商会立即参与救济灾

---

① 《贵州省二十五年旱灾赈济计划》,1937年,贵州省档案馆藏,资料号:M24001/59。
② 韩克峰、刘景岚:《1937年贵州平粜论述》,《历史教学问题》2021年第3期。
③ 郑兴会:《遵义的老城新城及城公所》,《贵州文史丛刊》2007年第2期。

第六章　商会与近代贵州公共事业

民。为使救灾工作有统一安排与管理,水城商会成立籴粜会,成员主要有洪海清、聂郁麟、王仲山、王叔文、郭焕章、李福三、施汉臣、刘秉权、马步骅、李如周、朱和清、王本初、马伯超等①。籴粜会成立后,成员首先展开捐献粮钱,多的五石,少的几斗,无粮捐钱。但是,仅靠籴粜会成员捐献的粮食不能满足灾民的饮食需求。籴粜会又号召全县有钱有粮的富户进行捐助。经过籴粜会成员的努力,募集到了大量粮食,救灾活动得以持续 2 个月②,救济了大量灾民。

募集寒衣确保难民、灾民保暖御寒。寒冬腊月,天气寒冷,灾民、难民急需御寒的衣服、被子。贵州各商会独自或积极响应政府号召、指令等为灾民、难民募集御寒的衣服、被子。例如,1943 年冬,贵州省冬令救济委员会发起劝募寒衣捐献活动,在召开第一次筹募会议中,政府号召社会各界筹募捐款金额为 150 万元,贵阳市商会主动承担 65 万元捐款,贵阳市银行界捐募 25 万元,仁永綦涪四岸益商捐募 15 万元,慈善人士捐募 15 万元,各娱乐场所捐募 30 万元,共计 150 万元③。市商会在承摊 65 万元寒衣捐款后,召集各同业公会开会,制定分配原则和方案,并积极劝告各会员认捐。其中,糖食海味商业同业公会照资本额负担冬令救济费 15300 元。仓库业公会号召同业自动捐款,负担经费 33336 元④。

医疗与安葬救济也是商会救助灾民的一种方式。灾民、难民等因风餐露宿,食不果腹,衣不蔽体,容易感染疾病。当灾民、难民生病时需进行医疗救济,确保灾民、难民的身体健康成为商会救济工作的一部分。在抗战期间,贵州商会纷纷设置医疗救治组,专门负责救助生病的灾民、难民。当有灾民、难

---

① 颜绍尧:《水城县商会概况》,第 65 页。
② 颜绍尧:《水城县商会概况》,第 65 页。
③ 《三二年冬令救济金捐款》,1943 年,贵阳市档案馆,M430100059/10。
④ 《三二年冬令救济金会员捐款册》,1943 年,贵阳市档案馆,M430100059/12。

民生病时，商会工作人员积极联系医院，护送病人去医院，支付医疗费用等。例如，贵阳商会把生病的灾民、难民运送到卫生医疗部门，把因战争受伤的难民，组建担架队送往医院救治①。自然灾害、战争一定会导致部分灾民、难民死亡。为让死者入土为安，保障死者的尊严，贵州各商会成立专门的安葬机构，负责掩埋去世的灾民与难民。仅在1943年，贵阳市商会救济处下的掩埋队安葬难民死者564人②。

三 商会参与救济的作用

慈善救济关乎社会稳定，是国家和社会面临的共同问题。在传统中国的救济工作中，国家和社会彼此协作，但两者在救济工作中所处的地位又有不同，国家历来是慈善救济的主导力量，社会是救济工作的辅助力量。在近代中国，救济工作开始近代化，最显著的特征是政府颁布条例把救济工作规范化、制度化。1915年1月20日，北京政府颁布《勘报灾歉条例》。该条例具体内容共分19条，详细规定了报灾、勘灾、查赈、放赈的具体流程，规范了报灾、勘灾的期限，查赈、放赈的标准。国民党执政后，对北京政府颁布的《勘报灾歉条例》进行了修订，并于1934年2月24日正式公布。修订后的"条例"内容更为详细、具体，特别是勘灾、报灾的期限方面。勘灾期限规定为：旱虫各灾，由渐而成，应由县局长随时履勘，至迟不得逾十日。风灾、雹灾、水灾及他项急灾，应立时履勘，至迟不得逾三日。报灾日期：夏灾限立秋前一日；秋灾限立冬前一日为止。但临时急变因而成灾者，不在此限。气候较迟之区域，亦得酌量展限③。官方成立专门机构负责灾害处理，赈济工作制

---

① 冯程南：《记解放前的贵州省商会》，第105页。
② 《贵阳市商会工作报告》，1943年，贵阳市档案馆藏，资料号：M430100511/17。
③ 《勘报灾歉条例》，载《中华民国法规大全》第1册，商务印书馆民国二十五年(1936)版，第800—801页。

第六章　商会与近代贵州公共事业

度化、规范化，无疑推动了近代中国灾害救济事业的进步与发展。但在赈灾时，官方赈灾机构需要按照一定程序进行。近代时期的赈灾程序分为报灾、勘灾、查赈、放赈等，每一项工作都设置了一定时间期限，《勘报灾歉条例》第八条规定：复勘限十五日，核定限五日，造册表限十五日，核转限五日，共四十日①。可见，官方赈灾机构在赈灾过程中程序烦琐，耗时长，与救灾需要的及时性、灵活性相冲突。作为社会组织，尽管商会也制定了赈灾程序，但与官方赈灾程序相比，更显简单、灵活，能够及时对受灾群体进行救助，提高救助、救济的效率。近代贵州，各种自然灾害频繁，产生了大量的受灾群体需要及时救济、安置。尽管政府在救济、安置难民中发挥主导作用。据国民政府社会部谷正纲的说法，当时社会部、救济会、贵州省政府等机关发放救济费共达法币3亿元，在独山、都匀、贵阳等地救济难民8万余人②。但官方的救济、安置通常需要按照一定的程序、标准进行，往往不能及时根据灾民的个体情况作出灵活救济安排。因此，官方仅救济了部分难民、灾民。1938—1944年，各级赈济委员会救济难民人数仅占国民政府公布难民救济人次的40%，其他则由各慈善机关和社会团体来完成③。

工商业者们在经营活动中养成了办事效率较高的特性与处理问题的灵活性。由工商业者组建的商会，把商人办事的灵活性、高效等渗透到救济灾民、难民的活动中，能有效弥补官方救济灾民、难民的不及时性、低效性，使那些没有受到政府救济的灾民、难民得到妥善救济、安置。同时，商会参与救济灾民、难民，也能培养、提升工商业者的社会责任感。据记载：

---

① 《勘报灾歉条例》，第800—801页。
② 谷正纲：《为举行社会救济事业第一期总检查告社工同志》，《社会工作通讯》1945年第7期。
③ 秦孝仪：《革命文献第96辑》，中国国民党中央委员会党史委员会1983年版，第9—10页。

在抗战期间,安顺商会的救济站先后接待难民近两千余人①,受到国民政府的表扬。救济活动在稳定社会秩序、恢复农业生产、缓解社会矛盾等方面均有积极作用。抗战期间,贵州商会救济难民活动实际上缓和了大后方的社会矛盾,稳定了社会秩序,减少了国民政府管理社会的成本。

---

① 安顺市档案馆等编:《民国安顺县商会档案汇编》,第105页。

第七章　近代贵州商会与抗日战争

日本侵略中国给中华民族带来严重的民族危机。为挽救民族危亡，国民党、中国共产党、民众、社会团体等都加入抗战之中。其中，贵州商会以其独有的方式参与抗战，成为近代中国抗击日本侵略者和世界反法西斯战争的重要力量之一。

第一节　商会与抵制日货运动

一　抵制日货

近代中国抵制日货运动的方式伴随着日本侵略中国的加深而深化。贵州商会参与抵制日货运动始于1915年。到全面抗战开始之前，贵州商会分别在1915年、1919年、1925年、1931年参与了抵制日货运动。全面抗战开始之前，贵州商会抵制日货运动的方式由号召商人抵制日货向宣传抗日、唤醒民众抗日转变。在1915年抵制日货运动中，贵州总商会号召全省商人展开对日经济绝交，抵制日货、拒绝销售日货①。在1919年抵制日货运动中，商会发表了抵制日货宣言，并制定抵制日货的方案。在1925年抵制日货运动中，商会号召各商号罢市，参加游行和宣传抗日。"九一八"事变后，全国掀起了抵制日本帝国主

---

① 冯程南：《解放前的贵阳商会》，第63页。

义侵略的高潮，贵州商会率领各行业积极参加抵制日货运动。贵阳商会主席陈职民还担任了"抗日会"的募捐部副部长。随着抵制日货运动向纵深方向发展，商会开始清查日货，要求商家限期处理已购日货，不准再进日货，否则没收。对经营日货的工商业者来说，抵制日货使得经营惨淡，遭受经济损失。在抵制日货运动的初期，为保护工商业者，商会展现了保护商人的一面。在"九一八"事变后，商会逐渐把民族、国家利益摆在首位，开始把抵制日货运动落实到实质性阶段，不仅要求商人积极抵制日货，还肩负起唤起民众抵制日货的宣传活动。要从根本上达到抵制日货，不仅要求工商业者拒绝销售日货，也要求人民大众不要购买日货。否则，一旦有置民族、国家利益不顾的商人销售日货，抵制日货运动就会陷于空谈。因此，商会宣传抵制日货，起到唤醒民众抵制日货的作用。在全面抗战之前，与全国一样，贵州商会抵制日货运动主要是达到两方面的目的：一方面，是抗议日本侵占中国主权；另一方面，给中央政府施压，迫使中央政府予回击日本，争取国权。

1937 年，日本从军事、经济、外交等方面大举侵略中国。经济方面的侵略主要是在中国推销廉价商品，即复配合其守势经济战之劣货，非战时必需品之大量倾销，及出入口走私①。因直接向中国出口日货必然会遭到国民政府和人民大众的抵制，甚至没收。于是，日本向中国倾销商品多以走私方式进行，利用汉奸、奸商将大批日货改装为国货，运输至后方销售，再将所销售的货款购买后方的物资，或者以换取外汇②。针对日本的经济战，国民政府提出反经济侵略的战略方针。蒋介石宣称，除了军事上的抗日之外，经济抵抗"也是很重要的一个抗日方法"，呼吁官兵绝对不买日货，"如此便可以减少敌人的经济力

---

① 谢君哲：《经济战争论》，大刚印书馆1944年版，第80页。
② 杨寿标：《论经济战》，军事委员会政治部1941年版，第18页。

第七章　近代贵州商会与抗日战争

量，间接打击他的军事，也就是增加我们自己的经济力量，增加我们抗日实力"。① 在呼吁与号召民众、官兵不买日货之时，国民政府还出台相关政策，对售卖日货的商人进行严厉惩罚。1938年，国民政府颁布《查禁敌货条例》，以达到既能"防止敌人以彼货物套我法币，换取货品"，亦可"减少敌人之市场，使其国内工商业发生困难"。② "查禁敌货"是要禁止进口及运销日货。随着日本侵略中国的加深，"敌货"的范围逐渐扩大。在全面抗战之前，"敌货"主要是指日本本土或中国东北地区日商生产的商品。在全面抗战开始后，日货的范围逐渐扩大到沦陷区华商所产货物。《查禁敌货条例》规定：日货是指"敌国及殖民地或委任统制地的货物；由敌人投资经营的货物；被敌人掠夺或利用的工厂、商号的货物"③。因为日货采取了伪装成中国生产或贴国产商标的形式，使得查禁敌货工作更加复杂。敌货范围涉及日本本土、中国东北、沦陷省份的工厂、商号以及贵州境内工商业者经营商品的来源及去向，工作烦琐且量大，仅靠地方政府的某个机构很难完成这一工作。鉴于此，地方政府令当地商会协助查禁敌货。为便于查禁敌货，贵州商会成立专门清查日货的机构，并安排专人负责此工作。例如，1940年，贵阳商会成立抗日救国会，由布业公会理事长卢晴川为主任，专门负责清查与处理日货工作④。工厂、商号不进购日货，就能从根源上禁止日货在贵州市场上流通。在上海沦陷后，许多华商工厂已被日本抢夺、控制或利用，国民政府经济部对这些工厂进行了统计，并把这些工厂名单电饬贵阳市商会，要求遵照办理，市商会随即转饬贵阳各同业公会，要求严格按照经

---

① 国民政府军事委员会政治部编：《领袖十年来抗战言论集》，青年书店1939年版，第227页。
② 章伯峰、庄建平：《抗日战争第五卷：国民政府与大后方经济》，四川人民出版社1997年版，第42页。
③ 《查禁敌货条例》，《经济总动员》1938年第11期。
④ 冯程南：《解放前的贵阳商会》，第65页。

济部所颁敌货名单①，清缴日货。为减轻商家损失，商会对工厂、商号在地方主管官署发布《查禁敌货条例》公告之前已购存的敌货名称、数量进行登记。对查获的已购日货的商家，要求限期处理日货，并要求不准再购进日货。

为遏制商人购运日货，国民政府对违规经营日货者及包庇日货经营者进行了严厉处罚，"1938年1月20日之后定购敌货者，处以6月以上5年以下有期徒刑，并处5000元以下罚款；输入或购售敌货者，处1年以上7年以下有期徒刑，并处5000元以下罚款，情节严重者处无期徒刑，甚至死刑；办理查禁敌货的工作人员，如有包庇纵容或其他营私舞弊，查有实据者，处死刑或无期徒刑"②。为保护工商业者的经济利益，在查禁日货早期，贵州各商会并没有严格按照《查禁敌货条例》中的处罚条例对贩卖日货的工商业者进行惩处，而是进行变通处理。对查获销售日货的商家，商会仅要求限期处理日货，不准再购进日货。如商家再购进日货，一经查获，没收日货。因对销售日货的商人处罚程度较轻，导致一些不法商人私运日货，一些不良商人将所存日货改头换面，剪掉日产商标，冒充国货或其他国家的货物进行出售。针对这一情况，贵州商会展开突击检查和加大惩罚力度。例如，贵阳商会在突击检查日货过程中，发现绸缎商李友兰和行商郭松高二户，私运日货，不仅没收了李、郭二户偷运的日货，还请政府通缉二人归案③。

查禁日货在贵州得到贯彻执行，与商会清查、登记和收缴日货行动密不可分，但贵州商会在查禁敌货运动中，在一定程度上维护工商业者利益，抵制日货运动显得不彻底。据贵阳市商会常务委员冯程南回忆，"在不公开场合，商会负责人的立场并不那么坚定，利之所在还是不顾一切，即使出了事，也尽可

---

① 《查禁敌货》，1940年，贵阳市档案馆，资料号：M430100523/1。
② 《查禁敌货条例》，《经济总动员》1938年第11期。
③ 冯程南：《解放前的贵阳商会》，第66页。

能大事化小，小事化无"①。不可否认，在国家、民族危亡的关键时刻，商会积极查禁"日货"是参与对日经济战的具体体现。

二 提倡国货

抵制日货在一定程度上减少了国内市场上的商品供给，如国货业不发达，供给不足，不能从根本上解决抵制日货问题。因此，抵制日货的同时，商会发起了国货运动。国货是指中国民族企业家或者手工业者生产的产品。从工商业者视角看，国货运动就是提倡生产和供给国货。从消费者视角看，国货运动就是购买与消费国货。近代中国，国货运动始于1905年的反美斗争，是社会各阶层为振兴民族经济而进行的社会运动。民国后，北京政府、南京国民政府等相继执行发展实业政策。在政府、民众的互动与协作下，国货运动更如奔流一般，持久不息地向前发展，成为近代中国社会经济生活中一个十分引人注目的现象。民族企业是国货的供给者，面对各个资本主义强国的经济入侵，弱小、缺乏竞争力的民族企业急需国内消费者的支持，才能发展、壮大。1911年12月，上海绪纶公所、农业公所、典业公所、钱江会馆、盛泾公所、湖绉公所、京缎公所、绣业公所、帽业公所10个团体，为维持国产衣帽的销售和生产，成立中华国货维持会，其宗旨为"提倡国货，发展实业，改进工艺，推广贸易"②。提倡国货就要倡导国人消费国货，如没有发达的民族企业作为支撑，国货运动也就成了空话。因此，发展民族工业成为国货运行的前提。上海的中华民国工业建设会"以群策群力，建设工业社会，企图发达工业为宗旨"，并在团体的工作计划中列入了"规画国货维持法，以保护工业于不败"的内容。

---

① 冯程南：《解放前的贵阳商会》，第66页。
② 《中华国货维持会成立概况》，《国货月报》1924年第1期。

因此，工业界掀起发展实业的活动①。

贵州商会发起国货运动较晚，始于1919年。在"五四"运动期间，贵阳商会在《贵州公报》上刊载文章：认为"对付日本的方法，莫妙于排斥日货"，"排斥日货，足以使其经济恐慌，即足以置其死命，但排斥日货，不能不一面提倡国货，以供需要。"②为推动国货运动，贵州商会发起、组建了国货维持会，负责介绍和推广国货。国货的发展壮大不仅需要国内市场，也需要国外市场。出口税率高导致国货价格偏高，在国际市场上缺乏竞争力。因此，贵州商会分别向国民政府经济部、财政部呈请减轻出口税，并奖励工商业③。在全面抗战爆发后，贵州商会提倡国货运动进入一个新阶段，在《商报》上广泛宣扬国货，号召国人购买国货，以支持民族企业发展。例如，1942年，贵州省商会联合会会长陈职民在《贵州商报》上题词："提倡国货，富国便民"，号召广大市民购买国货。民国初年，国人购买国货不积极的主要原因是国货的质量、款式等相比洋货较差。国货要赢得国人的主动购买，提升产品质量是关键。为此，商会积极举办国货展览会，并劝导商人参加国货展览会，以改进国货生产技术和工艺水平。1942年，贵阳市商会号召各厂商参加贵阳市政府举办的国货展览会，并指出："这次兴办国货展览会，其目的是征集各地工业品、手工艺品及天然物产品参加陈列，专为国货宣扬优点，推广国货销路。"④

提倡国货运动有助于增强国货与日货的竞争，促进民族企业的发展，继而增强中国的经济力量。因此，商会发起的国货运动是商会带领工商业者参与抗日的表现。

---

① 《辛亥革命资料》，中华书局1961年版，第97页。
② 参见俸起鸣主编《贵阳人民革命史》，贵州教育出版社1997年版，第22页。
③ 《呈请财政部农商部维持贵州国货税率文》，《中华全国商会联合会会报》1916年第11—12期。
④ 《各厂商参加博览会》，1942年，贵阳市档案馆藏，资料号：M430100090/6。

第七章　近代贵州商会与抗日战争 *

第二节　认购公债与承办杂捐

一　认购公债

公债，则是国家或政府以其信用为基础，在向国内外筹集资金的过程中所形成的债权债务关系①。根据公债发行主体，可以分为国债和地方债。近现代意义的公债产生于意大利，17世纪以后逐渐在荷兰、英国、法国、德国和美国普及。公债产生主要是政府职能扩张使得以税收获取的财政收入入不敷出，政府向国内或国外借债。近代中国，政府发行公债较晚。光绪二十年（1894），中日甲午战争爆发，军事上需款甚急，而清朝廷财政短绌、内帑空虚，于是户部建议仿照外国办法向本国商人举借内债，称为"息借商款"，发行额1102万两②，这是近代中国发行公债的起点。进入民国以后，发行公债成为中央政府和地方政府解决财政困难的方式之一。在抗战之前，贵州暂未纳入国民党的统治之下，经济也比较落后，国民政府没有在贵州派发公债。

日本全面侵华后，国民政府的军费支出迅猛增长，军费占总岁出的比重从1937年的66.4%增至最高时的87.3%，甚至90%以上③。在战时军费急如星火的情况下，国民政府采取了增税、发行公债、发钞三管齐下的办法，而以发行公债为重点。在抗战初期，国民政府在贵州派发的公债数量较少。在日本侵略者侵占东南沿海地区后，国民政府失去了税源重地，关税、盐税、统税三种主要税收锐减，财政危机加重。随着国民政府迁都重庆，贵州成为抗战大后方，也成为公债派发重地。据

---

① 陈志勇主编：《公债学》，中国财政经济出版社2007年版，第3页。
② 贾士毅：《民国财政史》下册，商务印书馆1917年版，第1056页。
③ 潘国旗：《近代中国国内中国公债的发行概况及特点》，《财政科学》2005年第12期。

《贵州省统计年鉴·胜利纪念特辑》记载,"本省在抗战期间征募之公债有,民国二十六年(1937)之救国公债,三十年(1941)战时公债,三十一年(1942)同盟胜利公债,三十二年(1943)同盟胜利公债,三十年(1941)节约建国储蓄券,三十四年(1945)人民献金。总计历年募集公债实收数为5.78070504亿元,仅及配募数14.18090465亿元的42%,平均每人负担58元"①。除了国民党中央政府发行国债外,贵州省政府也发行地方公债。例如,1937年的建设公债②,1944年的乡镇公益储蓄等③。公债在贵州推行初期,募债效果不佳。为了在贵州募得更多的公债,1942年,国民政府派遣黄炎培来贵州作募债动员。在劝募战时公债动员会上,黄炎培发表劝募讲话:"相信贵州在各位的努力下,在座的主席和各厅处长官,各团体领袖,地方士绅,教育界,工商界,以及店员工人等积极响应,我希望不但募得1000万元,而且还更多。"④尽管黄炎培在贵州进行了募债动员,但公债发行频繁,数量较大,银行、机关、工商业者对公债的认购意愿降低,募债效果仍旧不理想。为此,为完成中央政府下派的募债数额,贵州省各级政府进行公债摊派。其中,商会是公债摊派的重要对象。贵州各级政府通常把募集公债的数额指派给商会,再由商会按照行业发展状况向各同业公会及非公会会员进行摊派。例如,1943年,安顺商会分摊到40万同盟胜利公债⑤。为完成政府指派的募债任务,商会召开会议,制定了公债分配原则,并规定限期认购。1944年,

---

① 谭启栋编:《贵州省统计年鉴·胜利纪念特辑》,贵州省政府统计室1947年版,第1页。
② 蒋国生、韩义义:《民国贵州省政府委员会会议辑要》上,贵州人民出版社2000年版,第417页。
③ 蒋国生、韩义义:《民国贵州省政府委员会会议辑要》上,第417页。
④ 黄炎培:《募债动员:战时公债在贵州》,《国讯》1942年第292期。
⑤ 安顺市档案馆等编:《民国安顺县商会档案史料汇编》,第100页。

第七章 近代贵州商会与抗日战争

安顺各同业公会分摊乡镇公益储蓄款十万元①。各种公债在经济落后，人民贫困的贵州得以认购，与商会协助政府进行公债摊派、劝募有关。以贵阳为例，"1941年贵州省政府给予贵阳战时公债的配募数额为787.5万元，贵阳市全部完成"②。各商会因劝募公债工作积极，募债数量超额完成，受到国民政府社会部的表扬。例如，安顺县商会在民国三十三年（1944），办理公债，成绩尚优，经社会部是年度各省市职业团体中心工作成绩总考核，列为最优等，先行训令嘉奖，后再补发最优等奖状一张③。

二 承办杂捐

政府摊派捐款，历代有之。考其政策要义有二：一为摊派之法，非如税捐普遍征收，而是向特定对象强制分派，以收高效；二为摊派之用，虽有正常税役摊征，但多系在正常税捐之外额外加征，以补财政不足④。抗战期间，国民政府收缴了地方财政大权，地方政府没有财政收入来源，却要承担繁重的地方事务。为此，地方政府频繁的向工商业者摊派各种捐款。根据摊派的项目，分为建设捐、防空捐、寒衣捐、救济捐、劳军捐等。政府机构通常把各种捐款直接指派给商会、同业公会。为了完成政府指派的各种捐款，商会召集会员开会，制定、规范各种捐款的分摊原则，并劝导各会员认捐，督促会员交纳捐款，代收捐款并转存到政府指定的银行。例如，1938年，贵州省政府在全省推行寒衣捐献运动，贵阳商会积极劝告各同业公会认捐，共募的捐款393万余元⑤。其中，特货业公会承捐达300万

---

① 安顺市档案馆等编：《民国安顺县商会档案汇编》，第583页。
② 谭启栋：《贵州省统计年鉴·胜利纪念特辑》，第7页。
③ 安顺市档案馆等编：《民国安顺县商会档案史料汇编》，第563—564页。
④ 魏文享：《抗战胜利后的天津商人与政府摊派》，《史学月刊》2020年第2期。
⑤ 《建设公债函件》，1941年，贵阳市档案馆藏，资料号：M430100489/8。

元，布业公会捐款 2 万元①。1941 年 10 月，安顺县政府指令商会参与双十节寒衣献金活动。10 月 6 日，商会召开双十节寒衣献金讨论会，确定办法四项：①先用书面宣传，限 10 月 6 日以前由本会印发各公会，分发各会员，尽量献金。②各公会应预为约定，将献金数目先期报会。③接到通知不献金者，由政府指派寒衣捐。④献金时间，本会常委及各业主席均须参加管理。另聘孙委员起延、贺委员绍少恒、将委员云楼为管理委员。要求各业会员踊跃参加，限文到三日内将办理情形报会备查②。

商会也是地方公共设施、政府办公场所建设费用的承担者。1941 年，贵阳市政府指令商会承摊防空捐。此时，日本南侵，封锁了越南，贵州进出口贸易线路被封堵，工商业经营受到重创。然而，贵阳市商会在接到防空捐的指令后，召开会员大会，劝募各会员积极认捐，并督促各业公会和非公会会员完成劝募任务。在商会的劝导下，各会员积极认捐，仅贵阳市特货业公会就承捐 50 万元③。1945 年，贵阳市政府再次指令贵阳市商会承摊航空建设捐。商会积极号召会员捐献，仅贵阳市新药业同业公会承担航空建设捐额合计 27 万元④。同年，贵阳市地方法院看守所修建房屋，指令商会承担建设费⑤。因工程款数额巨大，待工程快完工时，商会也未筹齐。贵州高等法院书记马秀康、地方法院看守所所长刘立山与贵阳商会会长张耀南商洽再次筹集建设款。

抗战期间，为支援军队航空武器建设，贵州各级政府指令商会承担"一元献机捐"。1941 年，贵阳市政府指令贵阳市商会承担"一元献机捐"，商会召开常务委员会，依据行业发展及

---

① 《乡镇公益储蓄函件》，1941 年，贵阳市档案馆藏，资料号：M430100489/12。
② 安顺市档案馆等：《民国安顺县商会档案汇编》，第 580 页。
③ 蒋国生、韩义义主编：《民国贵州省政府委员会会议辑要》下，第 898 页。
④ 《贵阳市新药业公会航空建设捐会员名册》，1945 年，贵阳市档案馆藏，资料号：M430100636/38。
⑤ 《修建看守所捐款通知》，1945 年，贵阳市档案馆藏，资料号：M430100636/15。

第七章　近代贵州商会与抗日战争

会员规模向各同业公会进行摊派。各同业公会积极响应，开展"一元献机"捐献活动，棉花业同业公会捐款65元，旅馆业公会捐款为1750元，海味业公会捐款256元，颜料业公会捐款1200元，贵州火柴股份有限公司捐款110元①。同年10月，安顺县政府令商会推行一元献机活动。接到政府指令后，安顺县商会立即召集各公会召开联席会议，决定照经费五倍劝捐②。

抗战期间，政府摊派的各种捐得以顺利完成，与商会积极号召、劝导工商业者认捐有关。政府摊派的各种捐款，商会在积极认领外，还积极催收。一些商会因派捐工作出色，被地方政府、国民政府表扬、表彰。贵阳市商会在摊派寒衣捐时，超额完成任务，被贵州省政府授予银质奖章。安顺县商会在民国三十三年（1944）办理捐款，成绩尚优，被社会部评为优等，颁发奖状③。

第三节　贯彻战时经济政策

抗战开始后，经济政策主要围绕抗战进行，国民政府推行战时税收政策、物资管制政策和平抑物价政策。战时税收政策致使工商业者税负加重，物资、物价的管制导致经营者无法按照市场需求来定价、销售。战时经济政策得以顺利贯彻执行，商会功不可没。

一　贯彻战时税收政策

赋税是抗战时期国民政府财政收入的主要来源。抗战爆发

---

① 《本会办理一元献机运动捐款》，1941年，贵阳市档案馆藏，资料号：M430100058/15。
② 安顺市档案馆等编：《民国安顺县商会档案汇编》，第580页。
③ 安顺市档案馆等编：《民国安顺县商会档案汇编》，第564页。

后，经济较为发达的沿海沿江地区悉数被日本侵占，"占全税收一半以上的关税乃至占全税收20%以上的统税都因战事影响而大减特减"①。税源减少，使得国民政府财政收入陷入困境。为筹集抗战军费，国民政府推行了战时税收政策，一方面，不断提高税率。抗战开始后，国民政府逐渐提高所得税、营业税、印花税等原有税种的税率。例如，所得税开征于1936年，抗战爆发后，国民政府于1943年2月17日颁布新的所得税法。该法仍然将所得税征课范围分为营利事业所得税、一时营利事业所得税、证券存款所得税三类，但对条例中规定的起征点和税率进行了修正，第一类营利事业所得将原税率规定所得满资本实额5%起征改为满10%起征，用9级全额累进税率替代原来的5级全额累进税率，所得占资本30%以下的不提高税率，30%以上始加税。第二类薪给报酬所得每月满100元始征税，从原来规定的10级超额累进税率调增为17级超额累进税率，而原规定每月所得满30元即课税②。又如，营业税税率提高。在抗战之前，"查本省营业税率，原系从轻规定，以营业总收入额比例征收者，最低只千分之十，以资本额比例征收者，最高只千分之二十，按之商之负担情形，本极轻微，现抗战已至最后阶段，本省对于抗战建国应办工作无不积极举办，支出方面，应增开财源俾资支应。所有本省各商号应纳营业税，应自本年第四季起（十月起）比照应纳普通营业税额，一律加收战时增课营业税一倍，一俟抗战结束，即行停止征收"③，即营业税率为营业收入的20‰或资本额的40‰。另一方面，国民政府通过不断扩大税源地和税基，增设新税种等措施来开辟税源。战前征收统税仅涉及沿海沿江一带大中城市中的棉纱、面粉、卷烟、火柴、水泥、啤酒等。随着赋税收入来源重地丧失，国民政府

---

① 王亚兰：《战时的经济问题与经济政策》，光明书局1918年版，第21页。
② 李炜光：《税收的逻辑》，世界图书出版公司2011年版，第6页。
③ 安顺市档案馆等编：《民国安顺县商会档案汇编》，第575页。

第七章 近代贵州商会与抗日战争

把统税扩大到西南、西北各省区，同时扩大税基即把更多的商品纳入征收统税的范围内。征收统税的商品由早期的棉纱、机制卷烟、水泥等扩大到糖、茶叶、竹、木、皮毛等。在增设新税种方面，抗战期间，国民政府相继推出过分利所得税、遗产税、战时消费税等。贵州处于抗战大后方，成为国民政府开辟税源所倚重的重点区域。据不完全统计，抗战期间，在贵州征收的税种有所得税、利得税、营业税、夜时营利所得税、过分利得税、特种营业税、烟酒税、印花税、牌照税、出厂税，地产税、遗产税、屠宰税、田赋、契税、盐税等三十多种。

抗战期间，税务机构为快速完成各种税收政策的贯彻和执行，通常把税收政策以公函形式发给各商会，再由商会传达给各同业公会和个体会员。例如，1943 年，贵州省财政局、税务局先后向贵阳市商会发布训令，要求商会把印花税法文件转发给各同业公会，再由各同业公会转发给各业公会会员①。又如，1944 年，贵州省第二营业税征收局以公函形式把《贵州省营业税征收章程第二十四条公函》发给安顺县商会，请烦转知贵业各商民一体遵照为荷②。在媒介、交通不发达的背景下，政府把税收政策文件下达给商会，再由商会把税收文件转发给各同业公会会员及非同会会员，加速了国民政府战时税收政策的传达与贯彻。

税率、税种增加，贵州工商业者税负加重，导致他们申报税不积极，逃税漏税时有发生。贵州大多数工商企业并未执行会计制度，账簿不全，税务机构难以获得企业经营状况的准确信息。税收核算较为复杂，耗时费力，而贵州税收机构的专业人员欠缺。这些因素导致了贵州税务机关征税时面临诸多困难。为尽快把税收征收上来，解决国民政府日益严重的财政危机，

---

① 《为继续使用凭证应否按照新税率补贴印花祈校由》，1943 年，贵阳市档案馆藏，资料号：M430100708/70。
② 安顺市档案馆等编：《民国安顺县商会档案汇编》，第 575 页。

政府把核定税额权、代征权下放给商会。1944年6月，国民政府颁布《三十三年度所得税及利得税简化稽征办法》，第六条规定：各业应纳税总额由商会召集各同业公会，依前项各该业应纳税收总额之标准公开评议，提供调整意见，送请审查委员会审定后，分送各该业同业公会。第十条：审查委员会开会时，除主管征收机关长官或其他代表应依法列席指导外，其关于审查各业应纳税总额者，商会代表应列席说明意见。必要时经商会变更征税机关标准税额之公会代表，并应列席备咨询。关于审查一业中各商应纳税额者，除商会应派代表列席外，各该业公会亦应列席说明意见。必要时其经公会变更征税机关标准税额之商号负责人，并应列席备咨询。第十二条：审查委员会及商会、公会应准备物价指数、商情调查与各种有关统计资料，以备审查或评议时参政之用，必要时请求征收机关供给资料①。商会接到税务机构委托征收某一税的指令后，召开常委会，议决关于"某一税"的征收标准、交税期限等。例如，安顺商会在1949年3月11日举行第六十七次朝会，关于三十七年度冬季营业税及三十八年营业牌照税，经决议如次："①三十七年度冬季营业税仍援旧例，由商会统筹办理，其数额经洽商稽征处，定为金元七十万元。②本年度营业牌照税按三十七年度冬季营业税额加三成分配，但以现营商号为准。③即席推定魏伯卿、徐绍贤、杨玉昆、唐用奎、高宇泽五位试行支配后，再提商会决定。④各号缴款日期为本月底内。"② 同月21日，安顺县商会上午举行第六十八次朝会议决："①分配本年元、二月印花税金元九万元。②推举纱、布、绸、京果、百货、金饰、烟类七业理事长支配各业负担税捐比分。下午召开第九十九次常会，审核通过本会应向代表大会提出之工作报告书，除印发各代表外

---

① 《三十三年度所得税简化稽征办法》，载《中华民国工商税收史料选编》第四辑上册，南京大学出版社1994年版，第945—946页。
② 安顺市档案馆等编：《民国安顺县商会档案汇编》，第552页。

第七章　近代贵州商会与抗日战争

并呈报主管官署核备。"① 从安顺商会办理营业税征收来看，商会代税务机构向会员传达税收政策，确定纳税人所纳税额和交税期限，并劝告会员交纳税款。可见，商会是战时税收政策的贯彻者。

税率提高、税种增加，给工商业者带来严重的税务负担，容易激起工商业者的抵抗。由商会来协助国民政府推行战时税收政策，减少了新税贯彻、执行遇到的阻力，降低了税务部门征税的成本，也加速了税收的征收。同时，由商会来核定工商企业的税额，在一定程度上减少了税务机关与企业、公司、行号等之间的信息不对称，工商业者承担的税负更加合理，纳税意愿提高，积极纳税。抗战期间，贵州的税收取得较好成绩。1942—1945 年，"所得税、利得税、遗产税、营业税、印花税等征收总量为 11.53308263 亿元"②。

二　协助政府推行物资管制政策

物资管制起源于第一次世界大战期间的欧洲国家，是国家运用行政手段与法律手段，直接干预或管制生产、流通和分配等国民经济各个部门和各个环节。1929—1933 年，在全世界经济危机中，德、美、英等资本主义国家先后采取物资管制政策，并取得了一定的成效。1937 年 7 月，抗日战争爆发后，战争导致物资短缺和通货膨胀，物价不断高涨，市场上囤积居奇活动异常猖獗，国民经济面临崩溃。为稳定经济局势，国民政府迅速建立起战时经济体制，其基本特征是政府通过政治力量加强干预经济活动，实施经济统制③。为此，国民政府颁布了一系列的物资管制法案，对涉及抗战和民生密切相关的重要物资进行管制。1938 年 11 月，国民政府将 1937 年 12 月颁布的《战时农

---

① 安顺市档案馆等编：《民国安顺县商会档案汇编》，第 552 页。
② 谭启栋编：《贵州省统计年鉴·胜利纪念特辑》，第 105 页。
③ 魏文享：《商人团体与抗战时期的经济统制》，第 315 页。

矿工商管理条例》修正定为《非常时期农矿工商管理条例》，详细规定了管制农矿工商各企业及物品，涉及棉、丝、麻、羊毛等民生用品。1938年，武汉、广州等地失守，东南沿海的物资进入抗战后方的交通线中断，抗战物资主要依靠西南国际运输线的滇缅、滇越线来输送。然而，在香港、仰光等地也陷于日本之手后，中国国际陆上运输线滇缅公路也被中断，仅有空中运输线——驼峰航线运输物资。中国国际交通线中断后，进口物资、外援物资输往中国备感困难，加剧了大后方的物资奇缺，物价飞涨。太平洋战争爆发后，日本陷入了两面作战的困境，物资供给已明显缺乏，加强了与国民政府之间的贸易战，争夺各种战略物资。为稳定后方经济，集全部物资来抗战，国民政府经济部把汽车业、新药业、五金电料业等8个业类纳入管制范围。1942年2月，国民政府经济部成立了物资局，把百货、木业、线业、民船业等10类行业也纳入直接管制。物资管制的具体办法之一就是把工厂、商号的进出货物纳入政府的管控，防止有限的物资流入沦陷区，既可以阻止日本获取物资增强侵略中国的力量，也可以保障国民政府有充足的战略物资来抵抗日本的侵略。政府要管控企业、商号的进出物资，首先要对这些物资进行登记。物资登记主要包括经营资格登记、进货渠道登记、销售流向登记、存货数量登记。随着被管制的物品种类越来越多，物资管制工作日渐烦琐，流程复杂，仅靠国民政府的物资管制机构很难完成此项工作。同时，由于管制机构与企业、商号之间信息不对称，势必使得物资管制效率低下。因此，尽管物资管理部门做了各种工作，但商人设法规避。鉴于此，国民政府要求商会对战时管制物资的进货来源、销售去向进行登记，并监督企业、销售商完成登记工作。例如，贵阳商会对贵阳地区花纱布经营商的购货渠道、销往地区、销售对

第七章　近代贵州商会与抗日战争

象、销售价格以及销售数量等进行登记、核查①。由于商会积极参与政府物资管制工作出色，一些商会还得到国民政府的褒奖。贵阳、安顺、贵定、遵义团溪区、赤水、三都、织金、习水、黎平、永兴镇、毕节、黔西等商会积极办理登记所属地域内的棉花生产登记，获得了国民政府的嘉奖②。商会参与物资管制，使得国民政府的物资管制法令、政策得到很好的贯彻、执行，减少了政府推行物资管制法令的人力、物力成本。

三　辅助政府平抑物价

1937年，日本侵华战争爆发，国民政府为筹集抗战军费，不断增发货币来解决财政危机，法币发行数量逐渐增多，仅在1937年，国民政府中央银行、中国银行、交通银行、中国农民银行等发行的法币总量为17531843524元，月均发行法币1460986960元③。此后，四大银行发行的货币量日渐增长，1938年1—6月，国民政府的四大银行发行的法币总额为10180182750元，月均发行法币1696697125元④。到1939年，四大银行仅在12月就发行法币3081787296元⑤。到1940年6月，国民政府的四大银行发行的法币总额为3962144205元⑥。法币的大量发行导致各大银行派出款额急剧增长。以中央银行贵州分行为例，1936年派出款仅为926万元，到1937年派出款额为1604.7万元⑦。由于各大银行过度放款，大量货币进入市场流通，货币贬值，货币购买力急剧下降。又由于沦陷区的机关、学校、人口内迁贵州，对物资的需求急剧增长。货币发行

---

① 《查禁棉纱布》，1944年，贵阳市档案馆，资料号：430100450/5。
② 《贵州全省商会联合会工作报告》，1944年，贵阳市档案馆，资料号：430100121/7。
③ 陈禾章：《中国战时经济志》，世界书局1941年版，第1页。
④ 陈禾章：《中国战时经济志》，第1页。
⑤ 陈禾章：《中国战时经济志》，第1页。
⑥ 陈禾章：《中国战时经济志》，第1页。
⑦ 贵州省人民政府财政经济委员会：《贵州财经资料汇编》，第434页。

过多与物资需求增长共同推动通货膨胀,贵州物价指数快速上扬。以贵阳为例(1937年1月至6月为基数),趸售物价指数方面,1937年为98,1938年为105,1939年为187,1940年为413,1941年为969,1942年为3395,1943年为9428,1944年为34940,1945年为167025。零售物价指数方面,1937年为100,1938年为105,1939年为194,1940年为448,1941年为1029,1942年为3711,1943年为11088,1944年为45546,1945年为239181①。其中,大米价格指数的上涨更是惊人。以1941年贵阳市场上中等白米的价格指数为例,1941年1月,中等白米的物价指数为6.50,2月为7.91,3月为9.04,4月为10.12,5月为11.49,6月为23.62②。从中等白米的物价指数上涨来看,5月至6月涨幅高达149%。物价指数快速上涨,市场中投机盛行,一些不良商家开始囤积物资,借机哄抬物价,扰乱市场秩序。物价指数快速上涨还导致城市居民、固定收入者的实际收入大为下降,生活水平降低。物价快速上涨,不仅会摧毁经济,还影响社会稳定。"在经济领域内,市场价格几乎是快速反映社会秩序的晴雨表。一旦有外力作用,市场价格马上上涨,人们疯狂抢购,市场秩序混乱,并很快传导到其他生活领域,最后导致社会秩序混乱。"③为确保贵州社会经济稳定,政府推出限价政策。1941年,贵阳市政府发出实施物价管理政令,限制物价上涨④。涉及限价的商品有"粮食类:包括米谷、麦、面粉、高粱、粟玉米、豆类。服用类:棉花、棉纱、棉布(各种本色棉、布,各种漂白染色或印花棉布)、麻布(各种本色麻布,各种漂白染色或印花麻布)、皮革。燃料类:煤炭(煤

---

① 徐堪:《中华民国统计年鉴》,主计部统计局1948年印,第177页。
② 四川联合大学经济研究所等编:《中国抗日战争时期物价史料汇编》,四川大学出版社1998年版,第343页。
③ 丁烈云:《危机管理中的社会秩序恢复与重建》,《华中师范大学学报》(人文社会科学版)2008年第5期。
④ 《物价管制》,1944年,贵阳市档案馆藏,资料号:M430100450/7。

第七章　近代贵州商会与抗日战争

块，煤末，煤球，焦炭，木炭）。日用品类：食盐、纸张、皂碱、火柴、菜籽、菜油。"①物价管制重在限价，"限价并非平价，平价重在抑制物价，使趋低落。限价则重在防制，使不再上涨，而能逐渐降落。执行限价的目的在使物价和工资运价趋于合理的状态，使市民安居乐业，各得其所"②。作为社会团体，商会拥护、执行国民政府的限价政策是参与抗战的一种表现。吴鼎昌认为："以政治力量管制物价，俾使经济稳定，以与军事及外交相配合，故国人遵奉物价管制方案，实即拥护抗建国策，反之不遵奉物价管制方案者，其罪无异于破坏抗战大计。"③

按照国民政府的规定，商会应作为评定物价的参与机构之一。从贵州商会平抑物价的举措来看，不仅抑制卖方涨价，也抑制买方涨价。在抑制卖方涨价方面，贵州各商会通过召开常会，号召各会员主动平抑物价，制定物价评定方案。例如，贵阳市商会召开会员代表大会，作出限制物价决议，"不应非法涨价扰乱市场，同时拥护政府施行限价，各业加价须先呈报市政府核准"④。又如，安顺市商会召集各同业公会每周召开一次物价平衡会议，自动平抑物价⑤。在商会劝导下，各同业公会纷纷制定出平抑物价的具体措施。例如，贵阳市粮食商业同业公会针对粮价高涨问题，召开三次会员大会，决定遵照规定价格，不准高涨，或兼购囤积，否则由公会检举请政府严办⑥。为确保工商业者执行限价政策，商会还告诫各会员不得随意涨价，对随意涨价者，商会严查严惩。在商会的积极工作下，各会会员严格执行平稳物价的政令。例如，安顺百货业同业公会为防止

---

① 《非常时期取缔日用重要物品囤积居奇办法》，《贵阳市政》1942年第三卷第三期，第18页。
② 叶纪元：《贯彻限价政策》，《贵阳市政》1943年第三卷第九期，第5页。
③ 吴鼎昌：《加强经济作战力量》，《贵阳市政》1943年第三卷第九期，第3页。
④ 《拥护政府施行限价》，《贵州商报》1948年9月8日第3版。
⑤ 安顺市档案馆等编：《民国安顺县商会档案史料汇编》，第98页。
⑥ 《粮价不再涨》，《贵州商报》1943年1月15日第3版。

各会员随意涨价,每周组织召开平抑物价座谈会,每周自行商订合理价格,通知各会员不得任意抬价并于各货上粘签,表明价格,以示公正①。

在抑制买方涨价方面,商会严厉打击买方高价购买商品。抗战期间,黔西北地区物价开始上涨,物价上涨较快的是粮价。但与黔中腹地相比,黔西北地区的粮价相对较低。于是,黔中地区商人前往黔西北地区采购粮食。因粮食供给缺乏弹性,粮价快速上涨,影响了黔西北地区的经济发展和社会稳定。为此,黔西北地区的商会在城郊、交通要道等地,拦截高价购买粮食的粮商。在商会和各同业公会的限价活动下,贵州物价上涨指数远远低于周边省份。例如,1941年6月,重庆中等白米的物价指数为41.87②,高出贵州18.25点。

国民政府在抗战期间推行的上述政策,是对整个国民经济进行强制管制,尽管是为了抗战需要,但这些政策法令制约了工商业者的生产经营。为了国家和中华民族的利益,商会积极劝导各会员贯彻、执行国民政府的各项战时经济政策,减少了贵州政府直接贯彻这些法令的阻力,也减少了政府执行这些政令的成本,实际是商会参与抗战的方式。

第四节 开展劳军活动

一 募集劳军物资和资金

劳军募捐运动是指通过募集捐款或实物以达到慰劳抗战将士目的的一项运动,是中国全民抗战的表现之一,主要目的是慰劳将士,在物质上、精神上给予前方战士予以支持,从而达

---

① 安顺市档案馆等编:《民国安顺县商会档案史料汇编》,第156页。
② 四川联合大学经济研究所等编:《中国抗日战争时期物价史料汇编》,第338页。

第七章　近代贵州商会与抗日战争

到"从各方面努力使抗战将士在精神上得到相当的安慰，在战斗上得到民众的帮助"①。劳军募捐运动始于中国全面抗战。1937年7月7日，日本发动全面侵华战争激起了中国人民劳军募捐救国反侵略活动。7月23日，上海抗敌后援会举行第一次执委会，决定设立筹募委员会负责筹募支援抗日部队的各项经费，并制定了捐款纲要，分函工商各业公会。该会在宣言中明确宣示："凡属国人，皆当奋起，统一组织，集中力量，以铁血求生存，作抗敌之后援，一心一德，念兹在兹，各竭其能，各尽其力，非达到国土完整，民族复兴之目的，誓不稍懈。"② 随着日本侵略中国的加深，抗日战争持续时间变长，军事物资逐渐匮乏，抗战将士士气低落。为改善抗战将士的武器装备及生活，激励前线将士的士气，增强抗战将士在前方杀敌信心，捐资救国活动演变成全国人民劳军募捐活动。

贵州作为抗战的大后方，各界人士、团体也掀起了劳军活动。其中，贵州商会以独有的方式参与劳军活动。为更好筹集劳军物资，贵州商会成立专门负责劳军物资筹资机构。例如，贵阳商会成立"贵阳市商界扩大募集湘北及元旦劳军捐款劝募队"，制定并颁布"贵阳市商会所属各商业同业公会统一募捐委员会统一募捐实施办法"。规定"凡须本会应募之捐款，一律以收据为限，所有一切带有娱乐性之入场券或义卖等均予谢绝，以免耗时费财无补于国""凡经本会配由各同业转配之款，各商店行号必须如限如数交清，逾期三日者由会予以警告，逾期七日者即呈由主管机关执行，本会不复负责"③。为方便接收捐款物资，统一募捐委员会的成员实行轮流值班制度，每月上旬由蔡森久、张荣熙、刘锦森、王春帆、张浑鎏值班，中旬由张慕

---

① 李树衢：《怎样慰劳抗战将士》，《慰劳半月刊》1939年第7期。
② 上海市中共党史学会：《上海抗日救亡运动资料选编》，1985年版，第285页。
③ 《统一募捐运动实施办法的公函》，1943年，贵阳市档案馆藏，资料号：M430100636/28。

良、冯程南、颜泽溥、刘守诚、熊羲厚值班，下旬则由吴禹函、叶瑞法、易嘉炎、刘仲伦、陈秋岸值班①。

贵州商会的劳军募捐活动主要是通过积极分担募捐款额、购买公演票、劝募、直接献金、献机等方式募集劳军物资和资金，在端午节、中秋节、春节等节日对抗战将士及家属、伤兵、残兵等进行慰问。1941年6月，市商会作出"端午节劳军"决议，决定每一公会负担礼品代金500元，即日交由市商会购置礼品，届期前往慰劳抗日将士。1942年中秋节前夕，贵阳市政府、市党部，三民主义青年团贵阳分团发动"月饼劳军"令，预算筹集劳军款为1万元，其中，贵阳市商会认捐6000元②。1944年，"贵州省慰劳湘桂大捷将士暨青年远征军筹备会"召开全体委员大会，贵阳市商会认捐400万元，其中，新药同业公会承捐100万元③。纸业公会捐助2000元，煤炭业认捐9000元，服装业认捐4.5万元，屠宰业认捐4500元，百货业认捐22.5万元，餐馆业认捐7.2万元，绸缎业认捐19万元④。

商会有强大的社会号召力和影响力，由它发起劳军募捐活动能筹集到大量物资。例如，在1944年底到1945年9月上旬，遵义商会募集到劳军物品就达26种，大宗的有肥猪17头、零猪肉50斤，皮蛋4020个，香烟494条，草鞋有2.6030万双⑤。在慰问前方抗战将士的同时，各商会还积极慰问抗战将士家属、伤兵、残兵。抗战期间，贵州出兵数量巨大，熊大宽认为，1937年到1945年，贵州全省服兵役者达64万人，占全省青壮年的4%⑥。如此多的人参军抗日，必然会有大量的抗战将士家

---

① 《统一募捐运动实施办法的公函》，资料号：M430100636/28。
② 《中秋节劳军捐款》，1942年，贵阳市档案馆藏，资料号：M430100523/8。
③ 《为筹募慰劳湘桂战士慰劳金公函》，1943年，贵阳市档案馆藏，资料号：M430100636/10。
④ 《各业公会负担慰劳捐款名册》，1942年，贵阳市档案馆藏，资料号：M430100047/5。
⑤ 张子正：《遵义商会及商业概况》，第188页。
⑥ 熊大宽：《贵州抗战时期经济史》，贵州人民出版社1996年版，第160页。

第七章　近代贵州商会与抗日战争

属、伤兵、残兵。尽管中央政府、贵州地方政府对抗战将士家属、伤兵、残兵的住宿、医疗、生活费等方面给予补助，但是，由于物价上涨过快，政府给予的补助根本不能满足抗战战士家属、伤兵、残兵的生活需要。为此，贵州商会积极展开慰问将士家属、伤兵、残兵活动。例如，1944年，贵阳商会承担5名志愿兵安家费与慰劳费，每名24000元①。又如，安顺商会组织屠宰业公会向当地的伤兵医院赠送猪、牛骨头，炖汤充实伤患营养，以促康复。后获得伤兵之友社总社服务队第一总队部致电感谢："据本部第56队队长邓忠报告，略以深蒙安顺县商会发动屠业，每日捐助猪、牛骨髓，协助办理营养等情，贵会热忱伤友，嘉惠荣胞，实堪钦佩，特电致谢。"②

在劳军募捐运动中，贵州商会积极分担劳军捐款，使得贵州省在劳军捐款的数额上大大超过国民党中央政府规定的数量③。贵州商会的领导人还在劳军物资募集中捐输巨额现金、物资，被国民政府嘉奖。例如，商人万静波因参加贵阳劳军竞赛，独捐法币3万元，国民政府授予银质奖章④。

二　慰问抗战将士及家属

中国抗战初期，由于国民政府准备不足，仓促应战，加上武器装备落后，导致国民党军队在前线接连失利，丢失了340余座城池，100余万人伤亡。国民党军队在前线节节失利，导致一些人滋生了中国抗战必败的消极思想。这种消极思想对前方抗日将士也产生一定影响。1938年10月24日，武汉失守后，

---

① 《贵州省各界慰劳湘桂大捷本年选征均筹备会》，1943年，贵阳市档案馆藏，资料号：M430100848/7。
② 安顺市档案馆等编：《民国安顺县商会档案史料汇编》，第583页。
③ 《出钱劳军运动在贵州》，《抗敌半月刊》1941年第79—80期。
④ 《商人万静波，参加贵阳劳军竞赛，独捐法币叁万元，核与人民捐资救国奖励办法第二条乙款规定相符，请转呈给奖等情，抄呈原件，转请准予颁给银质奖章由》，《国民政府公报》1941年第417期。

国民政府在总结战争失败的教训时认识到精神动员的重要性，决定加大对民心士气的鼓励，于1939年3月12日颁布《国民精神总动员纲领》①，发起了国民精神总动员运动，即从精神层面激发士兵、军官、人民大众抵抗日本侵略者的士气和斗志，增强抗战必胜的信心。此后，在国防最高委员会、社会部的指导下，国民精神总动员运动遍及全国。1942年，"全国慰劳抗战将士委员会总会"指示"凡有陆海空部队及荣誉军人驻在之处，不分前后方，一律给予慰劳，并以精神为主，物质为辅"，在慰劳时"得以歌咏游艺配合进行，以励士气。"② 这实际上是号召社会各界就近慰劳部队或荣誉军人。精神慰劳的主要方式是给前方抗战将士或当地驻扎的部队送慰问信。慰问信装在慰问袋子里，内容要求通俗易懂，表达对前线将士崇高的敬意，鼓励前方抗战将士英勇杀敌。与全国一样，贵州各界也掀起了慰劳抗战将士的活动。其中，贵州商会则掀起慰劳荣誉军人和前方抗战将士家属的活动。在慰劳荣誉军人方面，商会推举代表到军人医院向荣誉军人献旗以示崇敬，组织书信队为荣誉军人代写书信，组织歌咏队欢娱荣誉军人。在慰劳前方抗战将士家属方面，商会组织组织歌咏队与抗战将士的家属联欢，组织书信队为抗战军人家属代写书信。此外，商会还为荣誉军人、抗战将士家属等免费提供代发电报、代打电话等服务。例如，贵阳商会通过电报、代电、书信等方式向曾经驻扎在贵阳的已开赴前线之预队，与各同业公会、各商会或职员、会员有关系的前方抗战将士，各县被抽调到前线的士兵以及在军队服务者等进行慰问，包括询问前线战士的生活，鼓励他们努力杀敌，誓作后盾③。

总之，抗战期间，贵州商会通过认购救国公债、"献金"

---

① 《国民精神总动员纲领》，《时事半月刊》1939年第9期。
② 《全国慰劳抗战将士委员会总会慰劳工作总报告》，1947年版，第136页。
③ 《贵阳市商会慰问抗战将士》，1941年，贵阳市档案馆藏，资料号：M430100691/6。

第七章　近代贵州商会与抗日战争

"献机"、征募寒衣、购买公演票等方式筹集劳军物资。同时，商会以组织联欢、代发电报、代写书信等方式慰问前方抗战将士的家属、荣誉军人。商会的领导人还直接捐献大额物资、现金。劳军物资、现金、慰问信传送到前线将士手中，大大鼓舞了前方战士英勇杀敌救国的信心和勇气。

第五节　维护法属越南过境权与抢运滞越物资

一　中国在法属越南过境权由来

过境是指两国间进行贸易，由于地理位置原因，贸易品从第三国国境或关境通过，包括通过权、过境税、过境货物运输和过境货物安全等内容。在国际贸易兴起的早期，起运国的商品从过境国通过时，交纳过境税或通过税后大多能顺利过境。过境国的关税重，关境多，导致"通过货物之价格腾贵，减少到达国之消费力，或减少发送者分外之利益，则势必渐次减少之通过物"①。以英法为首的西方国家完成工业化后，各种工业品、工业原料从起运国经过一个或数个国家后到达目的国家变得频繁，获得过境自由、便利，取消过境税成为工业化国家的政府、商界共同的愿望和要求。因此，西方的工业化国家率先倡导过境自由和取消过境税。1921年，包括中法在内的40多个国家在巴塞罗那签订《自由过境公约与规约》②，自由过境、不得向过境货物征收过境税才有了国际法依据与保障。这一条约规定了加入这个组织的国家间可以自由过境，且不得征收过境税。但是，货物从他国过境涉及过境国的领土主权及财政收入。因此，无论是出于商业目的或国家间贸易，一国是否在他国获

---

① 童蒙正：《关税概论》，商务印书馆1946年版，第19页。
② 吴兆麟：《中国海上维权法典国际海事公约篇》第1卷，大连海事大学出版社2012年版，第882页。

得过境权取决于两国间的谈判和缔约。中国在法属越南享有过境权是晚清政府、国民政府与法国缔约而获得。1886年，法国与清政府签订《越南边界通商章程》，规定中国进出口货物可以经过广西、广东、云南到越南北圻，法国商货则可以从越南北圻经广西、云南进入内地①，这实际上是法国承认中国在法属越南享有合法过境权。

过境国的交通状况、运输工具直接影响过境物资通过的时间和成本。在法国占领越南之前，中国与越南之间的水陆交通线有数条，但都不利于商品规模化运输。法国在侵占越南后，企图为中法贸易开辟快速通道，开始筹划在中越之间修建铁路。1903年，法国政府与晚清政府签订《滇越铁路章程》，规定中国可以使用该铁路输送进出口商品以及中国军队、枪械、火药、粮饷等②。滇越铁路连接越南北部最大港口海防港。海防港与香港、广州湾、新加坡、缅甸仰光等均有客货轮往来，与南亚次大陆、非洲、欧洲、美洲、大洋洲均有海上航线相通。1910年，滇越铁路开通后，中国西南国际通道的交通得到改善，从法属越南过境的交通状况、运输工具大为改进，且中国货物从越过境只需交纳2%的过境税③。此后，西南地区与东南沿海各省、世界各国间的进出口商品大都选择从法属越南过境。以1920年为例，"蒙自海关从越南进口商品总额为百余万两，运往四川为73万两，运往贵州为57万两，运销内地者为550万两。"④

国民党执政后，鉴于从法属越南取得过境权事关中国西南

---

① 王铁崖：《中外旧约章汇编》第1册，生活·读书·新知三联书店1957年版，第477页。
② 王铁崖：《中外旧约章汇编》第2册，生活·读书·新知三联书店1957年版，第207页。
③ 《中法条约会议中之通过税》，《工商半月刊》1929年第15期。
④ 李珪、梅丹：《云南近代对外贸易史略》，载《云南文史资料选辑》第42辑，云南人民出版社1993年版，第14—15页。

第七章　近代贵州商会与抗日战争

国际通道的畅通以及出海口，于1930年5月16日，与法国缔结《规定越南及中国边省关系专约》，规定："凡自中国任何口岸出口之中国货物，取道东京，直接运往云南、广西、广东三省，应享受优越待遇，普通税则内之通过税，不适用之。其自云南、广西、广东三省出口之中国货物，取道东京运往任何指明地点时，亦应享受优越待遇，普通税则内之通过税，不适用之。凡各种矿产、锡块、生皮以及本专门甲种附表内现在或将来截明之各种货物，皆应享有完全免税之权利。凡中国政府所装运之一切军用物品以及军械、军火，通过东京境内时，均应免征任何税捐。"① 此条约赋予中国在法属越南享有过境权，公私物资过境时免纳通过税。过境税的取消降低了过境商品的成本。于是，西南诸省的进出口商品大多选择从法属越南过境。例如，黔商由欧美、港沪采办入黔的五金、电料、汽车材料、纱布疋头暨民生日用需品大都取道越南转运入黔②。云南土产则通过滇越铁路运往越南海防再转运香港后分散到东南沿海诸省及世界各地。

二　维护中国在法属越南过境权

在抗日战争之前，西南诸省的进出口货物能够从法属越南顺利过境。在日本控制东南沿海后，试图封锁中国西南国际通道，逐渐向法国施压。法国政府不愿意得罪日本，开始阻扰国民政府和商人的物资从法属越南过境。

法国政府阻扰中国物资过境大体上可以分为两个阶段：日本入侵中国至"苏德合作"之前和"苏德合作"期间。第一阶段，法国政府执行表面禁通过，实际"私下放行"的政策。日

---

① 王铁崖：《中外旧约章汇编》第3册，生活·读书·新知三联书店1962年版，第807—808页。
② 《请赶快抢运存在越南之货物回国的通知》，1940年，贵阳市档案馆，资料号：M430100163/7。

* 近代贵州商会研究

本侵华战争开始后,为预防日本占领东南沿海后封锁该交通、贸易线路,国民政府就开始经营西南国际通道,从法属越南过境运输军事物资。1937年7月11日拟定对日作战方针中,"为准备长期抗战,兼顾虑我兵工厂万一被敌机炸毁起见,已与法、比两国商洽购买,第一步现有香港输入,如香港发生故障,则由海防入广西,使军械与弹药之补充,不虞缺乏"①,这表明国民政府准备从法属越南过境运输军事物资。依照《规定越南及中国边省关系专约》之规定,法国应该履行条约义务,允许国民政府的军事物资从法属越南过境。然而,当国民政府知会法国政府,中国采购的军事物资从法属越南过境时,法国政府则担心赋予国民政府物资过境会引发日本入侵印度支那,便借口《规定越南及中国边省关系专约》中有关过境运输的条文只适用于和平时期,而印度支那过去在中国与其他国家发生战争时总是严守中立为由,于1937年10月中旬知会国民政府,拒绝为中国军需物资提供通过印度支那的便利,但可以采取明面上禁通过,"私下放行"办法②。此时,一批苏联援助的军事物资即将到达海防港,国民政府急于让这批物资从越过境,接受了法国政府"私下放行"政策。中国在法属越南的合法过境权转变成"走私"过境,为国民政府、商人后来行使过境权埋下了无数隐患。

1938年10月,日本占领武汉、广州后,由香港经上海、广州、武汉进入西南的交通线被中断,原经这些线路运输的进出口货物都改经从越过境后进出西南地区。在广州沦陷后,采办自上海的黔省物资均由越南海防入口经滇越铁路运入昆明来黔③。德利新记商号在贵州各地收购桐油后运抵昆明,经滇越铁

---

① 胡璞玉:《抗日战史——七七事变与平津抗战》,国防部史政局1967年版,第12页。
② 中国社会科学院近代史研究所译:《顾维钧回忆录》第2册,中华书局1985年版,第632页。
③ 《商事申请书》,1941年,贵阳市档案馆,资料号:M430100163/13。

第七章　近代贵州商会与抗日战争

路运抵越南海防到香港，再分运到世界各国①。原由香港、东南沿海进入内地的大量公私物资转从法属越南过境后进入国内，过境物资数量急剧增长，仅在1939年1月，汇集在海防港的公私物资就达10万吨以上②。按照《规定越南及中国边省关系专约》之规定，法国政府应协助中国物资快速过境。但是，法国政府却阻扰国民政府军事物资过境，限制商用物资过境的种类。后经国民政府多次与法国进行严正交涉，才同意中国公私物资过境。

第二阶段，"苏德合作"期间，法国政府执行更为严厉的过境政策，禁止过境的物资范围由武器、军用物资扩大普通商货。1939年8月23日，"苏德互不侵犯条约"签订。9月1日，德国对波兰开战，3日，英、法对德宣战。为避免出现同时在欧亚作战的局面，法国政府采取打击德国，安抚日本的外交策略，对中国过境政策急转直下。9月6日，法国政府宣布禁止一切德货从越过境③，这实际上是限制中国从德国采购的物资从法属越南过境。9月23日，法国政府宣布禁止中国政府转运滞留在越南各地的军火、汽车、汽油等，并下令从当日起，停止一切从海外正在运往中国的此类货物进入越南，并限期清理所有储存在印度支那的此类进出口货物④。10月3日，越南总督照会中国驻越南领事，中国政府订购的德国货物从印度支那清理出境的期限是10月25日，但是必须出示在9月3日前已付清货款的证据。如果付款日期系在9月3日之后，这些货物将予没收，

---

①　赵泽松：《抗战前期德利新记商号经营桐油出口的始末》，载转引自《云南文史资料选辑》，云南人民出版社1993年版，第276页。
②　中国社会科学院近代史研究所译：《顾维钧回忆录》第4册，中华书局1986年版，第168页。
③　《商事申请书》，1941年，贵阳市档案馆藏，资料号：430100163/13。
④　中国社会科学院近代史研究所译：《顾维钧回忆录》第4册，第168页。

并送往政府财产管理局的仓库①。中国商人目前还储存在印度支那的德国货物，必须在10月6日前予以清理，但凡能证明货款已在9月3日前付清的货物，可以准许运出印度支那。如付款日期晚于9月3日者，则货物将由印度支那当局没收；凡已发运在途而未付款的德国货物，也将予以没收；如货款已付，则指令运回德国②。在不到一个月的时间内，法国政府出台了数项政策来禁止中国物资从越过境，对已经进入或储存在法属越南境内的德货实行有"条件"的出境，对不符合"条件"德货进行没收；禁止过境货物种类由军火、汽车、汽油扩大到普通商货。法国政府禁止德货从越过境、没收德货的目的是打击德国，但是，受损失最大的则是中国商人和国民政府。中德之间经贸往来由来已久，且贸易额较大，仅1936年，中国输入德国的华货价值为1135亿马克，德国输入中国的货物价值达1325亿马克③。在抗战开始后，国民政府加大了在德国采购军事武器，从越过境的"德货"增多。

为维护中国在法属越南的过境权利，中国进出口物资顺利过境，贵阳市商会分别函电经济部、外交部，函请两部与法国政府进行严正交涉，要求法国政府给予过境④。商会之间的联动是维护自身合法权利行之有效的主要路径⑤。贵阳市商会与昆明市商会积极互动，督促国民政府与法国进行严正交涉。昆明市商会函电国民政府外交部，函请国民政府与法国交涉，给予过境⑥。贵阳商会发起的"维护过境权"的活动还得到上海、

---

① 参见刘卫东《抗战前期国民政府对印支通道的经营》，《近代史研究》1998年第5期。
② 参见刘卫东《抗战前期国民政府对印支通道的经营》，《近代史研究》1998年第5期。
③ 《中日战争与中德贸易》，《银行周报》1938年第28期。
④ 《赞同存越商货电呈政府严重交涉解决由》，1941年，贵阳市档案馆藏，资料号：M430100163/20。
⑤ 朱英：《近代中国商会的"联动"机制及其影响》，《史学集刊》2016年第3期。
⑥ 《关于存在越南货物抢运工作已密告各货主及河内领事馆由》，1940年，贵阳市档案馆藏，资料号：M430100163/5。

第七章　近代贵州商会与抗日战争　✽

四川、湖南等地商会的积极响应，这些商会纷纷函请国民政府与法国进行严正交涉。法国政府禁止中国物资过境，导致国民政府急需的军事物资也不能通过。因此，国民政府外交部一边电令驻法大使顾维钧向法方交涉，一边电令胡适立即商请美国"转劝法方勿因对日让步而牺牲我方，仍予我假道便利"①。为迫使法国政府承担起给予中国物资过境的义务，贵阳市商会积极与越南华商会联动，由越南华商会直接向法属越南总督施压，迫使法属越南总督同意中国物资过境。越南的海防港、西贡港，交通便利，明清时期就有许多华人前往经商。在晚清政府推行商会政策后，在越南的华商积极组建商会。1908年，西贡的华商成立了越南南圻中华商务总会②。随后，海防等地华商组建了海防商会，后改名为越南东京中华商会。越南华商会建立后，与国内各商会就工商业者遇到的"共同问题"、经济信息等进行互通、互动，运用商会网络力量来捍卫、维护政治经济权利。在法国政府阻扰商货从越过境时，黔滇两省的商会与越南华商会"联动"，发起维护过境权的活动。1939年9月8日，贵阳市商会函电越南西贡、海防中华商会，请求西贡、海防中华商会代向当地政府请求给予开运，并设法帮运③。越南华商会收到黔、滇商会的函电后，向越南总督请求予以放行。鉴于华商在法属越南经济发展中的重要地位及社会影响力，越总督取消了不准从越过境的政令，同意海防商货的转运④。

经国民政府与法国政府、越南华商会与越南总督进行多次交涉后，法国政府撤销了对中国过境物资的限制，特别是取消

---

① 中国社科院近代史所中华民国史组编：《外交部致胡适》（1939年9月25日），载《胡适任驻美大使期间往来电稿》，第25页。
② 江苏省商业厅中国第二历史档案馆：《中华民国商业档案资料汇编》，第128页。
③ 《电请设法早日开运存越货物的报告》，1940年，贵阳市档案馆藏，资料号：M430100163/17。
④ 《关于华方存越代运过境货物可呈请越督核准运出由》，1940年，贵阳市档案馆藏，资料号：M430100163/1。

对德国货物的禁运限制，并允许德国货物在 9 月 3 日前运入者，由法国领事签发证明后仍启运①。

三 抵制法国政府向中国过境物资征收通过税

法国政府向中国过境物资开征过境税是法国财政危机和安抚日本的产物。法国政府试图阻扰中国物资过境遭到国民政府、商会的严厉抵制后，被迫取消禁止过境政策，转而向过境物资增收过境税，以达到增加财政收入和安抚日本的双重目的。过境税是过境国对通过其关境的商品所增收的一种关税。在国际贸易早期，大多数国家都对过境商品征收过境税。到 19 世纪中叶左右，为便利工业品及工业原料从他国过境，欧洲国家首先掀起取消过境税。法国于 1842 年取消了过境税，希腊于 1844 年取消了过境税，英国、比利时和荷兰于 1857 年取消了过境税②。国际法规定不得向过境物资增收过境税则始于 1921 年的《自由过境公约和规约》，"对过境运输不应征收有关过境任何特殊税款"③。1930 年，中法在《规定越南及中国边省关系专约》中，明确规定了中国物资从越过境时不用缴纳过境税。在日本侵华之前，法国政府承担起给予中国过境的义务，对从越过境的中国货物也免征过境税④。

欧洲局势紧张后，法国政府加强了国防建设，军费开支激增，要求殖民地承摊本土军费。1939 年 7 月 13 日，法属越南经济财政部最高会议决定"征收陆海空运输特别税"，后获得法国政府批准，此项税系为国防目的，盖法国政府希望殖民地能负担军费⑤。此时，中国大量的进出口公私物资都需从法属越南过

---

① 《关于华方存越代运过境货物可呈请越督核准运出由》，资料号：M430100163/1。
② 童蒙正：《关税概论》，第 19 页。
③ 吴兆麟：《中国海上维权法典国际海事公约篇》第 1 卷，第 886 页。
④ 《越南免征华货过境税》，《银行周报》1936 年第 42 期。
⑤ 《一周来之国际经济信息：法属越南将征运输特别税》，《经济丛报》1939 年第 1—30 期，第 27 页。

第七章　近代贵州商会与抗日战争

境，且因滇越铁路有限运载量导致过境物资被滞留在海防、西贡等港。1939年5月，海防港积存待运的军工物资达到1063.4476万吨①。累积待运的商货不计其数，云南商人滞留在海防、西贡的过境货物约11万大件，总值国币20亿元②。贵州商人滞留在海防、西贡的商货有12万件③。法国政府看到，如能向中国过境物资征收过境税，不仅能及时获得一笔可观的税收收入来解决财政困难问题，也能向日本表明在采取措施阻止中国物资从法属越南过境，避免日本侵略印度支那。1939年10月18日，法国政府宣布向所有滞留在印度支那的过境物资，不论是否进出口，都必须纳税（过境税），这项政策自1939年11月1日起生效④。根据当时法属越南海关执行的关税税率：过境东京（北越）之外国货物的税率分别为值佰抽四和值佰抽一两种，凡产自中国之货物及来自其他享受最惠国待遇或巴斯伦条约缔约国之货，且由产出地之法国领事或外交当局发给证明者，方得享受值佰抽一，不持有证明者，照报价抽百分之四⑤。从越过境的商品大多没有当地法国领事或外交当局出具的证明，按照过境税政策，都需交纳值佰抽四的过境税。依照这一税率纳税，国民政府和商人总计交纳的税款高达80万法郎⑥。为迫使国民政府和商人妥协，交纳过境税，法属越南总督授权海防、西贡等地海关扣留全部过境物资以之要挟。法国政府向中国过境物资征收通过税，违反了《自由过境公约和规约》和《规定越南及中国边省关系专约》中不得征收过境税的规定。过境税

---

① 参见刘卫东《印支通道的战时功能述论》，《近代史研究》1999年第2期。
② 《云南省经济综合志》编纂委员会编：《云南省经济大事缉要（1911—1990）》，1994年版，第70页。
③ 《关于存在越南货物抢运工作已密告各货主及河内领事馆由》，资料号：430100163/5。
④ 中国社会科学院近代史研究所译：《顾维钧回忆录》第4册，第174页。
⑤ 参见刘卫东《论抗战前期法国关于中国借道越南运输的政策》，《近代史研究》2001年第2期。
⑥ 中国社会科学院近代史研究所译：《顾维钧回忆录》第4册，第179页。

政策一旦被执行，无疑会加重商货从越过境的成本。当法国政府征收过境税的消息传入国内，黔、川、滇等省的商会立即联合函电国民政府，要求与法国进行严正交涉，促使越南当局取消征税的政令①。过境税也涉及向国民政府的物资征税，国民政府令外交部与法国政府进行严正交涉。迫于国民政府和黔、川、滇商会的压力，法国政府最终取消了征收过境税，宣布"全部中国政府的货物均豁免通行税，而且不必遵守任何时间限制即准通行"，"属于中国商人的德国货物，其自印度支那运走的期限为10月30日，但作为照顾，可考虑延期"②。法国政府取消向过境商货征税的政令，并延长过境德货转运期限，是贵州商会积极抵制法国政府的结果。

四 抗击法属越南海关拍卖中国滞越过境物资

1940年6月，德国打败了英法联军，日本趁机对法国施压，法国政府妥协。6月20日，法国维西政府宣布停止向华输入一切物资，还未出境的大量公私物资被迫滞留在法属越南境内。越南海关公然违反国际法规定，以过境物资"未报关"为由，试图侵吞滞留在越的中国过境物资。从法属越南过境的商货，货主通常委托华商报关行办理报关手续。因过境物资过多，报关手续和程序较为复杂，越南海关有意拖延报关手续等使得大量过境物资进入法属越南后不能及时报关，存于海防、西贡等港口。按照越海关以往处理惯例，"对尚未转运出的、未报关的过境货物，由货主继续自行报关、转运或退运回起运国"③。维西政府关闭中越通道后，越海关"不许该类货物转运、退

---

① 《关于对川、滇、黔三省留越货物不准拍卖征税手续由》，1941年，贵阳市档案馆藏，资料号M430100163/21。
② 中国社会科学院近代史研究所译：《顾维钧回忆录》第4册，第179页。
③ 《关于越南当局的形式的代电》，1940年，贵阳市档案馆藏，资料号：M430100163/10。

第七章　近代贵州商会与抗日战争

运"①。1940年8月6日,西贡、海防等地的海关借口有河内命令,并援引1931年12月越南总督所颁之法令之第160条,"该项货物已逾期六个月,尚未详细报关而执行充公拍卖"②为由,拍卖滞留在越的中国过境公私物资。"第160条"主要是针对"入口货物而言,并不能适应于过境货物"③,这是法属越南海关试图侵吞国民政府和商人过境物资的借口。如这一政令被贯彻执行,滞留于法属越南各港口的中国过境商货将被拍卖,给滇、黔和川等省商人造成重大经济损失。为此,贵阳市商会联合川、滇商会和上海转运报关业同业公会,于1940年9月5日,函电国民政府经济部,就越南海关拍卖中国商货一事,要求外交部据理力争④。同日,贵阳商会分别函电中国驻西贡的尹领事和西贡的中华商会向越南总督饬令越海关撤销拍卖充公之举,并准滞留之过境货物长期待运或退运⑤。昆明市商会还电请国民政府与法国进行交涉⑥。如过境货物被拍卖,收货商人为减少损失则会拒绝或减少支付供货商人的货款,供货商也会遭受经济损失。因此,供货地的商人也加入黔滇商会的维权行动。1940年9月5日,上海市新药业同业公会分别函电外交部、经济部:"越南总督德克已经下令将滇越交通中断,后来公开对留越货物进行公开拍卖,按照旧约,由沪运往西南各省经过越南照单报关后,该地政府应准许过境",对不能报关的货物悉数转运至香港或其他口岸,以便转运至内地,要求据理力争,以保

---

① 《关于越南当局的形式的代电》,资料号:M430100163/10。
② 《关于越南当局的形式的代电》,资料号:M430100163/10。
③ 《关于越南货运中阻电呈经济部设法救济的报告》,1940年,贵阳市档案馆藏,资料号:M430100163/11。
④ 《赞同存越商货电呈政府严重交涉解决由》,资料号:M430100163/20。
⑤ 《抢运货物被越当局扣存请政府与越方交涉由》,1941年,贵阳市档案馆藏,资料号:M430100163/12。
⑥ 《赞同存越商货电呈政府严重交涉解决由》,资料号:M430100163/20。

商人血本①。

贵州商会的领导人认识到，只有对法国采取针对性的报复性措施，法国政府才会有所顾忌，才有可能取消拍卖过境物资的政令。1941年1月12日，黔、滇、川商会联名函电国民政府，"针对越南海关对华商货物进行拍卖，要求政府设法没收法国人在川、滇、黔三省境内所有财产及教堂、医院、学校，促使拍卖以偿还留越商货损失。"②国民政府采纳了商会提出的建议，根据《战时敌产处理办法》扣押了法国在华的不动产、动产，并令经济部负责登记被法越政府扣押、拍卖的公私物资数量、种类、价值③，作为法国政府抵偿西南商人的过境物资被拍卖造成的损失。

越海关宣布拍卖、没收过境物资之后，贵阳市商会函电海防、西贡的中华商会，函请与越总督进行严正交涉，"要求越南总督谕令越海关撤销拍卖之举，并准滞留之过境货物得长期待运或退回运出港口"④。在国民政府与法国、越南中华商会与越南总督交涉的"双重"压力下，越海关停止了扣押、拍卖行动，"俾货物得以保存"⑤，为后来海防、西贡等地过境商货的抢运、退运、转运赢得了宝贵的时间。

随着日本侵略法属越南步伐加紧，滞越过境商货急需快速转运出境。为此，贵州商会采取多种举措来抢运滞越商货。商会函请国民政府帮助抢运滞越过境商货。商民在国际贸易中遇到困难时求助国家，依靠国家力量有助于解决问题。因此，贵州商会函请国民政府帮助抢运过境物资。在抗战开始后，为便

---

① 《关于给外交部、经济部电：至于外方货物越南当局公开拍卖的报告》，1941年，贵阳市档案馆藏，资料号：M430100163/15。
② 《关于对川、滇、黔三省留越货物不准拍卖征税手续由》，资料号：M430100163/21。
③ 《为转发查明存越物资损失案审查意见的通知》，1944年，贵阳市档案馆藏，资料号：M430100163/50。
④ 《关于越南当局的形式的代电》，资料号：M430100163/10。
⑤ 《关于越南当局的形式的代电》，资料号：M430100163/10。

第七章　近代贵州商会与抗日战争

于海防物资转运，国民政府在海防设立西南运输处海防分处，配置了大量的运输工具和人力。如能运用西南运输处的车辆和人力来抢运商货，有助于滞越过境商货加速出境。鉴于此，贵阳商会函电经济部，请求帮运①。经济部收到函电后回复："黔商存在海防、西贡等处货物系普通商货，应由商会自行设法内运。"②在函请经济部代为抢运被拒绝后，贵阳市商会又函电国民政府运输统制局，请求设法运输。运输统制局回电："查黔商存在海防、西贡等处货物系属普通商货，仍应由各省商人自行内运，但以通知西南运输处转谕酌予以放行。"③尽管商会函请国民政府帮助抢运滞留商货的策略失败，但西南运输统制局"简化"放行手续给商货抢运提供了便利。

在函请政府抢运滞越商货之时，贵州商会也积极函请越南华商会帮助抢运滞越商货。运用商会网络力量来解决商人面临的"棘手问题"是近代中国商会产生"规模效应"的具体表现。在面临滞越商货被日军占有的危险时，贵州商会与越南华商会联动抢运商货。1939年9月8日，贵阳市商会函电越南东京中华商会，黔省公司、行号有大量货物存于越南海防，请予设法救济④。越南东京中华商会对滞留在海防的黔商货物进行了摸排，发现过境货物数量多，报关难易度不一，制定了转运、退运、就地销售等抢运策略。对愿意转运出海防的商货，分转运至港沪、星洲、槟榔屿、仰光或其他外埠港口，并负责协助办理有关转运、退运手续；对不愿转运、退运的货物，越南东

---

① 《关于越南货运中阻电呈经济部设法救济的报告》，资料号：M430100163/11。
② 《关于黔商存在海防西贡等处货物属商货应由商自行设法内运由》，1940年，贵阳市档案馆藏，资料号：M4301163/4。
③ 《关于存在越南之货物抢运工作已密告有关部门的电复》，1940年，贵阳市档案馆藏，资料号：M430100163/6。
④ 《电请设法早日开运存越货物的报告》，资料号：M430100163/17。

· 233 ·

❋ 近代贵州商会研究

京中华商会委托商行就地出售①。1940年9月底,日军占领越南北部地区,滞越在海防港的黔商货物面临落入日军之手的危险,越南东京中华商会直接带领各商行抢运商货,当抢运物资的轮船准备驶出海防港口时,海防海关奉殖民当局的命令试图扣留运货船,越南东京中华商会乘日军登陆秩序混乱之际,指挥"抢运船"起航,成功抢运出几船商货②。

贵阳市商会还与昆明市商会协作抢运过境商货。因云南商人也有大量过境商货滞越,贵州商会与云南商会联合抢运商货,有助于发挥各地商会之间的优势。云南与越南毗邻,滇越铁路公司总部设置在昆明,云南商会与滇越铁路公司及其他机构接洽比较方便。于是,滞越商货的抢运工作由昆明市商会统筹,并负责制定抢运方案,寻找承运商、运输工具、运输动力和核算运费。滞越商货数量太多,又涉及滇黔商人,为尽量兼顾各个商人的利益,昆明市商会制定了"修正疏运海防存货办法十六条"③,确定抢运商货以均沾普遍为原则,凡是便于起运、易于报关、能分批转运之货物,应据储量分关分期转运,存货多者,多运存货,存货少者少运存货,共计物件五件以上者,得一次装运;对于存防在露天的货物,如果发现有发霉损害者,提前装运;商货的起运时间顺序上,应按照到防日期,分酌办理,以1940年9月17日为分界线,对9月17日之后到防的商货,要等9月17日之前的存防商货转运完后,再为办理此批商货转运。商货抢运需要承运商负责运输,为争取较多的承运商运输商货,昆明市商会一边函请海防中华商会在越南境内寻找商行,一边运用云南省邮政局与海防邮政局间的业务关系,函

---

① 《关于存越货物属普通货物(商货)的报告》,1940年,贵阳市档案馆藏,资料号:M430100163/2。
② 《为查询越南存货抢运工作及今有何项救济由》,1940年,贵阳市档案馆藏,资料号:M430100163/9。
③ 《修正疏运海防存货办法十六条》,《经济动员》1939年第9—10期。

第七章　近代贵州商会与抗日战争

请云南邮政局参与抢运。充足的运输工具和运输动力能确保滞越商货得以规模运输。昆明市商会派驻防代表与滇越铁路公司进行协商，由铁路公司提供车、兜①。昆明市商会的领导直接与云南省邮政局接洽，由省邮政局负责招雇驮马及人力②。贵阳市商会则负责向各会员传达"修正疏运海防存货办法十六条"，统计黔商过境商货的数量，运输费核算、征收以及昆明至贵阳间黔商货物的运输等工作。

第二次世界大战前期，中国与法属越南之间的过境通道的畅通对中国坚持抗战至关重要。在面临法国政府试图执行阻扰中国物资从法属越南过境、向过境物资开征过境税以及拍卖过境物资等违约政策时，商会进行了严厉抵制。一方面，商会依靠国家力量来抵制法国政府执行各项"违约"政策。因此，数次函电国民政府，仅贵阳商会就分别向经济部、外交部函电十余次③，要求国民政府与法国进行严正交涉。为督促国民政府与法国交涉，贵州商会还号召、联合国内其他地区商会函电国民政府，以商人群体的力量向国民政府施加压力，促使国民政府重视西南商人的过境诉求。另一方面，贵州商会与越南华商会联动，运用华商在法属越南的经济社会影响力，向法属越南总督施压，迫使越总督接受贵州商人的过境诉求。在贵州商会的努力下，法国政府被迫取消了试图执行的各项"过境政策"。贵州商会运用国内、国外商会网络来解决中国与法属越南间的过境纠纷，彰显了商会在国际事务中捍卫国家、民族权利的路径和作用。

法国被迫承担起给予中国过境的义务，瓦解了日本试图利

---

① 《修正疏运海防存货办法十六条》，《经济动员》1939年第9—10期。
② 《照抄昆明市商会关于抢运存越邮包一案由》，1941年，贵阳市档案馆藏，资料号：M430100163/39。
③ 《贵阳市商会三十年度工作报告》，1941年，贵阳市档案馆藏，资料号：M430100121/7。

用法国封锁中越通道来灭亡中国的目的。在法国政府允许过境期间，国民政府令运输统制局简化商货过关手续，谕令海防商会会长、海防港管理委员会协助转运海防商货，加快了滞越商货出境。维希政府宣布禁止向中国输入一切物资后，贵州商会联合越南华商会进行滞越过境商货抢运，这场抢运活动从1940年10月开始到1941年6月结束，抢运活动历时9个月，成功抢运了过境商货50吨[①]。被抢运回国的物资，一些是后方民众生活的必需品，一些是后方工业、企业所需要的机器设备和原材料。物资被成功抢运回国，保障了后方人民的生活、生产和社会稳定。

---

① 《贵阳市商会三十年度工作报告》，资料号：M430100121/7。

结　　语

　　近代贵州商会是晚清中国政治经济变迁的产物。晚清时期，以英法为首的资本主义强国用坚船利炮打开中国大门，目的是为本国工商业者开拓中国市场。已完成工业化国家的工商业者为在中国获得更多、更大的政治经济权利，利用在华洋商会收集经济信息，游说本国政府向中国开战，甚至公开与中国各地方政府抗衡。历经数次战败的晚清政府认识到，把工商业者凝聚在无行业、地域限制的商会内，有利于政府下达命令，也有利于工商业者上达经济诉求，进而促进中国工商业发展，以抵御西方国家的经济侵略。然而，当时中国工商业者被分割在行会和会馆内，依靠工商业者自行建设商会，时间相对较长，且不能普遍建立。依靠政府敦促，可以在全国快速地建立起商会。鉴于此，1903年，晚清政府颁布《商会简明章程二十六条》，要求在全国商务繁盛之区建立商会。各地方政府积极响应，劝导辖区内的工商业者建立商会。商会是一个舶来品，面对一个全新的商人组织，国内大部分工商业者没有组建商会的意愿、经验。针对这一情况，政府在商会会员、机构设置及运行机制的建构等方面提供了详尽指导，这也是近代中国商会仅仅在几十年的时间就遍及全国各地的主要原因。商会是工商业者的组织，它的建立要以工商业的发展为前提，以工商业者为组织基础。贵州工商业发展较为落后，且地区发展极不平衡。尽管政府要求建立商会，但缺乏组织基础，商会建立的时间较晚，普及较慢，规模小，分布不均衡。同时，商会建立过程中政府的主导性较为明显。

尽管贵州商会是在政府主导下建立起来的，自它产生以后，把原在会馆、行会等组织内的工商业者整合于商会内，使得工商业者的组织规模化。对工商业者的组织来说，大量的会员会使商会的管理成本下降，组织规模报酬递增。第一，商会通过制度化的运转，推动着贵州社会经济向着近代化和全球化方向发展。在推动地区工商业发展过程中，商会为会员企业解决融资困难、发展新能源、免费为工商业者提供市场信息、仲裁经济纠纷。在振兴乡村经济方面，采集农村经济信息为政府制定合理的农业产业政策提供"基础"数据，推广经济、粮食作物良种助推农业产业结构转型升级，化解乡村棉织业原料危机，运销乡村工业品，统一乡村度量衡器，创建农产品质量检测和质量安全制度，创建农产品"合营"制度。地区经济的发展要依靠发达的交通，商会派人勘察河道，聘请专家，雇用工人，筹集交通建设费等方式参与交通建设，推动了以铁路和公路为主的近代交通发展。第二，商会还促进了贵州教育的近代化和近代教育发展。工商业者在兴办近代企业和商业的过程中，亲身感受到地区教育落后约束工商业的发展。因此，商会通过直接办学、鼓励会员办学或者捐资助学等方式参与到贵州近代教育的发展之中。商会办学使得贵州办学主体增多、办学经费增加，提高了贵州入学率，提升了贵州的人力资本，继而推动了地区经济的发展。第三，贵州商会推动了近代贵州社会救助体制和救助方式的深化发展。近代中国，商会不仅参与本地慈善救济活动，还通过商会网络参与域外慈善救济活动，突破了传统商人组织慈善救济的地缘、亲缘和业缘限制，推动了基层社会救助体制的近代化，使得传统中国社会救助机制革新与变革，商会的慈善救济成为近代中国国家保障体制的重要组成部分。与近代中国中央政府、地方政府主导的救济方式相比，商会的

结 语

慈善救济活动，方式更加多样化、灵活化。近代贵州商会慈善救济方式主要以捐款、设置粥棚、安置住宿、平粜灾区粮价、营生救济、职业救济、医疗和安葬救济等，展现了民间组织参与慈善救济的灵活性、多变性和实用性。第四，贵州商会是近代中国抵御外敌入侵和维护中国国际权利的重要力量。近代贵州商会是抗击日本侵略中国的重要力量之一。1937年，卢沟桥事变，日本全面侵略中国。面对民族危机，中国各社会阶层团结一心抗战。作为国家财富群体组织的商会，协助国民政府执行战时物价政策、税收政策、物资管理政策，分摊捐款、筹集劳军物资、慰问抗战将士和家属等，降低了南京国民政府执行战时经济政策的成本，也为中国抗日战争提供了大量抗战物资和捐款，成为中国抗击日本侵略的重要力量之一。

贵州商会还积极参与维护中国在法属越南过境权。第二次世界大战前期，法属越南过境通道的畅通对中国保持继续抗战极为重要。日本为封锁中国西南国际通道，达到灭亡中国的目的，向法国政府施压，要求法国关闭中越通道，阻止中国进出口物资、换汇物资和国际援华物资从法属越南过境。法国政府为避免与日本发生战争，试图执行禁止中国公私物资从法属越南过境，向中国过境物资征收过境税，无偿拍卖中国过境物资等政策，引发中法之间"过境纠纷"。针对法国政府的背信弃义政策，贵州商会一方面督促国民政府与法国进行严正交涉，另一方面联合越南的华商会向法属越南总督施压。来自内外的"双重"压力迫使法国政府最终取消了一系列阻挠中国过境的政策，承担起给予中国过境的义务。

商会自清末产生到新中国成立后一度消失，在改革开放后再度出现，并蓬勃发展，反映出商会的存在和发展有历史必然性，它的发展历程带给我们几点启示：

其一，政府应支持、引导合法的民间组织为社会发展服务。市场经济是追求高利润的竞争型经济。追求高利润就意味着没有企业愿意投资那些高风险、低收入的行业和企业。有竞争就必然引起企业优胜劣汰，财富分配不均。市场经济带来高效益的同时，也伴随各种社会问题出现。例如，区域经济发展的动力问题、地区教育发展问题、社会救济问题、经济纠纷问题和"城乡发展不均"等。近代贵州商会组建的目的是推动地区工商业的发展，但商会通过自己的方式积极参与地区各项事务，不仅推动商会自身的发展，也促进了地区经济、教育、交通、慈善等的发展。

当今中国发展中出现了教育、乡村振兴、就业、经济下行等问题。政府正在从各方面着手解决。政府主导解决这些社会问题固然重要，但民间社会解决这些问题的作用亦不可忽视。尽管商会在整合各种资源来解决社会问题方面存在一定局限性，但它在推动地区经济发展、中小企业融资、补充健全社会保障体系和乡村振兴方面做出了重要贡献。政府应对各种民间组织进行甄别，对合法的、有利于社会发展的民间组织给予政策支持和资金扶持。运用民间组织辅助解决社会问题，降低国家解决社会问题的成本，也有助于国家职能的健全与完善。

其二，注重民间组织在解决国际事务中的作用。商会凭借网络组织的强大力量，利用经济手段来解决国际纠纷问题，既可以避免两国间的政治摩擦，还能给予国家解决国际纠纷强有力的支持。第二次世界大战前期，中法之间爆发的法属越南过境纠纷最终得以成功解决，一定程度上得益于商会函请越南华商会向法属越南总督施压，迫使法国政府承担起给予中国过境的义务。在法国政府投降后，在国民政府与法国维希政府的外交交涉显得苍白无力时，商会再次运用国内商会网络与国际华商网络联合抢运滞越过境物资。尽管没有把滞越物资全部抢运回国，但减少了过境物资的损失。今天，在经济全球化背景下，国家之间的贸易摩擦、经济纠纷增加。国际间的一些经济纠纷，国家难以从政治方面来解决或者说单靠国家解决，效果不太理想。依靠民间组织，特别是商会网络的力量来解决国际经济纠纷，可以增强解决纠纷的力量、方式。

其三，加强对民间组织的监督和引导，推进民间组织的规范化和法制化建设。民国期间，贵阳丝绸业公会对在贵阳市场交易的其他县市的生丝征收值佰抽二的"无名费"。仅正安县每年在贵阳市场上销售的生丝达三百余挑以上，每挑1000两，时市价每千两实值四百万元，按照值佰抽二交纳"无名费"，正安的生丝商人每年得向贵阳丝绸业同业公会交纳三千万元"无名费"。① 贵阳丝业公会垄断贵阳生丝市场，并收取"保护费"，给社会经济发展带来不利影响。因此，政府应加强对民间组织的监督和管理，使其运营不断法制化和规范化，服务于社会经济。

---

① 《函请转呈贵阳市政府转饬丝业公会取消值佰抽二扣"无名费"以恤商艰希查照见复由》，1947年，贵阳市档案馆藏，资料号：M4301000179/2。

参考文献

一 档案

贵阳市档案馆：《贵阳市商会全宗》，全宗号43。

二 报刊

《东方杂志》《政治官报》《中央党务公报》《申报》《贵州公报》《贵州铎报》《贵州商报》《革命日报》《慰劳半月刊》《抗敌半月刊》

三 历史文献

爱必达：《黔南识略》，成文出版社1968年版。

安顺市档案馆等编：《民国安顺县商会档案汇编》，民族出版社2011年版。

北京师范大学历史系编：《世界古代及中古史资料选辑》，北京师范大学出版社1991年版。

柴德赓、荣子源等编：《中国近代史资料丛刊》，上海人民出版社1957年版。

陈禾章：《中国战时经济志》，世界书局1941年版。

杜文锋：《黔南识略·黔南职方纪略》，贵州人民出版社1992年版。

方中修、龙在深、杨永寿纂：民国《清镇县志稿》，民国三十七年（1948）铅印。

参考文献

国民政府军事委员会政治部编：《领袖十年来抗战言论集》，青年书店1939年版。

贵州钱币资料编写组：《贵州钱币资料》，1984年版。

贵州省档案馆：《贵州社会组织概览1911—1949》，贵州人民出版社1996年版。

贵州省临参会秘书处编印：《贵州省临参会第二届第四次大会记录》，1946年版。

——：《贵州省临参会第三次大会记录》，1940年版。

贵州省人民政府财政经济委员会：《贵州财经资料汇编》，1950年版。

贵州省政府统计室编印：《贵州省统计年鉴》，1947年版。

黄元操、任可澄：民国《续修安顺府志》，国民三十年（1941）稿本。

何辑五：《十年来贵州经济建设》，南京印书馆1947年版。

贾士毅：《民国财政史》下册，商务印书馆1917年版。

经济部统计处编：《后方工业概况统计》，1943年版。

蒋德学主编：《贵州近代经济史资料选辑》，四川省社会科学院出版社1984年版。

蒋国生、韩义义：《民国贵州省政府委员会会议辑要》，贵州人民出版社2000年版。

江苏省商业厅中国第二历史档案馆：《中华民国商业档案资料汇编》，中国商业出版社1991年版。

李世祚修，犹海龙纂：民国《桐梓县志》，民国十九年（1930）铅印本。

卢傑：民国《兴义县志》，民国三十七年（1948）稿本。

刘显世、谷正伦：《民国贵州通志》（前事志），国民三十七年（1948）铅印本。

李文志：《中国近代农业史资料》第1辑，生活·读书·新知三联书店1957年版。

麦种华编：《皇朝经世文新篇》卷十下·商政，上海日新社印1901年版。

农商部总务厅统计科：《中华民国元年第一次农商部统计表》，中华书局1914年版。

——：《中华民国二年农商部统计表》，中华书局1915年版。

——：《农商部统计报告》，中华书局1918年版。

欧阳瀚存：《商会法通释》，商务印书馆1924年版。

彭泽益编：《近代中国手工业史资料》第1卷，中华书局1962年版。

——：《近代中国手工业史资料》第2卷，中华书局1962年版。

——：《中国工商行会史料集》，中华书局1995年版。

彭焞修，杨德明纂：光绪《续修正安州志》，光绪三年刻本。

全国图书馆微缩复制中心：《国民政府司法例规全编》第6册，2010年版。

秦孝仪：《革命文献第96辑》，中国国民党中央委员会党史委员会1983年版。

任可澄纂：民国《续修安顺府志》，民国三十年（1941）稿本。

沈庠修，赵瓒纂：《贵州图经新志》，弘治刻本。

施泽臣：《新编实业法令》，中华书局1924年版。

实业部中国经济年鉴编纂委员会编：《中国经济年鉴》，中国经济年鉴出版社1934年版。

社会部统计处编：《全国人民团体统计表》，1943年版。

孙毓棠编：《中国近代工业史资料》第1辑，科学出版社1957年版。

沈云龙：《近代中国史料丛刊》，文海出版社1973年版。

盛宣怀：《愚斋存稿》卷7，文海出版社1975年版。

沈云龙主编，沈桐生辑：《光绪政要》，文海出版社1985年版。

舒新城编：《中国近代教育史资料》上册，人民教育出版社1961年版。

——：《中国近代教育史资料》中册，人民教育出版社1961年版。

四川联合大学经济研究所、中国第二历史档案馆编：《中国抗日战争时期物价史料汇编》，四川大学出版社1998年版。

商务印书馆编译所编：《中华六法》6民事诉讼律草案，商务印书馆1913年版。

上海律师公会编：《修正民事诉讼法草案》，1935年版。

上海市工商联合会、复旦大学历史系编：《上海总商会组织史资料汇编》上，上海古籍出版社2004年版。

史和等编：《中国近代报刊名录》，福建人民出版社1991年版。

谭启栋编：《贵州省统计年鉴·胜利纪念特辑》，贵州省政府统计室1947年版。

童蒙正：《关税概论》，商务印书馆1946年版。

唐承德：《贵州近现代人物资料》，1997年版。

吴宗周修，欧阳曙纂：光绪《湄潭县志》，光绪二十年刻本。

汪敬虞编：《中国近代工业史资料》第2辑，科学出版社1957年版。

汪康年著，汪林茂编校：《汪康年文集》上，浙江古籍出版社2011年版。

王均安：《商会法、工商同业公会法释义》，世界书局1929年版。

王亚兰：《战时的经济问题与经济政策》，光明书局1918年版。

王铁崖：《中外旧约章汇编》第1册，生活·读书·新知三联书店1957年版。

吴兆麟：《中国海上维权法典国际海事公约篇》第1卷，大连海事大学出版社2012年版。

解幼莹修，钟景贤撰：民国《开阳县志稿》，民国二十九年（1940）铅印本。

谢君哲：《经济战争论》，大刚印书馆1944年版。

徐堪：《中华民国统计年鉴》，主计部统计局1948年版。

夏修恕修，萧管纂：道光《思南府续志》，贵州图书馆1966年版。

于定一：《知非集》，华北印书馆1925年版。

严中平等编：《中国近代经济史统计资料选辑》，科学出版社1955年版。

姚贤镐：《中国近代对外贸易史资料》第2册，中华书局1962年版。

杨寿标：《论经济战》，军事委员会政治部1941年版。

张肖梅：《贵州经济》，中国国民经济研究所1939年版。

章开沅：《苏州商团档案汇编》上，巴蜀书社2008年版。

章有义：《中国近代农业史资料（1912—1927）》第2辑，生活·读书·新知三联书店1957年版。

章伯峰、庄建平：《抗日战争第五卷：国民政府与大后方经济》，四川人民出版社1997年版。

中国第二历史档案馆编：《中华民国史档案史料汇编》第5辑第1编财政经济（八），江苏古籍出版社1994年版。

中国社会科学院近代史研究所译：《顾维钧回忆录》第2册，中华书局1985年版。

——：《顾维钧回忆录》第4册，中华书局1986年版。

四 研究论著

（一）中文著作

蔡锷：《蔡松坡集》，上海人民出版社1984年版。

陈征平：《云南早期工业化进程研究（1840—1949）》，民族出版社2002年版。

陈金萍、王亚平主编：《贵阳历史人物丛书·经济科技卷》，贵州人民出版社2004年版。

陈志勇主编：《公债学》，中国财政经济出版社2007年版。

参考文献

常明明：《贵州经济六百年》，贵州人民出版社2014年版。

冯筱才：《在商言商：政治变局中的江浙商人》，上海社会科学出版社2004年版。

冯祖贻、曹维琼、敖以深等编：《辛亥革命、贵州事典》，贵州人民出版社2011年版。

湖北省历史学会编：《辛亥革命论文集》，湖北人民出版社1981年版。

洪银兴：《市场秩序和规范》，上海人民出版社2007年版。

何长凤：《贵阳文通书局1909—1952》，贵州教育出版社2002年版。

胡璞玉：《抗日战史——七七事变与平津抗战》，国防部史政局1967年版。

何怀宏：《选举社会及其终结》，生活·读书·新知三联书店1998年版。

林辛：《贵州近代交通史略1840—1949》，贵州人民出版社1985年版。

林兴黔：《贵州工业发展史略》，四川省社会科学院出版社1988年版。

罗镜明主编：《贵州公路运输史》第1册，贵州人民出版社1993年版。

李柏槐：《现代性制度外衣下的传统组织——民国时期城都工商业同业公会研究》，四川大学出版社2006年版。

李炜光：《税收的逻辑》，世界图书出版公司2011年版。

李德生：《抗战时期贵州民政研究》，中国言实出版社2016年版。

马敏：《官商之间——社会剧变中的近代绅商》，天津人民出版社1995年版。

——：《中国近代商会通史》，社会科学文献出版社2015年版。

马敏、朱英：《传统与现代的二重变奏——晚清苏州商会个案研究》，巴蜀书社1993年版。

彭南生：《行会制度的近代命运》，人民出版社2003年版。

宋美云：《近代天津商会》，天津人民出版社2002年版。

孙艳魁：《苦难的人流——抗日战争时期的难民》，广西师范大学出版社1994年版。

王天平、丁允朋：《博览经济与博览设计》，上海人民美术出版社2003年版。

徐鼎新、钱小明：《上海总商会史（1902—1929）》，上海社会科学出版社1991年版。

夏鹤鸣、廖国平主编：《贵州航运史 古、近代部分》，人民交通出版社1993年版。

熊大宽：《贵州抗战时期经济史》，贵州人民出版社1996年版。

杨开宇、廖惟一：《贵州资本主义的产生与发展》，贵州人民出版社1982年版。

虞和平：《商会与中国早期现代化》，上海人民出版社1993年版。

应莉雅：《天津商会组织网络研究（1903—1928）》，厦门大学出版社2006年版。

章开沅：《辛亥革命前后史事论丛》，华中师范大学出版社1990年版。

章天沅等主编：《苏州商团档案汇编》上，巴蜀书社2008年版。

张学军：《直隶商会与乡村社会经济1903—1937》，人民出版社2010年版。

张芳霖：《市场环境与制度变迁：以清末至民国南昌商人与商会组织为视角》，人民出版社2013年版。

朱英：《转型时期的社会与国家——以近代中国商会为主体的历史透视》，华中师范大学出版社1997年版。

章伯峰、庄建平：《抗日战争第五卷：国民政府与大后方经济》，四川人民出版社1997年版。

赵晓兰、吴潮：《传教士中文报刊史》，复旦大学出版社2011

年版。

（二）中文论文

程鹏飞：《十九世纪末二十世纪初贵州商人阶层的崛起》，《贵州文史丛刊》2007年第3期。

丁烈云：《危机管理中的社会秩序恢复与重建》，《华中师范大学学报》（人文社会科学版）2008年第5期。

付海晏：《首届商会与近代中国国际学术讨论会综述》，《历史研究》1998年第6期。

付海晏、李国涛：《团体认同——民初商人组织与纠纷的解决》，载《城市史研究》第22辑，天津社会科学院出版社2004年版。

冯筱才：《最近商会史研究之刍见》，《华中师范大学学报》2006年第5期。

耿昇：《法国里昂商会中国考察团对四川和贵州养蚕业与丝绸业的考察（1895—1897年）》，《北方民族大学学报》（哲学社会科学版）2012年第3期。

胡光明：《论北洋时期天津商会的发展与演变》，《近代史研究》1989年第5期。

黄晞：《旧中国电力发展史略》，《中国科技史料》1885年第3期。

陆养浩：《贵州省棉纺织业的建设》，《抗建》1939年第3期。

李树衢：《怎样慰劳抗战将士》，《慰劳半月刊》1939年第7期。

刘卫东：《印支通道的战时功能述论》，《近代史研究》1999年第2期。

——：《论抗战前期法国关于中国借道越南运输的政策》，《近代史研究》2001年第2期。

马敏、付海晏：《近20年来中国商会史研究（1990—2009）》，《近代史研究》2010年第2期。

倪腊松：《研究清代贵州经济史的宝贵资料——黑漆行规碑》，

《贵州文史丛刊》1996年第4期。

皮明庥：《武昌首义中的武汉商会和商团》，《历史研究》1982年第1期。

彭南生：《近代中国行会同业公会的制度变迁历程及方式》，《华中师范大学学报》（人文社会科学版）2004年第3期。

——：《近代中国行会到同业公会的制度变迁历程及其方式》，《华中师范大学学报》（人文社会科学版）2005年第5期。

潘国旗：《近代中国国内公债的发行概况及特点》，《财政科学》2005年第12期。

邱澎生：《公产与法人：综论会馆、公所与商会的制度变迁》，载朱英主编《商会与近代中国》，华中师范大学出版社2005年版。

任云兰：《新旧交替时期（1945—1949年）的天津工商界述论》，《历史档案》2004年第3期。

宋美云：《沦陷时期的天津商会》，《历史档案》2001年第3期。

——：《近代天津商会与国内其他商会网络机制的构建》，《中国近代史》2002年第2期。

屠雪华：《略论清末的苏州商务总会》，《近代史研究》1992年第4期。

覃婷婷：《近二十年来中国商人与商会史研究综论》，《重庆工商大学学报》2007年第4期。

谭玉秀、范立君：《现代化理论与中国商会史研究》，《理论月刊》2011年第12期。

佟银霞：《商会与清末民初奉天省城市化进程》，《中国近代史》2015年第3期。

韩克峰、刘景岚：《1937年贵州平粜论述》，《历史教学问题》2021年第3期。

王羊勺：《贵阳商会沿革概述》，《贵阳志资料研究》1986年第9期。

——:《民国贵阳商会沿革与同业公会之组织》,《贵州文史丛刊》1998 年第 1 期。

王红梅:《近代商会法律制度与中国法制近代化》,《社会科学辑刊》2007 年第 1 期。

王日根:《菲华商联总会的发展轨迹探析》,《世界经济与政治论坛》2000 年第 5 期。

魏文享:《商人团体与抗战时期国统区的经济统制》,《中国经济史研究》2006 年第 1 期。

——:《沦陷时期的天津商会与税收征稽——以所得税、营业税为例》,《安徽史学》2016 年第 4 期。

——:《抗战胜利后的天津商人与政府摊派》,《史学月刊》2020 年第 2 期。

吴义雄:《广州外侨总商会与鸦片战争前夕的中英关系》,《近代史研究》2004 年第 2 期。

徐鼎新:《旧中国商会溯源》,《中国社会经济史研究》1983 年第 1 期。

——:《中国商会史研究综述》,《历史研究》1986 年第 6 期。

严中平:《英国资产阶级纺织利益集团与两次鸦片战争的史料》上,《经济研究》1955 年第 1 期。

——:《英国资产阶级纺织利益集团与两次鸦片战争的史料》下,《经济研究》1955 年第 2 期。

虞和平:《近代商会的法人社团性质》,《历史研究》1990 年第 5 期。

——:《近八年之商会史研究》,《中国社会经济史研究》1995 年第 4 期。

——:《清末民初商会的商事仲裁制度建设》,《学术月刊》2004 年第 4 期。

张天祥:《贵阳市花纱布市场概况》,《农本》1941 年第 54 期。

张东刚:《商会与近代中国的制度安排与变迁》,《南开经济研究》2000 年第 1 期。

张学军、孙炳芳：《直隶商会的法制活动述略》，《河北师范大学学报》（哲学社会科学版）2007 年第 2 期。

张原：《历史人类学与西南民族地区商会史研究范式的转换》，《中央民族大学学报》（哲学社会科学版）2015 年第 2 期。

张子正：《遵义商会述略》，《贵州文史丛刊》1987 年第 2 期。

郑成林：《抗战后中华民国商会联合会简论》，《华中师范大学学报》2006 年第 5 期。

——：《清季划一度量衡的酝酿与尝试》，《学术研究》2016 年第 5 期。

郑成林、李卫东：《清末民初商会与商业法制建设——以〈破产律〉和〈商标法〉为中心的分析》，《近代史学刊》2007 年第 4 辑。

郑成林、贾俊英：《20 世纪早期菲律宾马尼拉中华商会与西文簿记案》，《华中师范大学学报》（人文社会科学版）2015 年第 4 期。

郑兴会：《遵义的老城新城及城公所》，《贵州文史丛刊》2007 年第 2 期。

郑猛：《民国时期贵州银行变迁概述》，《贵州社会科学》2016 年第 2 期。

朱英：《论民初商会调和党争》，《江汉论坛》1998 年第 6 期。

——：《中国商会史研究如何取得新突破》，《浙江学刊》2005 年第 6 期。

——：《近代中国商会选举制度之再考察——以清末民初的上海商会为例》，《中国社会科学》2007 年第 1 期。

——：《从"公推"到"票举"：近代天津商会职员推选制度的曲折演进》，《近代史研究》2007 年第 3 期。

——：《20 世纪 20 年代商会法的修订及影响》，《历史研究》2014 年第 2 期。

（三）中译著作

［法］白吉尔：《中国资产阶级的黄金时代》，张富强、许世芬译，上海人民出版社1994年版。

［法］孟德斯鸠：《论法的精神》上册，张雁深译，商务印书馆1997年版。

［美］陈锦江：《清末现代企业与官商关系》，王笛等译，中国社会科学出版社1997年版。

［美］马士：《中华帝国对外关系史》第1卷，张汇文等译，生活·读书·新知三联书店1957年版。

［美］汤普逊：《中世纪经济社会史》下，狄淡如译，商务印书馆2011年版。

［美］詹姆斯·W.汤普逊：《中世纪晚期欧洲经济社会史》，商务印书馆2009年版。

［日］仓桥正直：《清末商会和中国资产阶级》，载日本《历史学研究》别册，1976年版。

［日］曾田三郎：《商会的设立》，载日本《历史学研究》第242号。

［日］根岸佶：《上海的行会》，日本评论社1951年版。

［日］小浜正子著：《近代上海公共性和国家》，葛涛译，上海古籍出版社2003年版。

（四）英文论文

Bourne, Frederick Samuel Augustus, *Report of the Mission to China of the Blackburn Chamber of Commerce* 1896—1897, Blackburn: The North‑East Lancashire Press, 1898.

Dutt, Romesh Chunder, *The Economic History of India in the Victorian Age*, The Classics.us, 2013.

Edward Baines, *History of the Cotton Mamfacture in Great Britain*, London: H. Fisher, R. Fisher & PJackson, 1835.

Edward Baines, *History of the Cotton Manufacture in Great Britain*, London: H. Fisher, 2012.

George Unwin, *Samuel Know and Arkwright*, Mancheste: Manchester University Press, 1924.

R. S. Fitton, *The Arkwrights: Spinners of Foutune*, Manchester: Manchester University Press, 1989.

附　　录

表1　　　　贵州商务总会首任总理、协理、会董人员名单

商名	届别	姓名	职务	任职时间	简历
商务总会	试办	李忠鉴	总理	1907年	前四川补用知府，成都水利同知
		马汝骏	协理	1907年	前省试用知州
		何雄辉	会董	1907年	前云南镇雄总兵，封号"建威将军"

表2　　　　清末民初遵义商会历任会长名单

姓名	职务	任职起止时间	简历
黎汝怀	会长	1905—1909年	清举人、大足、内江知县
李镜泉	会长	1909—1913年	清监生，云南候补县丞
杨德衡	会长	1913—1916年	清监生，云南候补县丞
喻圣域	会长	1916—1924年	清师范传习所，曾在学、政、军界供职
杨泽生	会长	1924—1932年	清附生，曾任贵州稽查所长

表3　　　　贵州省城总商会历任会长名单

商会名称	届别	姓名	职务	经营业务
贵州总商会	第一届	钱登熙	会长	曾担任云南迤东道台、盐法道道员
		冯介丞	副会长	经营绸缎
	第二届	钱登熙	会长	曾担任云南迤东道台、盐法道道员
		冯介丞	副会长	经营绸缎

续表

商会名称	届别	姓名	职务	经营业务
贵州总商会	第三届	冯介丞	会长	经营绸缎
		熊静安	副会长	经营百货
	第四届	文明钰	会长	经营典当业
		黄德坚	副会长	经营布业
	第五届	熊静安	会长	经营缫丝、制革、火柴
		许杏塘	副会长	
	第六届	熊静安	会长	经营百货
		文仿溪	副会长	经营典当业

表4 安顺县商会第五届第二次会员代表大会
改选半数理事、监事人员名单

姓名	职别	性别	年龄（岁）	籍贯	营业种类	是否党员
戴子儒	理事长	男	43	安顺	绸布	是
魏伯卿	常务理事	男	55	安顺	绸布	是
段渐仪	常务理事	男	53	安顺	盐业	是
帅灿章	常务理事	男	58	安顺	绸布	是
陈毓祥	常务理事	男	30	安顺	绸布	是
田克成	理事	男	44	安顺	纱业	是
李如一	理事	男	36	安顺	金银首饰	是
唐用奎	理事	男	53	安顺	京果业	是
肖明周	理事	男	50	安顺	百货业	是
姜震岳	候补理事	男	36	安顺	纱业	是
高宇泽	候补理事	男	41	安顺	百货	是
周绍成	候补理事	男	32	安顺	酒业	是
杨友轩	候补理事	男	60	安顺	纱布业	是
谢伯昆	常务监事	男	63	安顺	纱布业	是
孙起延	监事	男	45	安顺	京果业	是
邓羲之	监事	男	63	安顺	布业	是
程咏业	候补监事	男	57	安顺	绸业	是

附　录

表5　　　　　　　　贵阳市商会购物证明单

时间	证明人	无单据之理由	实际金额	价值	件数	商品名称	贵阳市商会购物证明单
民国三十四年三月十四日	杨文芳	地边摊购买的	壹佰伍拾元整			够毛边纸、坐车	

表6　　　　　　　1944—1949年贵阳市商会处理纠纷案件

时间	案由	申诉人
1944.7	关于化衡阳购得货堆化衡阳运输商行包装残破并少货案由	李白
1945.2	为申请林明波将汇款挪用并还款利息声讨一案由	李庆华
1945.3	义达商行承运土白布应付赔偿损失请予公断由	申余九江、林焕若
1945.5	燕市酒家与售酒商号的业务纠纷由（停止向燕市酒家供酒）	市商会
1945.11	何德胜与刘镜全货款纠纷案由	何德胜
1945.11	刘镜全与尹源泉货款纠纷案由	刘镜全
1946.5	段懿威与雷震岜土白布短少申请书	段懿威
1947.11	岳祥远与恒壹隆因交易纠葛案由	岳祥远
1948.4	为创办丙行业务发生纠纷请求调解	集中商行丙行
1948.7	周幼山等为侵占业务妨碍民生之事请求公断由	市商会
1948.11	经理伍瑶章呈请通知刘宗华到会之调解纠纷	永大维店
1949.6	刘书萍申请徐清拖延货款请赐予还款由	李岑、张静山

表7　　　　　　　贵阳商业补习夜校高级班课程表

1	2	3	4	5	6	7	8	9
商业常识	商业经济	商业文件	商业道德	商业实践	商业簿记	商算学	商业法规	商品学

表8　　　　　　　贵阳商业补习夜校初级班课程表

1	2	3	4	5
高级簿记	商业数学	会计	法规	英语

后　　记

本书是在博士论文的基础上修改而成。本人在攻读博士学位期间，在吴晓亮导师的指导下，将近代贵州商会作为研究的主要对象，从全球化视角对贵州区域社会经济史进行研究。毕业之后，笔者继续深入对贵州商会的研究，多次去贵州各地的档案馆收集资料，进一步分析商会与贵州社会经济发展之间的关系，商会与中国抗日战争、世界反法西斯战争取得胜利之间的关系，商会与第二次世界大战前期中法之间关于越南过境纠纷处理之间的关系，对这些问题有了新的认识，并在论文的基础上加以润色，修改而成本书。

本书能够修改完成，首先要感谢导师吴晓亮教授。2013年，我荣幸考上了吴老师的博士研究生。在博一期间，吴老师和我在讨论博士论文选题时，谈到鉴于我的硕士论文研究商会，考虑到学术问题的继承和深入推进，导师和我都认为继续做贵州商会研究。从商会史的研究来看，学界对贵州商会史的研究也比较薄弱，缺乏专题研究成果，有深入探讨的空间。在论文撰写过程中，导师更是给予我细心的指导。吴老师一遍又一遍督促、指导我修改，每次修改完都会给予我修改建议和注意的问题，并经常与我逐节逐章讨论。本书字里行间都倾注着吴老师的心血，寄托着她满满的期望。正是吴老师的精心指导，逐渐将我引入经济史学术领域的殿堂，完成了博士论文也即本书的底稿。毕业之后，导师也经常督促我，要在博士论文的基础上

后　记

进一步完善对贵州商会的研究，并出版。本书得以出版，也得益于吴老师的精心指导。除了学业上的收获外，吴老师严谨求实、孜孜不倦的治学精神，乐观向上的人生态度，给予我更多启发和历练。在此，衷心地向您道声谢谢！

感谢云南大学历史系的林文勋、张锦鹏、赵小平、田晓忠、黎志刚、董雁伟等诸位老师对我的教导、鼓励和关心。感谢杜雪飞、马晓粉、丁琼、王浩宇、胡燕等同学，在学习和生活中给予的诸多帮助。在我收集商会档案资料的过程中，贵阳市档案馆、贵州省档案馆的工作人员给予我帮助，在此深表感谢！

本书得以出版，要感谢贵州财经大学的资助！感谢校领导对青年学者的支持。同时，感谢中国社会科学出版社宋燕鹏编审的辛苦付出。

本书在编写过程中参考了大量前人的研究成果，因本人水平有限，难免存在不足，恳请读者批评指正。